Christian Leipert

Michael Opielka

Erziehungsgehalt 2000

Ein Weg zur Aufwertung der Erziehungsarbeit

unter Mitarbeit von

Volker Meinhardt, Joachim Schwarze (Deutsches Institut für Wirtschaftsforschung, DIW)
Harald Rost (Staatsinstitut für Familienforschung an der Universität Bamberg, ifb)
Michael Brater, Anna Maurus, Marlies Rainer (Gesellschaft für Ausbildungsforschung und Berufsentwicklung, GAB)
Birgit Opielka (Institut für Sozialökologie, ISÖ)

April 1998

Institut für Sozialökologie (ISÖ) - Bonn

Im Auftrag des Deutschen Arbeitskreises für Familienhilfe e.V. - Freiburg

Die Deutsche Bibliothek - CIP-Einheitsaufnahme

Leipert, Christian:
Erziehungsgehalt 2000 : ein Weg zur Aufwertung
der Erziehungsarbeit / Christian Leipert ;
Michael Opielka. Unter Mitarb. von Volker Meinhardt ... Institut
für Sozialökologie (ISÖ) - Bonn. Im Auftr. des Deutschen
Arbeitskreises für Familienhilfe e.V. - Freiburg. - Bonn: ISÖ ;
Freiburg [Breisgau] : Dt. Arbeitskreis für Familienhilfe, 1998
ISBN 3-9806156-0-X

Copyright © 1998 by Christian Leipert/Michael Opielka
Verlag: Institut für Sozialökologie (ISÖ), Burbankstr. 45, 53229 Bonn
Vertrieb: Deutscher Arbeitskreis für Familienhilfe e.V.,
Eschbachstr. 6, 79199 Kirchzarten
Gestaltung und Satz: PARA-Design, Freiburg
Alle Rechte vorbehalten
Printed in Germany

Inhaltsverzeichnis

Zusammenfassung 9

1 Einleitung – Zur Begründung eines Erziehungsgehalts 13
1.1 Erziehungsarbeit und Erziehungsentgelt 13
1.2 Das Erziehungsgehalt als ein zentraler Beitrag
zur Korrektur wirtschaftlicher und sozialer Schieflagen 15
    1.2.1 Schieflage 1: Sozialpolitik auf Kosten der jungen Generation 15
    1.2.2 Schieflage 2: Sozialpolitik auf Kosten von Familien mit Kindern 15
    1.2.3 Schieflage 3: Die Abwertung der Frauenarbeit 16
    1.2.4 Schieflage 4: Erwerbstätige versus Erwerbslose 16
    1.2.5 Das Erziehungsgehalt als konstruktive Alternative 17
1.3 Erziehungsarbeit: vom privaten Gut zum öffentlichen Gut 18
    1.3.1 Kindererziehung früher: Eine Privatangelegenheit 18
    1.3.2 Kindererziehung heute: ein Armuts- und Arbeitsmarktrisiko 19
    1.3.3 Honorierung der Erziehungsarbeit: eine Frage der Leistungsgerechtigkeit ... 21

2 Vorstellung des Konzeptes "Erziehungsgehalt 2000" 27
2.1 Allgemeine Merkmale des Vorschlags Erziehungsgehalt 2000 28
    2.1.1 Erziehungsgehalt I (Kinder bis 7 Jahre bzw. Schuleintritt) 28
    2.1.2 Die Phasen der Einführung des Erziehungsgehalt 2000 30
    2.1.3 Erwerbszeitunabhängige und erwerbszeitabhängige Ausgestaltung 31
    2.1.4 Wer erhält ein Erziehungsgehalt? 34
    2.1.5 Variante: Zeitkonto bei Erziehungsgehalt I 35
    2.1.6 Bonus für die Qualitätsentwicklung der Erziehungsarbeit? 35
    2.1.7 Besteuerung 35
    2.1.8 Modellrechnungen zur Einführung auf Haushaltsebene 36
    2.1.9 Erziehungsgehalt II (Kinder über 7 Jahre) – Grundsicherung für Eltern ... 38
2.2 Sozialpolitische Einbettung des Erziehungsgehalts 40
    2.2.1 Gesetzliche Rentenversicherung (GRV) 40
    2.2.2 Gesetzliche Kranken- und Pflegeversicherung 41
    2.2.3 Arbeitslosenversicherung 41
    2.2.4 Gesetzliche Unfallversicherung 42
    2.2.5 Sonstige Sozialleistungen 42
2.3 Alleinerziehende 42
2.4 Partnerschaftsanreize 43
2.5 Erwerbstätigkeit 44
2.6 Außerhäusliche Kinderbetreuung (Subjekt- statt Objektförderung) 45
2.7 Finanzierung 46
2.8 Der "Bundesfamilienfonds" 47
2.9 Der Vorschlag "Erziehungsgehalt 2000"
im Verhältnis zu anderen Modellen eines Erziehungsgehalts 48

3 Wertschöpfung durch Erziehungsarbeit 51
3.1 Was kostenlos ist, ist wertlos:
Zur Diskriminierung der Familienarbeit im gesellschaftlichen Bewußtsein 51

3.2 Aufwertung der Erziehungs- und
Betreuungsarbeit durch die Schaffung eines Erziehungsgehalts 52
   3.2.1 Welcher Teil der Familienarbeit sollte bezahlt werden ? 52
   3.2.2 Volkswirtschaftlicher Wert der Haushaltsproduktion:
      Berechnungsergebnisse des Statistischen Bundesamtes 54
3.3 Zeitbudget...58
   3.3.1 Zeitaufwand der Eltern für die Erziehung, Betreuung und Versorgung von Kindern:
      Empirische Angaben aus der Zeitbudgeterhebung des Statistischen Bundesamtes 58
   3.3.2 Modellrechnung des Geldwertes der familiären Betreuungs- und Versorgungsarbeit......61
3.4 Erziehungsgehalt als Entgelt für Erziehungs- und Betreuungsarbeit:
Bestandteil des Bruttoinlandsprodukts ? 63
   3.4.1 Unser heutiges Bruttoinlandsprodukt: ein sehr einseitiger Leistungsindikator 63
   3.4.2 Wie wird das Pflegegeld im Bruttoinlandsprodukt behandelt?................................64
   3.4.3 Die Strukturähnlichkeit öffentlich relevanter Erziehungsleistungen
      mit Leistungen des öffentlichen Dienstes...65
   3.4.4 Die Verzerrung intertemporaler und internationaler Wohlstandsvergleiche................66

4 Erweiterung des Arbeitsbegriffs um Erziehungsarbeit...69
4.1 Erziehungsarbeit als Element in der Zukunft der Arbeitsgesellschaft............................69
   4.1.1 Einstieg in einen erweiterten Arbeitsbegriff und in ein erweitertes Arbeitsmarktkonzept..69
   4.1.2 Aufwertung der Erziehungsarbeit als Qualitätsentwicklung 70
   4.1.3 Schubkraft für den Markt für Kinderbetreuungsleistungen durch das Erziehungsgehalt.71
4.2 Erziehungsgehalt und Erwerbsbeteiligung von Frauen..72
   4.2.1 Befürchtungen von Frauen 72
   4.2.2 Vollständiger Rückzug der Frauen vom Arbeitsmarkt kein Thema 72
   4.2.3 Verfestigte Massenarbeitslosigkeit als Risiko einer einseitig
      auf Erwerbsarbeit orientierten Strategie der wirtschaftlichen Sicherung.....................73
4.3 Mögliche Beschäftigungsreaktionen und -impulse beider Varianten des Erziehungsgehalts 76
   4.3.1 Die erwerbszeitunabhängige Variante 76
   4.3.2 Die erwerbszeitabhängige Variante...78
4.4 Bedeutung der Erwerbsarbeit
für die gesellschaftliche Rolle und das Selbstbewußtsein von Frauen..............................81

5 Bedürfnisse von Eltern - Einstellungen der Bevölkerung 85
5.1 Ein Jahrzehnt Erziehungsgeld und Erziehungsurlaub - eine kritische Bewertung 85
5.2 Die Einstellung der Bevölkerung zu einem Erziehungsgehalt 88
5.3 Qualitative Wirkungen eines Erziehungsgehalts 92
   5.3.1 Ideelle Wirkungen..94
   5.3.2 Innerfamiliäre Verhaltensänderungen..95
   5.3.3 Verhaltensänderungen im beruflichen Bereich 97
   5.3.4 Änderungen im Konsumverhalten..99
   5.3.5 Zusammenfassung...100

6 Der "Erziehungsgutschein" 103
6.1 Was kostet die außerfamiliäre Erziehungsarbeit vor der Schule?..................................104
6.2 Gleicher Zugang zu Kinderbetreuungseinrichtungen...107
6.3 Bedarfsstrukturen und Nutzen der Vorschulpädagogik 110
   6.3.1 Nutzen öffentlicher Kinderbetreuung..111
   6.3.2 Objekt- oder Subjektförderung?..113

7 Wege zur Finanzierung des Erziehungsgehalts ...117
7.1 Kerndaten zur Struktur privater Haushalte,
zur Einkommenssituation und Erwerbsorientierung ...118
7.2 Mittelaufwand für das Erziehungsgehalt ...122
    7.2.1 Erziehungsgehalt I: Erwerbszeitunabhängige Variante (1. Phase) ...122
    7.2.2 Erziehungsgehalt I: Erwerbszeitabhängige Variante (1. und 2. Phase) -
    Höhe des Bruttofinanzaufwands ...124
    7.2.3 Erziehungsgehalt II und die Grundsicherung für Personen,
    die Kinder erzogen haben ...126
7.3 Besteuerung des Erziehungsgehalts ...128
7.4 Finanzierungsstrategie für das Erziehungsgehalt ...129
    7.4.1 Konzentration auf die 1. Phase: Familien mit Kindern von 0 bis 3 Jahren ...129
    7.4.2 Roter Faden der Finanzierungsstrategie ...130
7.5 Automatische Einsparungen in den Haushalten der Gebietskörperschaften ...131
    7.5.1 Wegfall des Erziehungsgeldes (Bund und Länder) ...131
    7.5.2 Einsparungen bei Sozialhilfe, Arbeitslosenhilfe und Wohngeld ...132
    7.5.3 Einsparungen durch höhere Elternbeiträge für Kindertagesstätten ...134
    7.5.4 Weitere Einsparungen der staatlichen Haushalte ...136
    7.5.5 Einsparpotentiale bei Ausdehnung des Erziehungsgehalts
    über das 3. Lebensjahr eines Kindes hinaus ...137
7.6 Staatliche Einnahmesteigerungen aufgrund der expansiven Wirkungen des Erziehungsgehalts 138
    7.6.1 Höhere Konsumneigung von Familien mit Kindern ...138
    7.6.2 Expansive Wirkungen der Mehrnachfrage ...138
    7.6.3 Ausmaß der expansiven Wirkungen abhängig
    von der Art der Finanzierung der Nachfrageerhöhung ...139
7.7 Beschäftigungsreaktion des Erziehungsgehalts:
Wanderungsbewegungen zwischen familiärem Arbeitssektor und dem Erwerbsarbeitsmarkt ..141
7.8 Gestaltete Einsparungen: Einschränkung von Einkommensvorteilen ...143
    7.8.1 Einschränkung der Einkommensvorteile aus dem Ehegattensplitting ...143
    7.8.2 Familienzuschläge des öffentlichen Dienstes ...146
    7.8.3 Reform der Hinterbliebenenversorgung ...147
7.9 Ansatzpunkte zusätzlicher Einnahmengewinnung ...148
    7.9.1 Zugrundeliegende Prinzipien ...148
    7.9.2 Stärkere Besteuerung der Alterseinkommen ...150
    7.9.3 Erhöhung der Einnahmen aus der Erbschaftssteuer ...151
    7.9.4 Wiedereinführung der Vermögenssteuer ...152
    7.9.5 Familienzuschlag auf die Lohn- und Einkommenssteuer ...152
7.10 Abschließendes Resümee zur Finanzierung des Erziehungsgehalts ...152

8 Politische Schlußfolgerungen ...155

9 Literatur ...157

Verzeichnis der Abbildungen und Tabellen

Abb. 1:	Erziehungsgehalt I für Kinder von 0 bis 7 Jahren (Schuleintritt)	29
Abb. 2:	Erwerbsarbeitszeiteinsatz und Niveau des Erziehungsgehalts	32
Abb. 3:	Erwerbszeitabhängiges Erziehungsgehalt bei zwei Elternteilen (Beispiele)	33
Abb. 4:	Modellrechnungen Erziehungsgehalt 2000 auf Haushaltsebene (Beträge gerundet)	37
Abb. 5:	Erziehungsgehalt II für Kinder ab 8 Jahre	39
Abb. 6:	Jahresvolumen bezahlter und unbezahlter Arbeit 1992 von Personen ab 12 Jahren	55
Abb. 7:	Wert der unbezahlten Arbeit nach verschiedenen Bewertungsverfahren	56
Abb. 8:	Nettostundenlöhne und Lohnkosten einer Hauswirtschafterin in DM je Stunde (1992)	56
Abb. 9:	Bruttoinlandsprodukt und Bruttowertschöpfung bei der Haushaltsproduktion (1992)	57
Abb. 10:	Veränderungen in der Arbeitsteilung junger Ehepaare im Haushalt in den ersten sechs Ehejahren in Abhängigkeit von der Kinderzahl (Angaben in Prozent)	75
Abb. 11:	Erziehungsgeld und Erziehungsurlaub seit 1986	85
Abb. 12:	Einstellungen der Bevölkerung zu einem Erziehungsgehalt (Frauen und Männer im Vergleich)	90
Abb. 13:	Antizipierte Inanspruchnahme eines Erziehungsgehalts (Frauen und Männer im Vergleich)	91
Abb. 14:	Durch das Erziehungsgehalt ausgelöste Wirkungen und Verhaltensänderungen	93
Abb. 15:	Gesellschaftlicher Nutzen öffentlicher Kinderbetreuung	112
Abb. 16:	Erwerbsstruktur von Müttern mit Kindern im Alter von 0 bis 18 Jahren	120
Tab. 1:	Durchschnittlich täglich mit Kindern gemeinsam verbrachte Zeit von Ehepaaren und Alleinerziehenden nach Alter des jüngsten Kindes (in Stunden:Minuten)	60
Tab. 2:	Durchschnittliche tägliche Zeitverwendung von Ehepaaren mit Kindern unter 6 Jahren, in Stunden	62
Tab. 3:	Vollzeitbeschäftigte nach Geschlecht und Arbeitszeitwünschen in Westdeutschland (1993)	79
Tab. 4:	Ideale Arbeitszeitmodelle von Paaren mit Kinder(n) unter 16 Jahren oder ohne Kind (in v.H.)	80
Tab. 5:	Zustimmung der Bevölkerung zu einem Erziehungsgehalt - nach Geschlecht und Kindern (Angaben in Prozent)	90
Tab. 6:	Betriebskosten von Kindertagesstätten und Elternbeiträge in Baden-Württemberg (Stand 1994)	106
Tab. 7:	Kinder in Kinderkrippen und Kindergärten nach Ländern 1995	108
Tab. 8:	Kosten (Elternbeiträge) von Kindergartenplätzen in den Bundesländern	109
Tab. 9:	Haushaltsstruktur 1996 nach Anzahl der Kinder	118
Tab. 10:	Erwerbszeitstruktur der Mütter	119
Tab. 11:	Erwerbs- und Transfereinkommen der Haushalte (1996)	121
Tab. 12:	Bruttofinanzierungsaufwand für das Erziehungsgehalt I, 1. Phase für Familien mit Kindern v. 0 bis 3 Jahren bei sukzessiver Einführung und bei 2.000 DM Auszahlbetrag für das jüngste Kind.	122
Tab. 13:	Geburten in Deutschland in den Jahren 1989-1997	123
Tab. 14:	Landeserziehungsgeldleistungen der Bundesländer	132
Tab. 15:	Finanzierungsrechnung für ein erwerbszeitunabhängiges Erziehungsgehalt - 1. Phase: für Familien mit Kindern von 0 bis 3 Jahren, 2.000 DM für das jüngste Kind (in Mrd. DM) (1996)	137
Tab. 16:	Steuermindereinnahmen aus dem Ehegattensplitting in den Jahren 1996 bis 2001	144

Danksagung

Teilen des Gutachtens liegen Ausarbeitungen anderer Sozial- und Wirtschaftswissenschaftler zugrunde. Kapitel 5 geht zurück auf Teilgutachten, die durch Harald Rost (Staatsinstitut für Familienforschung an der Universität Bamberg) sowie Michael Brater, Anna Maurus und Marlies Rainer (Gesellschaft für Ausbildungsforschung und Berufsentwicklung, GAB, München) im Auftrag des Instituts für Sozialökologie (ISÖ) erstellt wurden. Die für die finanziellen Voraussetzungen und Wirkungen eines Erziehungsgehalts maßgeblichen Daten, auf denen Kapitel 7 basiert, wurden durch Volker Meinhardt und Johannes Schwarze (Deutsches Institut für Wirtschaftsforschung, DIW, Berlin) auf der Grundlage des Sozioökonomischen Panels (SOEP) berechnet. Die Teilgutachten werden in einem Buch publiziert, dessen Herausgabe die Autoren im Herbst 1998 planen.

Neben den beteiligten Wissenschaftlern gebührt der Dank zahlreichen weiteren Persönlichkeiten und Institutionen, die durch Stellungnahmen, Gespräche und Hinweise zum Gelingen der Studie beitrugen. Wir möchten insbesondere den folgenden Personen für Kommentare und Erläuterungen zu Vorfassungen des Gutachtens danken: Christoph Arn, Waltraud Beckenbach, Gisela Breil, Franz-Xaver Kaufmann, Ellen Kirner, Angelika Krebs, Gertrud Martin, Hans Nachtkamp, Wolf-Dieter Narr, Stefan Ohmacht, Kostas Petropulos, Bernd Raffelhüschen, Lucia Reisch, Helmuth Schattovits, Manfred Schreiber, Norbert Schwarz, Rosemarie von Schweitzer, Simone Wenzler, Mechthild Weßels und Max Wingen.

Auch wenn diese Studie außerordentlich viel von den vergebenen Unteraufträgen und von den Kommentaren und Impulsen zahlreicher Einzelpersonen profitiert hat, so liegt selbstverständlich die Gesamtverantwortung bei uns.

Berlin/Bonn, im April 1998   Christian Leipert
                                              Michael Opielka

Zusammenfassung

Der Umbau des Sozialstaates ist das Gebot der Stunde. Wir müssen ein neues Gleichgewicht herstellen zwischen Jung und Alt, zwischen Eltern und Nicht-Eltern, Frauen und Männern, Menschen ohne und mit Erwerbsarbeit. *Die materielle Honorierung von Erziehungsarbeit in Form eines "Erziehungsgehalts"* kann ein erster, entscheidender Schritt für die notwendigen Reformen sein.

In den vergangenen Jahren und Jahrzehnten sind soziale und wirtschaftliche Schieflagen entstanden, die dringend beseitigt werden müssen. So wurden und werden die sozialpolitischen Ressourcen zugunsten der älteren Generation umverteilt und dabei den Familien mit Kindern entzogen. So setzen sich Eltern mit der Entscheidung für Kinder einem hohen Armutsrisiko während der Erwerbsphase und im Alter aus. Nicht-Eltern dagegen verfügen in diesen Lebensabschnitten meist über ein deutlich höheres Pro-Kopf-Einkommen und profitieren als Ruheständler in hohem Maße von der Erziehungsleistung der Eltern. Gerade die für unser Gemeinwesen unverzichtbare Erziehungsarbeit wird aber noch immer zum größten Teil von Frauen unbezahlt zu Hause erbracht - ohne gesellschaftliche Anerkennung und zu einem hohen wirtschaftlichen Risiko, weil sie als Mütter deutlich schlechtere Chancen auf dem Erwerbsarbeitsmarkt haben und deshalb im Ruhestand nur geringe Renten zu erwarten haben. Gleichzeitig werden viele erwerbstätige Eltern besonders aus materiellen Gründen daran gehindert, kürzer und flexibler zu arbeiten, so daß sie keine Möglichkeit haben, Erwerbslosen neue Beschäftigungsmöglichkeiten zu verschaffen. Unsere Antwort auf diese Schieflagen ist das Konzept "Erziehungsgehalt 2000", das die Erziehungsarbeit nachhaltig aufwertet.

1. Die Konzeption des Erziehungsgehalts

Das hier vorgeschlagene Erziehungsgehalt soll mit einem auf dem Arbeitsmarkt erzielten Einkommen vergleichbar sein. Es besteht für alle Eltern aus einer *Geldleistung in Höhe von 2.000 DM pro Monat für das erste und 1.000 DM für alle weiteren Kinder bis zu 7 Jahren.*

Aufgrund der hohen Ausgaben, die mit einer Kompletteinführung für Familien mit Kindern bis zum Schuleintrittsalter bei deutlich über 100 Mrd. DM liegen würden, haben wir unseren Vorschlag "Erziehungsgehalt 2000" mehrstufig angelegt. Wir legen hier eine detaillierte Finanzierungsrechnung für eine *1. Phase* für Familien mit Kindern von 0 bis 3 Jahren vor. Unsere intensiven Gespräche mit ExpertInnen in den letzten Monaten haben klar gezeigt, daß es den breitesten politischen Konsens für deutlich verbesserte materielle Leistungen zugunsten der Erziehungsarbeit leistenden Eltern mit Kindern unterhalb des Kindergartenalters gibt. Das Erziehungsgehalt soll in unserer präferierten Variante als voller Pauschalbetrag ausgezahlt werden, völlig unabhängig davon, ob die betroffenen Mütter und Väter erwerbstätig sind oder nicht.

Für die *2. Phase* der Einführung des Erziehungsgehalts I für Familien mit Kindern von 3-7 Jahren (Schuleintrittsalter) diskutieren wir die eventuelle Einführung eines "Erziehungsgutscheins", der die Inanspruchnahme eines Kindergartenplatzes ermöglicht und in seinem Geldwert von 600 DM die tatsächlichen Betriebskosten eines Kindergartenplatzes abdeckt.

Die mögliche Aufsplittung des Erziehungsgehalts in die beiden Komponenten "Erziehungsgutschein" und entsprechend geminderter "Barbetrag" realisiert die integrale Betrachtung innerhäuslicher und außerhäuslicher Kinderbetreuung. Die Aufgaben der Kindererziehung fallen immer an. Die Eltern erhalten mit dem Erziehungsgehalt ein volles Wahlrecht darüber, wie sie die Aufgabe der Kindererziehung auf eigene Leistungen oder auf Fremdleistungen verteilen. Sie verfügen mit dem Erziehungsgehalt über die finanziellen Mittel, auch eine außerhäusliche Betreuung zu finanzieren.

Das *Erziehungsgehalt I* (für Familien mit Kindern von 0 bis 7 Jahren) wird in zwei Hauptvarianten untersucht. Einmal ist die Erziehungsgehalts-Zahlung vollkommen erwerbszeitunabhängig. Alle Erziehungspersonen erhalten den vollen Pauschalbetrag. In der zweiten Variante hängt die Höhe des ausgezahlten Erziehungsgehaltsbetrags vom Umfang der gleichzeitig ausgeübten Erwerbstätigkeit ab. Bei Doppel-Vollerwerbstätigkeit von Ehepaaren bzw. Vollerwerbstätigkeit von Alleinerziehenden ist in dieser Variante nur ein Sockelbetrag von 30-40% der Höchstsumme vorgesehen. Alleinerziehende erhalten allerdings generell einen Zuschlag von 15%. Ebenso gibt es einen materiellen Anreiz für mehr Partnerschaft in der Erziehungsarbeit.

Überraschenderweise sind die durchschnittlichen Jahrgangskosten beider Modelle sehr nah beieinander. Eine genauere Prüfung zeigt die Ursache. Sie liegt darin, daß sich der Anteil der Mittel für das Erziehungsgehalt I, das an nicht erwerbstätige Personen gezahlt wird, auf mehr als 2/3 des Gesamtbetrags beläuft.

Das Erziehungsgehalt dokumentiert die Gleichwertigkeit von Erwerbs- und Erziehungsarbeit. Entsprechend soll es wie ein normales Erwerbseinkommen behandelt werden und der Besteuerung unterliegen. Angesichts der Tatsache, daß unsere sozialen Sicherungssysteme gegenwärtig im Fluß und grundlegendere Veränderungen in Zukunft unabweisbar sind, wollen wir diesen Strukturlösungen nicht vorgreifen und treten hier pragmatisch für eine Fortschreibung der heute geltenden Regelungen ein. Wird das Erziehungsgehalt sukzessive bis zum Schuleintrittsalter der Kinder ausgedehnt, sollen auch die in der Rentenversicherung angerechneten Kindererziehungsjahre sukzessive bis auf 5, 6 und 7 Jahre aufgestockt werden.

Weiterer Teil des Konzeptes Erziehungsgehalt 2000 ist ein *Erziehungsgehalt II*, das für Familien mit Kindern von 8 bis 18 Jahren, allerdings nur einkommensabhängig gezahlt werden soll. Werden die Kinder älter, gehen die Aufgaben der Kindererziehung bei den Eltern zurück. Schule, Kirche, Sportclubs etc. übernehmen eine wichtige und ergänzende Funktion. Entsprechend kann auch das Erziehungsgehalt reduziert werden. Die einkommensabhängige Gestaltung dient einerseits dem Ziel einer wirtschaftlichen Mindestsicherung für Erziehungspersonen, die ein hohes Arbeitsmarktrisiko tragen. Andererseits sollen durch die besondere Ausgestaltung keine Passivierungstendenzen oder gar sogenannte "Transferkarrieren" gefördert werden. Entsprechend sollen die staatlichen Maßnahmen zur Wiedereingliederung in den Arbeitsmarkt und zur Qualifizierung ein hohes Gewicht erhalten.

Ein positiver Nebeneffekt der Einkommensabhängigkeit von Erziehungsgehalt II ist natürlich die entsprechend geringe finanzielle Belastung der öffentlichen Haushalte (weniger als $1/12$ des Erziehungsgehalts I). Denkbar wäre für das Erziehungsgehalt II auch eine einkommensunabhängige Ausgestaltung, dann aber mit niedrigeren Pauschalsätzen des Erziehungsgehalts, die z.B. bei 50% der Beträge für das Erziehungsgehalt I entsprechend der zeitlich reduzierten Erziehungsleistung liegen könnten.

Eine weitere Möglichkeit für Erziehungspersonen, deren jüngstes Kind älter als 18 Jahre ist, besteht in der Schaffung einer Grundsicherung, die bei ihnen zumindest das Risiko des Absinkens in materielle Armut verhindert. Immerhin sind diejenigen, die sich jahrelang der Erziehung ihrer Kinder mit vollem Engagement gewidmet haben, ein hohes Risiko eingegangen, später nicht mehr auf einen adäquaten Platz im Erwerbsleben zurückzufinden. Die Grundsicherung ist so niedrig bemessen, daß sie keinen Anreiz darstellt, sich dauerhaft "in der sozialen Hängematte" auszuruhen, wie es zynisch von wirtschaftsfreundlich-strukturkonservativer Seite heißt.

2. Die Finanzierung des Erziehungsgehalts

Der Finanzaufwand für die 1. Phase (0 bis 3 Jahre) beläuft sich auf ca. 57 Mrd. DM. Phase 1 und Phase 2 machen dann einen finanziellen Aufwand von ca. 110 bis 115 Mrd. DM aus. Der Aufwand für das Erziehungsgehalt II bewegt sich in einer Größenordnung von 10,7 Mrd. DM. Die Bruttoausgaben für die Grundsicherung liegen noch darunter. Der marginale Steuersatz bei der Lohn- und Einkommensteuer beläuft sich auf 28%. Er wird auf das zu versteuernde Erziehungsgehalt angewendet. Es sind also Finanzierungskonzepte für ein Nettovolumen von ca. 72% des Bruttoaufwandes vorzulegen.

Die Finanzierungsstrategie für die *1. Phase* des Erziehungsgehalts für Familien mit Kindern von 0 bis 3 Jahren stützt sich primär auf das Instrument von Umschichtungen, die durch

- automatische Einsparungen und
- durch gesetzlich noch zu gestaltende Einsparungen

ermöglicht werden.

Automatische Einsparungen ergeben sich beim Erziehungsgeld, bei der Sozialhilfe, der Arbeitslosenhilfe und dem Wohngeld. Darüber hinaus können ca. 50% der staatlichen Mittel für Kinderkrippen aufgrund höherer einkommensbedingter Gebühreneinnahmen zur Finanzierung des Erziehungsgehalts umgeschichtet werden.

Die direkte Honorierung der Erziehungsleistung durch das Erziehungsgehalt ermöglicht Veränderungen der steuerlichen Veranlagung bei Ehepaaren. Die Einkommensvorteile aus dem Ehegattensplitting sollen in Zukunft nur noch Familien mit Kindern von (in der 1. Phase) 3 bis 18 Jahren (in der 2. Phase von 8 bis 18 Jahren) gewährt werden, die (noch) keinen Anspruch auf ein Erziehungsgehalt haben. Alle anderen Ehepaare können in Zukunft zwei Grundfreibeträge bei der Einkommensbesteuerung einbringen.

Die Gegenfinanzierung erbringt ein Restdefizit von ca. 3,7 Mrd. DM, für die zwei Finanzierungsoptionen - (a) Abstriche bei den Familienzuschlägen im öffentlichen Dienst oder (b) ein Familienzuschlag auf die Lohn- und Einkommenssteuer in Höhe eines Prozentpunktes - vorgestellt werden.

Ein Ausbau des Erziehungsgehalts für Familien mit Kindern, die älter als 3 Jahre alt sind, ist finanz- und steuerpolitisch natürlich schwieriger.

Mehr Jahre Erziehungsgehalt heißt selbstverständlich auch höhere Einsparquoten bei Sozialhilfe, Arbeitslosenhilfe, Wohngeld und Ausbildungsbeihilfe. Ebenfalls steigt das Umschichtungspotential im Bereich Kindergärten durch die Verlagerung der Finanzierung von der Objekt- auf die Subjektförderung. Ebenso kann der verbliebene Leistungsumfang bei den Einkommensvorteilen aus dem Ehegattensplitting und aus den Familienzuschlägen im öffentlichen Dienst weiter reduziert werden. Optionen für Steuersatzsteigerungen zugunsten des Erziehungsgehalts werden gesehen

- in einer verstärkten Besteuerung der Alterseinkommen, in einer Verschärfung der Erbschaftssteuer und der Wiedereinführung einer (veränderten) Vermögenssteuer und zweitens
- in der Schaffung eines "Familiensoli" am Anfang des neuen Jahrhunderts, eines Familienzuschlags auf die Lohn- und Einkommenssteuer, der den auslaufenden Ostsolidaritätszuschlag ersetzen könnte.

Dies wäre ein Beitrag für mehr soziale Gerechtigkeit bei der Finanzierung des Erziehungsgehalts. Die wirtschaftlichen Belastungen der Familien durch das Aufziehen von Kindern würden ausgewogener durch alle Einkommensbezieher getragen.

1 | Einleitung - Zur Begründung eines Erziehungsgehalts

Die Zeit ist reif für sozialpolitische Innovationen, die den Begriff der Arbeit neu denken. Das vorliegende Gutachten setzt an der Arbeit an, die im Schatten des Erwerbssystems steht und ohne die es nicht denkbar ist, an der Erziehungsarbeit im familialen Zusammenhang. Die häusliche Erziehungsarbeit muß aus dem Schatten ihrer wirtschaftlichen und sozialpolitischen Mißachtung geholt werden. Es geht heute um die Aufwertung der Erziehungsarbeit und damit um die Aufwertung der Arbeit, die noch immer vorrangig von Frauen geleistet wird. Diese Aufwertung soll durch ein "Erziehungsgehalt" erfolgen, das alle Erziehungspersonen mit Kindern bis zur Schulpflichtigkeit (etwa 7 Jahre) erhalten. Vorgeschlagen wird im Rahmen des Konzeptes "Erziehungsgehalt 2000" weiterhin eine langfristige Grundsicherung über diesen Zeitraum hinaus für diejenigen, die Erziehungsarbeit leisten. Das Erziehungsgehalt soll, wie alle Erwerbseinkommen, existenzsichernd sein. Erziehungsarbeit ist gesellschaftliche Arbeit für ein öffentliches Gut, die Erziehung der Kinder. Es ist deshalb eine Aufgabe der Gesellschaft, diese Arbeit auch monetär anzuerkennen.

Die Leitidee des Konzeptes "Erziehungsgehalt 2000" ist: Erwerbsarbeit und Erziehungsarbeit sind gleichwertig. So wie die Erwerbsarbeit soll auch die Erziehungsarbeit materiell entgolten werden. Die Gleichwertigkeit von Erwerbs- und Erziehungsarbeit soll Ausdruck eines neuen Gesellschaftsvertrages werden.

Wenn Erziehungsarbeit gesellschaftliche Arbeit ist, dann müssen Erziehende vor Armut geschützt werden. Es war bisher ein Konsens in der Sozial- und Tarifpolitik, Armut trotz Arbeit ("working poor") zu verhindern. Das muß auch für die Erziehungsarbeit gelten, die heute zum Armutsrisiko Nummer Eins geworden ist. Die Einführung eines Erziehungsgehalts wäre eine grundlegende Reform. Sie würde auf schwerwiegende soziale Schieflagen reagieren.

1.1 Erziehungsarbeit und Erziehungsentgelt

Das Erziehungsgehalt soll eine Leistung honorieren, die der Erwerbsarbeit funktional gleichwertig ist. Es ist dann nur konsequent, wenn es in der Höhe auch vergleichbar einem durchschnittlichen versicherungspflichtigen Arbeitnehmereinkommen angesetzt wird. Diese Höhe wird in unserem Konzept bei drei noch nicht schulpflichtigen Kindern erreicht. Bei drei kleinen Kindern ist in der Regel bei der hauptsächlich für die Erziehung der Kinder verantwortlichen Person an Erwerbsarbeit nebenbei nicht mehr zu denken. Die Entscheidung für Erziehungsverantwortung ist in diesem Fall mit dem Ausfall eines vollen Erwerbseinkommens verbunden.

Der Gehaltsbegriff soll die gesellschaftliche Relevanz der Arbeit betonen, für die dieses "Erziehungsgehalt" gezahlt wird. Es geht um ein Entgelt für eine Leistung, die immer stärker Züge eines öffentlichen Gutes trägt und für dessen Sicherung geeignete staatliche Rahmenbedingungen geschaffen werden müssen.

Wir beobachten, daß der Typ der "unbezahlten" Erziehungsarbeit immer unattraktiver wird und daß auch von daher einerseits die Zahl der Geburten abnimmt, andererseits die Vernachlässigung von Kindern zunimmt. Eine Familie mit zwei und mehr Kindern kann immer weniger mit anderen Lebensstilen konkurrieren. Es geht hier um eine Arbeit, die der Gesellschaft auszugehen droht. Aber nur bei Strafe schwerer wirtschaftlicher und sozialer Krisen in den kommenden Jahrzehnten kann die Gesellschaft auf diese Arbeit verzichten. Die Stabilität von Wirtschaft und Gesellschaft hängt davon ab, daß wir die Gleichwertigkeit von Erziehungs- und Erwerbsarbeit in der langen Frist er- und anerkennen. Wenn die Gesellschaft keinen ökonomischen Lebensraum für die Ermöglichung von Eltern- und Erziehungsverantwortung schafft, wird die Geburtenrate weiter so niedrig bleiben oder sogar noch weiter zurückgehen.

Es besteht heute eine staatliche Förderungslücke bei den Familien mit Kindern im Alter von 0 bis 3 Jahren, besonders eklatant aber bei Kindern im 3. Lebensjahr. Während sich der Staat seit einigen Jahren darauf konzentriert, durch eine Ausweitung des Angebots an Kindergartenplätzen das gesetzlich verankerte Recht auf einen derartigen Platz für Kinder im Alter von 3 bis 6 Jahren umzusetzen, hat er seit Anfang der 90er Jahre die Förderung von Familien mit Kleinkindern weiter eingeschränkt. Das Erziehungsgeld wird nunmehr von Anfang an nur noch Familien bis zu einer bestimmten Einkommenshöchstgrenze gewährt. Da die ohnehin extrem niedrigen Einkommensgrenzen für den Erhalt des vollen Erziehungsgeldes seit 1986 nicht erhöht worden sind, erhalten immer weniger Familien (volles) Erziehungsgeld. Im 3. Lebensjahr des Kindes gibt es für viele Familien keinen - wie auch immer minimalen - Ausgleich für die erbrachte Erziehungsleistung. Einige Länder helfen hier mit einem Landeserziehungsgeld aus.

Das Erziehungsgehalt konzentriert sich in seiner 1. Phase auf die Familien mit Kindern im Alter von 0 bis 3 Jahren. Durch die damit verbundene Einkommensverbesserung haben die Eltern die Möglichkeit, auch den Kinderkrippenbereich durch die Finanzierung entsprechender Plätze zu entwickeln. Die Eltern, die ihr(e) Kind(er) zuhause erzogen haben, waren bisher wirtschaftlich massiv gegenüber den Familien im Nachteil, die einen der (im Westen Deutschlands wenigen) hochsubventionierten Krippenplätze in Anspruch nahmen. Mit dem Erziehungsgehalt werden Bedingungen geschaffen, in denen die Eltern echte Wahlfreiheit auch im ökonomischen Sinne bei ihren Entscheidungen über ihren Lebensstil genießen.

1.2 Das Erziehungsgehalt als ein zentraler Beitrag zur Korrektur wirtschaftlicher und sozialer Schieflagen

Diese Schieflagen werden in vier Dimensionen gesehen: Im Verhältnis von junger zu älterer Generation, im Verhältnis von Menschen mit Kindern und Menschen ohne Kindern, im Verhältnis von Frauen und Männern sowie im Verhältnis von Erwerbslosen zu Erwerbstätigen. Wir verstehen das hier vorgeschlagene Erziehungsgehalt als eine zentrale Antwort zum Abbau dieser Schieflagen.

1.2.1 Schieflage 1: Sozialpolitik auf Kosten der jungen Generation

Das Erziehungsgehalt ist ein Beitrag zur Korrektur des heute gegebenen *Ungleichgewichts der staatlichen (Sozial-)Leistungen zugunsten der älteren Generation*. Es dient der überfälligen Ergänzung des Generationenvertrages, indem auch die Generation der Kinder und Jugendlichen und deren Eltern in den komplexen generationsübergreifenden Austausch des Gebens *und Nehmens* aufgenommen werden. Zunehmend wurden in den vergangenen Jahren die sozialpolitischen Ressourcen zugunsten der älteren Generation umverteilt und dabei den Familien mit Kindern entzogen. Mit dem Instrument der "Generationenbilanz" können Finanzwissenschaftler berechnen, in welchem Umfang sich diese Umverteilung von Jung zu Alt langfristig noch verschärfen wird (vgl. u.a. Raffelhüschen/Walliser 1997). Renten- und Pensionszusagen binden die Gesellschaft auf lange Sicht. Für Kinder und Familienarbeit stehen immer weniger Mittel zur Verfügung.

Dabei liegt der Blickwinkel des Erziehungsgehalts weniger auf einer Kinderrente, wie sie noch Schreiber in den 50er Jahren vorschwebte, sondern auf einem Entgelt für die überwiegend von Frauen erbrachte *Erziehungsleistung*, um der neuen "Konkurrenz"-Situation einer nahezu durchgängigen Erwerbsneigung von Frauen gerecht zu werden. Waren in den 50er Jahren Rentner und vor allem Frauen im Rentenalter erstrangige Kandidaten dafür, sozialhilfeabhängig zu werden, so sind es heute bekanntlich Familien mit Kindern. 1995 bezogen im Durchschnitt nur 3 von 100 Haushalten in Deutschland Sozialhilfe. Dies war dagegen bei nahezu jeder(m) vierten Alleinerziehenden und gar bei jeder(m) dritten Alleinerziehenden mit 3 und mehr Kindern der Fall (vgl. z.B. Engelen-Kefer 1997, S. 333). Beängstigend ist vor allem die dramatische Beschleunigung des Übergangs von Familien mit Kindern in die Sozialhilfeabhängigkeit, die wir seit Mitte der 80er Jahre beobachten.

1.2.2 Schieflage 2: Sozialpolitik auf Kosten von Familien mit Kindern

Erst in jüngster Zeit schiebt sich eine weitere wirtschaftliche und soziale Schieflage in das gesellschaftliche Bewußtsein, nämlich jene *zwischen Kinderhabenden und Kinderlosen* (oder Haushalten mit Erziehungsverantwortung und Haushalten ohne

Erziehungsverantwortung). Kinderlose profitieren wirtschaftlich von ihrer Befreiung von den Aufgaben der Kindererziehung und von unserem erwerbsarbeitsbasierten System der Sozialversicherung. Sie verfügen über deutlich höhere Pro-Kopf-Einkommen in der Erwerbsphase *und* über deutlich höhere Renten im Alter, da sie in der Regel eine kontinuierliche Erwerbskarriere vorweisen können. Sie profitieren von den positiven externen Effekten der Kindererziehung, die sie nahezu ohne Gegenleistung in Anspruch nehmen.

1.2.3 Schieflage 3: Die Abwertung der Frauenarbeit

Das Erziehungsgehalt ist aber auch eine Antwort auf die in unsere Gesellschaftsstruktur tief eingegrabene wirtschaftliche *Schieflage zwischen Frauen- und Männerarbeit*. Frauen sind das Opfer der gesellschaftlichen Abwertung der unbezahlten häuslichen Arbeit. Männer profitieren von ihrer überwiegenden Orientierung auf die bezahlte Erwerbsarbeit und der Verteidigung ihrer Ansprüche gegenüber Versuchen einer stärkeren Teilung von Erwerbs- *und* Familienarbeit auf beide Geschlechter. Das Erziehungsgehalt dient der Aufwertung der Erziehungsarbeit und damit eines Arbeitsbereichs, der heute vor allem mit Frauen assoziiert wird. Es reagiert auch auf die Erfahrung, daß in einer Zeit der Massenarbeitslosigkeit die Entscheidung für Erziehungsarbeit in der Familie mit einem hohen Risiko belastet ist. Die "Bezahlung" der Erziehungsleistung dient der wirtschaftlichen Absicherung einer Leistung, die für Frauen doppelt riskant ist (neue wirtschaftliche Belastungen aufgrund der Unterhaltskosten für das Kind und aufgrund des Verlustes an Erwerbseinkommen) und bei der das Risiko gegenwärtig dramatisch anwächst, nach der Familienphase nicht wieder auf dem Arbeitsmarkt in adäquater Weise Fuß zu fassen.

1.2.4 Schieflage 4: Erwerbstätige versus Erwerbslose

Gut bezahlte Arbeitsplätze sind ein knappes Gut geworden. Immer mehr Menschen erhalten keinen Zugang zum Erwerbssystem, insbesondere Frauen. Anfang 1998 waren gut 4,8 Millionen Menschen in der Bundesrepublik arbeitslos gemeldet, damit stieg die Arbeitslosenquote auf bundesweit 12,6%. Im Osten waren 21,1% der an einer Erwerbstätigkeit Interessierten erwerbslos gemeldet, während im Westen rund die Hälfte, nämlich 10,5% erwerbslose Personen, zu verzeichnen sind. Frauen sind stärker von Erwerbslosigkeit betroffen als Männer, dies gilt vor allem für die neuen Bundesländer, in denen 1995 im Jahresdurchschnitt die Arbeitslosenquote der Männer 10,7%, bei den Frauen hingegen 19,3% betrug.
Trotz mannigfacher Beteuerungen der Politik und der Tarifparteien hat sich in den letzten Jahren die Erwerbslosigkeit kontinuierlich nach oben bewegt. Eine Trendwende ist ohne einen Ruck in der Gesellschaft nicht absehbar. Erwerbslose haben noch immer keine Lobby. Tarifabschlüsse - zuletzt der Abschluß des öffentli-

chen Dienstes im Frühjahr 1998 - nehmen auf die aus dem Erwerbssystem Ausgeschlossenen keine Rücksicht.

Demgegenüber stehen die Wünsche vieler Erwerbstätiger nach einer Flexibilisierung und Reduzierung der Arbeitszeit, die aber nur langsam umgesetzt werden. Vor allem Mütter und Väter - in Ost- wie in Westdeutschland - möchten kürzere und flexiblere Arbeitszeiten, um Erwerbstätigkeit und Erziehungsarbeit gut vereinbaren zu können. Würden allein die Arbeitszeitwünsche der Eltern befriedigt, könnte die Arbeitslosenquote merklich gesenkt werden. Sozialpädagogische und pflegerische Dienstleistungen gehören zu den wenigen Felder ungebrochenen Wachstums der Nachfrage nach Arbeitskräften. Damit diese Nachfrage wirksam werden kann, benötigen Familien jedoch weitaus mehr Kaufkraft. Wer die Erwerbslosigkeit tatsächlich bekämpfen möchte, muß vor allem in die Dienstleistungen rund um die Familien investieren.

1.2.5 Das Erziehungsgehalt als konstruktive Alternative

Mit der Einführung eines Erziehungsgehalts soll die überwiegend von Frauen geleistete Arbeit in der Familie und der Kindererziehung eine Aufwertung erfahren. Diese Aufwertung soll durch ein entsprechendes Entgelt erfolgen. Arbeit ist nicht nur Erwerbsarbeit, auch wenn dies der herrschende Arbeitsbegriff suggeriert. Erziehungsarbeit ist gesellschaftliche Arbeit. Damit diese Erkenntnis in das gesellschaftliche Bewußtsein gelangen kann, benötigen wir eine Erweiterung des Arbeitsverständnisses. Familien- und Erziehungsarbeit wird nach dem gängigen Arbeitsbegriff nicht als mit Erwerbsarbeit vergleichbare Arbeitsleistung anerkannt. Da sie überwiegend unentgeltlich geleistet wird, geht sie auch nicht in die Berechnung des Bruttoinlandsproduktes (BIP) ein. In unserer Gesellschaft wird nur das als Arbeit gewertet und anerkannt, was monetär entlohnt wird. Solange der Bereich der Erziehungs- und Familienarbeit aus diesem Anerkennungsverhältnis ausgeschlossen bleibt, wird diese Arbeit - selbst wenn ihre Notwendigkeit unabweisbar ist - kaum aus sich heraus gesellschaftliche Aufwertung erfahren können. Ein Erziehungsgehalt setzt an dieser Schlüsselfrage an, indem es die in Familien- und Erziehungsarbeit erbrachte Arbeitsleistung endlich monetär anerkennt und damit die Frage nach dem Arbeitsbegriff neu stellt.

"Eure Kinder sind nicht eure Kinder. Es sind die Söhne und Töchter von des Lebens Verlangen nach sich selber" heißt es bei dem großen libanesischen Weisheitslehrer Khalil Gibran. Eltern erbringen ihre Erziehungsleistung treuhänderisch für ihre Kinder und für "das Leben", für die Zukunft der Menschheit. In dieser erweiterten Perspektive wird sichtbar, daß die Bewertung der Erziehungsarbeit nicht nur für die Eltern, vielmehr für die Stellung der Kinder in der Gesellschaft eine Schlüsselfrage geworden ist. In Aufgreifen der regen öffentlichen Diskussion über eine zukunftsgerechte Familienpolitik wurde mit Förderung durch den Deutschen Arbeitskreis für Familienhilfe e.V. das Konzept eines Erziehungsgehalts entwickelt - das Modell

"Erziehungsgehalt 2000" -, das mit dieser Studie zur Diskussion gestellt wird. Es geht von der Grundannahme aus, daß Erwerbs- und Erziehungsarbeit *gleichwertig* sind. Mit einem Erziehungsgehalt soll zu einem *neuen Gesellschaftsvertrag* beigetragen werden, der die Erziehungsarbeit materiell anerkennt und eine *Balance zwischen familiärer Erziehungsarbeit und außerhäuslicher Erwerbsarbeit* fördert. Ziel des Erziehungsgehalts ist es, daß Väter und Mütter frei zwischen beiden Arbeitsformen entscheiden können. Weiterhin sollen

- Väter einen wirtschaftlichen Anreiz zur Erziehungsarbeit erhalten,
- der Markt für qualifizierte Betreuungsarbeit belebt werden,
- ein Beitrag zur Reduzierung der Erwerbslosigkeit geleistet werden
- und Erziehende eine langfristige Risikosicherung gegen Armut erfahren.

1.3 Erziehungsarbeit: vom privaten Gut zum öffentlichen Gut

Der Vorschlag, auf staatlicher Ebene die Zahlung eines Erziehungsgehalts an Personen, die Kinder aufziehen, zu organisieren, reagiert auf einen dringlichen gesellschaftlichen Bedarf. Dieser ist durch grundlegende Veränderungen entstanden, die sich in den westeuropäischen Industriegesellschaften in den letzten drei Jahrzehnten vollzogen haben. Ökonomisch kann man diesen Strukturwandel der Gesellschaft auf den Begriff bringen, daß Kindererziehung von einem privaten Gut zu einem öffentlichen Gut geworden ist. Ein öffentliches (oder Kollektiv-)Gut wird aber nur dann erzeugt und dauerhaft gesichert, wenn die Gesellschaft dessen "Produktion" als Gemeinschaftsaufgabe akzeptiert und eine entsprechende Steuer- und Abgabenfinanzierung durchsetzt.

1.3.1 Kindererziehung früher: Eine Privatangelegenheit

Wieso hatte das Aufziehen von Kindern früher eher den Charakter eines privaten Gutes? Typisches Merkmal eines privaten Gutes ist es, daß diejenigen, die die Kosten seiner "Erstellung" tragen, auch ausschließlich oder überwiegend Nutzen aus dem von ihnen erworbenen Gut ziehen. Es gilt das sogenannte Ausschlußprinzip. Diejenigen, die sich nicht an den "Erstellungs"kosten beteiligt haben, können auch an der Partizipation der vom Privatgut gespendeten Nutzen gehindert werden. Wenn ich mir ein Fernsehgerät kaufe, kann ich Dritte vom Mitsehen ausschließen.

Die Ausschlußmöglichkeit Dritter von der Nutzung des Privatgutes ist ein wichtiger ökonomischer Anreiz, in die Kosten der Erstellung zu investieren. Würde das Ausschlußprinzip entfallen, hieße dies, einer zahlt, andere profitieren - in unserer Marktwirtschaft keine gute Voraussetzung dafür, daß es überhaupt zur Produktion dieses Gutes kommt.

Daß Kindererziehung früher eher mit einem privaten Gut vergleichbar war, sieht man daran, daß man früher von Kindern als dem Kapital der Eltern sprach. Es gab früher keine staatliche Altersfürsorge und bis zum Jahre 1957 - dem "historischen" Datum der Einführung der dynamischen Rentenversicherung - nur eine staatliche Rumpfversorgung für das Alter. Entsprechend waren die Familien auf Kinder als "Deckungskapital" für ihr Alter angewiesen. Kinder zu haben, verwies früher auf eine gute ökonomische Ausstattung der Eltern für deren Alter.

Dagegen waren die arm dran, die ledig und kinderlos geblieben waren und letztlich der Großfamilie, zu der sie sich zugehörig fühlten, in ihrem Alter auf der Tasche lagen. Sie hingen damit von der "Wirtschaftskraft" der Kinder ab, die von ihren Verwandten aufgezogen worden waren.

1.3.2 Kindererziehung heute: ein Armuts- und Arbeitsmarktrisiko

Wir erleben heute die völlige Umkehrung der damaligen Konstellation. Kinder zu haben und aufzuziehen, ist heute zu einem mehrfachen Armuts- und Zukunftsrisiko geworden. Dagegen stehen Singles und kinderlose Paare heute an der Spitze der Pro-Kopf-Einkommensskala und erfreuen sich auch aufgrund hoher Rentenanwartschaften und größerer Sparpotentiale hervorragender wirtschaftlicher Zukunftserwartungen. Wer Kinder in der Familie erzieht, nimmt hohe Kosten und hohe (auch langfristige) Einbußen am Lebenstandard in Kauf. Waren Kinder früher eine Garantie für die Zukunft - insbesondere für das Alter -, stehen Kinder heute für einen kumulativen Ausfall von Beitragszeiten bei der Rentenversicherung und damit für ein höheres Altersarmutsrisiko.

1.3.2.1 Die Divergenz zwischen Kosten und Nutzen: Kindererziehung wird zum öffentlichen Gut

Kindererziehung hat im Zuge der eben skizzierten Wandlungen immer mehr den Charakter eines Kollektivgutes angenommen. Dieses ist eben dadurch charakterisiert, daß das Ausschlußprinzip

- aus sachimmanenten Gründen nicht durchgesetzt werden kann oder
- unter den herrschenden gesellschaftlichen, politischen und rechtlichen Verhältnissen nicht durchgesetzt wird.

Klassische Beispiele öffentlicher Güter sind die Landesverteidigung, die allgemeinen hoheitlichen Aufgaben eines Staates wie die Vertretung der Landesinteressen im Ausland oder die staatlich finanzierte Grundlagenforschung. Auf dem Markt entsteht deshalb kein adäquates Angebot an diesen Leistungen, weil kein individueller Anreiz besteht, sich mit einem eigenen Geldbeitrag an den Kosten der Erstellung dieser Leistungen zu beteiligen. Und warum nicht? Wenn diese Leistungen dennoch erstellt werden, kann derjenige, der einen Kostenbeitrag verweigert hat, dennoch nicht von den Nutzen (vom "Konsum") dieser Leistungen ausgeschlossen werden. Man spricht hier vom "gemeinsamen Konsum" eines öffentlichen Gutes. So können also auch "Trittbrettfahrer" ("free riders") an dem Konsum dieser Leistungen partizipieren, ohne den Konsum anderer zu beeinträchtigen. Wir profitieren alle von den Leistungen der Landesverteidigung. Hiervon kann kein Mitbürger ausgeschlossen werden, ob er nun einen Kostenbeitrag dazu geleistet hat oder nicht.

Aufgrund der Eigenschaften von Kollektivgütern (keine Geltung des Ausschlußprinzips, gemeinsamer Konsum, Anreiz zum Trittbrettfahren) müssen diese unter staatlicher Regie erstellt und gesichert werden, und zwar dadurch, daß ein Teil der Einkommen und Vermögen über die Auferlegung von Steuern abgeschöpft wird.

1.3.2.2 Umweltqualität: Vom freien Gut zum öffentlichen Gut

In neuerer Zeit haben wir schon einmal den Übergang eines Gutes in ein knappes, öffentlich zu bewirtschaftendes Gut erlebt. Die Umweltqualität, die früher im allgemeinen als selbstverständlich vorhanden galt, ist in den vergangenen Jahrzehnten durch Übernutzung der Umwelt immer stärker beeinträchtigt worden. Das "freie" Gut Umwelt ist unter der Hand ein knappes ökonomisches Gut geworden. Der Staat mußte anerkennen, daß Umwelt ein Kollektivgut geworden war, das nur aufgrund staatlicher Rahmensetzung eine Chance auf Pflege und Erhaltung hatte (vgl. z.B. Leipert 1989). Investiert ein besonders engagiertes Unternehmen in teure Anlagen der Luftreinhaltung, dann profitieren nicht nur das Unternehmen und dessen Beschäftigten von den rückläufigen Emissionen an Stickoxiden, Kohlenwasserstoffen, Kohlendioxid etc., sondern auch die Allgemeinheit. Aufgrund der physischen Beschaffenheit der Lufthülle kann niemand von den Vorteilen der höheren Luftqualität ausgeschlossen werden. Entsprechend wird der individuelle Anreiz bzw. die Bereitschaft, einen Kostenbeitrag zur Wiederherstellung der Umweltqualität zu leisten, durch das Phänomen der Trittbrettfahrer abgetötet, die kostenlos von Anstrengungen Dritter profitieren.

Die Umweltwirkungen wirtschaftlichen Handelns offenbaren eine weitere Struktureigenschaft öffentlicher Güter (bzw. öffentlicher Übel), die als positive (oder negative) externe Effekte wirtschaftlichen Handelns bezeichnet werden. Wenn ein Betrieb Kosten spart, indem auf die Abwasserreinigung verzichtet wird, produziert dieser Betrieb einen negativen externen Effekt, und zwar auf die durch die Gewässerverschmutzung Betroffenen.

Beim Auftreten von externen Effekten des wirtschaftlichen Handelns gibt es immer das Phänomen der Divergenz zwischen Gewinnen und Verlusten. Im obigen Fall kassiert der Betrieb den Extragewinn aus der Vernachlässigung der Umweltgebote. Die zusätzlichen Kosten und Wohlfahrtsverluste der Umweltverschmutzung müssen unbeteiligte Dritte tragen.

Umgekehrt ist es im Fall von positiven externen Effekten wirtschaftlichen Handelns.

Wenn ein Betrieb freiwillig in Maßnahmen der Luftreinhaltung investiert, produziert er positive externe Effekte zugunsten Dritter. Die Allgemeinheit profitiert von der höheren Umweltqualität, kann unter Umständen Kosten einsparen, die bisher durch Umweltschäden eingetreten sind. Der Betrieb allein trägt dagegen die Kosten dieser Verbesserung der allgemeinen Wohlfahrt. Wieder beobachten wir eine Divergenz zwischen denen, die die zusätzlichen Kosten tragen, und jenen, die die zusätzlichen Nutzen genießen.

Aufgrund der Bedeutung von externen Effekten bei Maßnahmen, die die natürliche Umwelt tangieren, benötigt man einen staatlichen Ordnungsrahmen (z.B. direkte Regulierungen oder preisliche Maßnahmen wie Umweltabgaben und Ökosteuern), innerhalb dessen die einzelnen Bürger und Unternehmen zur Pflege und Erhaltung dieses öffentlichen Gutes angehalten (oder letztlich gezwungen) werden.

1.3.2.3 Die gesellschaftlichen Nutzen des Aufziehens von Kindern: positive externe Effekte der Familienarbeit

Das Phänomen externer Effekte des Handelns ist seit einigen Jahrzehnten mit wachsender Deutlichkeit auch bei Familien und deren Leistungen bei Erziehung und Betreuung ihrer Kinder zu erkennen. Die Übereinstimmung zwischen elterlichen Kosten und Nutzen des Aufziehens von Kindern ist zunehmend einer Kluft gewichen, die sich zwischen den Kosten und Verzichtleistungen von Eltern im Zusammenhang mit dem Aufziehen ihrer Kinder und der wachsenden Abschöpfung der Erträge der Kindererziehung durch Gesellschaft und Politik geöffnet hat.

Als Stichtag dieser veränderten Bedeutung von Kindern in der Gesellschaft ließe sich symbolisch der Tag der Einführung der dynamischen Rentenversicherung im Jahre 1957 festmachen. Seit ihrer Einführung ist eine Asymmetrie zwischen der Vergesellschaftung der Altersversorgung und der überwiegend weiter gegebenen Privatheit des Kinderaufziehens entstanden. Die Anreizwirkungen unserer Rentenversicherung auf die Generationenvorsorge sind fatal.

Der "Trittbrettfahrer" hat keine Kinder, weist dagegen eine lückenlose Erwerbskarriere auf und erwirbt dadurch erheblich höhere Rentenansprüche als die Erziehungspersonen (überwiegend Frauen), die z.T. lange Unterbrechungen ihrer Erwerbstätigkeit mit allen negativen Folgen für ihre berufliche und materielle Zukunft - Geburten werden seit dem Jahr 1992 mit drei Erziehungsjahren pro Kind kompensiert (umgerechnet 100 Mark monatlicher Rente) - in Kauf nehmen.

1.3.2.4 Wer trägt welche Lasten?

Familien erzeugen heute mit dem Aufziehen ihrer Kinder massive positive externe Effekte zugunsten der Gesellschaft, ohne daß sich alle Nutznießer an den Kosten der nachwachsenden Generation beteiligen. Kinderlose und Kinderarme sind in ihrem

Alter auf eine zahlenmäßig ausreichende mittlere Generation angewiesen, solange wir unsere Renten und Pensionen über eine Umlage von der produktiv tätigen Generation zur "inaktiven" Generation der Alten finanzieren. Eine Abhängigkeit von den Kindern anderer besteht auch dann, wenn die Kinderlosen im Alter gebrechlich und pflegebedürftig werden sollten, was aufgrund der gestiegenen Lebenserwartung in Zukunft viel wahrscheinlicher wird als früher. Krankenversorgung und die Betreuung von Pflegebedürftigen sind aber bekanntlich sehr personalintensive Dienstleistungen.

Als Gegenargument hören wir oft, daß die Rentenversicherung heute an der steigenden Arbeitslosigkeit krankt und nicht an den demographischen Veränderungen. Aber dies ist nichts anderes als ein weiterer Befund des herrschenden Kurzfristdenkens. Man will nicht wahrhaben, daß die negative demographische Spirale bereits in Gang gekommen ist. Nach dem Jahre 2015 wird vermutlich die Zahl der Rentner je Person der Bevölkerung im Erwerbsalter gegenüber heute beschleunigt steigen. Diese heute schon voraussehbare Entwicklung wird die Krise zwischen den Generationen dramatisch verschärfen.

1.3.2.5 Der Wert des Beitrags der Familien zur Humanvermögensbildung

Es ist eben nur die halbe Wahrheit, wenn darauf hingewiesen wird, daß sich Kinderlose und Kinderarme über ihre höhere Steuerbelastung ganz entscheidend an den Kosten der Schaffung des Humanvermögens der nachwachsenden Generation beteiligen. Auch die Familien tragen mit ihren Steuerzahlungen zu den staatlichen Bildungsaufwendungen bei. Und von den Früchten des staatlichen Ausbildungswesens - der beruflichen Qualifikation der vor dem Eintritt in das Erwerbsleben stehenden jungen Generation - profitieren wiederum alle in der Gesellschaft.

Die ganze Wahrheit tritt erst zutage, wenn man wie Lampert u.a. für den 5. Familienbericht der Sachverständigenkommission des Bundesfamilienministeriums eine Kostenrechnung aufmacht (vgl. Deutscher Bundestag 1994). Seine Leitfrage war: Wie hoch sind für ein (Ehe-)Paar die Kosten des Aufziehens von zwei Kindern bis zur Volljährigkeit?

Die Bruttorechnung ergibt sich aus der Addition zweier Kostenposten, einerseits der Kosten der Versorgung der Kinder bis zur Vollendung des 18. Lebensjahres und andererseits der Kosten des Betreuungsaufwands. Es wurde unterstellt, daß die Mutter die Erwerbstätigkeit in den ersten 6 Lebensjahren der beiden im Abstand von 2 Jahren geborenen Kinder (also insgesamt 8 Jahre) unterbrach. Die Bewertungsansätze sind eher zu niedrig als zu hoch gewählt. Um den Vorwurf einer Überschätzung des Wertes der Leistungen der Familien von vornherein zu vermeiden, wurde der Wert der Betreuungsarbeit nicht anhand der Opportunitätskosten bestimmt, also der entgangenen Erwerbseinkommen der Mütter. Gerechnet wurde mit dem Lohnsatz einer Hauswirtschafterin, mit dem auch das Statistische Bundesamt den Wert der unbezahlten Haushaltsproduktion berechnet hat (siehe auch Kapitel 3).

Der Gesamtwert des Versorgungs- und Betreuungsaufwands pro Kind, der die Summe dieses 18-Jahre-Kraftaktes der Eltern zusammenfaßt, beläuft sich danach für eine niedrigere Bewertungsvariante (Nettolohn) auf ca. 306.000 Mark. Geht man von einer höheren Bewertungsvariante (Bruttolohn) aus, dann ergibt sich ein "Mittelwert" von 381.000 Mark (Lampert 1996, S. 32ff.).

Ein Teil dieser Aufwendungen wird durch staatliche Leistungen an Familien gedeckt. Diese Leistungen betragen jedoch nur einen Bruchteil der tatsächlichen Aufwendungen, nicht zuletzt, weil Familien selbst durch die Zahlung von direkten und indirekten Steuern diese staatlichen Leistungen mitfinanzieren. In einer früheren Berechnung von Lampert belief sich dieser Entlastungsanteil auf etwas mehr als 1/10 (Lampert 1992, S. 135f.). Es verbleibt also immer noch ein sehr hoher Netto-Eigenbeitrag der Familien, dem Kinderlose nicht ausgesetzt sind.

1.3.2.6 Hilft die Häufung von Erbschaften mit hohen Beträgen den Familien?

Klagt man über die Kumulation an Lasten, die von der jüngeren Generation in Zukunft geschultert werden müssen, wird einem schnell das gigantische Geldvermögen entgegengehalten, das die (West-)Deutschen in 50 Jahren Frieden und lang anhaltender Prosperität angesammelt haben. Den unbestreitbar hohen Lasten wären die hohen Erbschaften entgegenzuhalten, die in den kommenden Jahren gehäuft auftreten werden.

Diese Sachverhalte bestätigen zunächst einmal, daß alte Menschen im Durchschnitt noch nie so wohlhabend waren wie heute. (Die wichtigste Ausnahme betrifft natürlich die Frauen, die sich überwiegend der Erziehung der Kinder in der Familie gewidmet haben). Der Anteil, den sie am privaten Gesamtvermögen in diesem Land besitzen, wächst ständig. Im Jahre 2002 werden die über 55-Jährigen schon mehr als die Hälfte davon ihr eigen nennen (Die Zeit, Nr. 47 vom 14.11.1997, S. 41). Auch relativ zu anderen Sozialgruppen kann sich die Wohlstandsposition der Älteren sehen lassen. Pensionäre liegen mit einem durchschnittlichen Vermögenseinkommen von 7.300 Mark pro Jahr (1996) deutlich über dem von Angestellten (5.500 Mark) und Beamten (5.400 Mark). Rentner übertreffen mit 4.800 Mark immer noch klar Arbeiter, die auf durchschnittlich 3.200 Mark kommen (ebd., S. 42).

Für die Masse der Erben wird sich die wirtschaftliche Entlastung durch ihr Erbe freilich in engen Grenzen halten. Bei 44,6% aller Erbfälle liegt das Erbvolumen bei einem Betrag von bis zu 100.000 Mark, bei weiteren 22,8% zwischen 100.000 und 250.000 Mark. Weiter ist heute immer häufiger fraglich, ob die aktuelle Erbengeneration mit der Schicht der Eltern von kleinen bzw. schulpflichtigen Kindern identisch ist. Bei genauem Hinsehen entdecken wir immer deutlicher das Entstehen einer *Vier-Generationen-Gesellschaft*. Die durchschnittliche Lebenserwartung - insbesondere der Frauen - ist in den letzten Jahrzehnten noch einmal so drastisch angestiegen, daß die Erben beim Vermögenstransfer von der Eltern- zu deren Kindergeneration immer häufiger schon im "hohen" Alter von 50 bis 65 Jahren stehen. Deren Kinder wiederum, die gerade dabei sind, ihre eigene Familie aufzubauen, profitieren also nur zufällig und nicht systematisch von diesem intergenerationalen Vermögenstransfer.

1.3.2.7 Wandel der Familienformen als Ursache der Verstärkung positiver externer Effekte der Kindererziehung

Daß Kindererziehung immer stärker die Eigenschaften eines öffentlichen Gutes aufweist, sich insbesondere durch die Erzeugung relevanter positiver externer Effekte zugunsten nicht-zahlender Dritter auszeichnet, ist durch den Strukturbruch der Einführung der staatlich garantierten Altersversorgung forciert, aber nicht ausgelöst worden. Die eigentlich verursachende Kraft ist sicherlich der Wandel der Familienformen, der sich in unseren fortgeschrittenen Industriegesellschaften seit Jahrzehnten vollzieht.

Vor dem Zweiten Weltkrieg und noch in den 50er Jahren dominierte ein Prototyp der Familie, in dem der Ehemann als Alleinernährer der Familie fungierte und seine Frau sich im Hause um die Erziehung der Kinder kümmerte. Soweit die Ehefrau vor der Geburt des ersten Kindes erwerbstätig war, gab sie die außerhäusliche Arbeit nach der Geburt meist für immer auf. Die Erwerbsquote der Frauen war bis in die Mitte der 60er Jahre deutlich niedriger als in der Zeit der 70er Jahre und danach. Bevor die Anti-Baby-Pille die Familienplanung auf breiter Front ermöglichte, gab es in nahezu allen Familien - mit Ausnahme der Fälle von ungewollter Kinderlosigkeit - Kinder, und meist nicht nur eins.

Insofern war das Leben mit Kindern das vorherrschende familiäre Lebensmodell bis in die 60er Jahre hinein - besonders plastisch in der damaligen Rentendebatte von Bundeskanzler Adenauer auf den Punkt gebracht: "Kinder haben die Leute immer". Ein uniformes Lebensmodell weist naturgemäß kaum externe Effekte auf. Alle tragen mehr oder weniger mit ihren Anstrengungen zum Aufziehen der nachwachsenden Generation bei. Erst die langsame Erosion dieses uniformen Lebensmodells durch das kontinuierliche Wachsen der Gruppe kinderloser oder kinderarmer Paare und Singles, das wir seit den 70er Jahren beobachten, hat die positiven externen Effekte des Kinderaufziehens zu einem gesellschaftlich brisanten Problem werden lassen.

1.3.3 Honorierung der Erziehungsarbeit: eine Frage der Leistungsgerechtigkeit

Wenn man Kindererziehung als Kollektivgut betrachtet, dann erwächst die Forderung nach einer gesellschaftlichen Honorierung dieser Leistung nicht aus sozial- und verteilungspolitischen, sondern *primär aus allokationspolitischen* Gründen: Die Volkswirtschaft ist darauf angewiesen, daß Eltern Kinder aufziehen und erziehen und damit in das (künftige) Humankapital der Gesellschaft investieren. Die Transformation der Kindererziehung zum Kollektivgut erfordert eine öffentliche Intervention zur Korrektur des heute bestehenden volkswirtschaftlichen Allokationsfehlers. Es geht hier also letztlich um eine Frage der Wirtschaftspolitik, wie Nachtkamp mit Recht betont (vgl. Nachtkamp 1995), also um die Frage, wie Wirtschaftspolitik angesichts des Entstehens neuer öffentlicher Güter und verbreiteter externer Effekte des individuellen Handelns zu einer langfristig wohlfahrtserhaltenden und -steigernden Allokation der volkswirtschaftlichen Ressourcen beitragen kann. Dies ist auch eine Bewährungsprobe für die Ordnungsidee der sozialen Marktwirtschaft.

Der Staat steht hier vor keiner leichten Aufgabe. Einerseits dringt der heutige neoliberale Zeitgeist auf immer mehr Deregulierung, Privatisierung und "Eigenverantwortung". Auf der anderen Seite wird das Gewicht öffentlicher Güter für die Lebensqualität der Menschen und die langfristige Zukunftsfähigkeit der Gesellschaft im Zuge grundlegender Wandlungen in Wirtschaft und Sozialordnung immer größer. In einer Zeit der Durchdringung der früher nicht-ökonomischen Bereiche der Familie und der natürlichen Umwelt durch ökonomische Kosten-Nutzen-Kalküle steht die staatliche Ordnungs- und Allokationspolitik vor der Aufgabe, sich der wachsenden Ausbeutung von Ökologie und Familie entgegenzustellen und dafür zu sorgen, daß knappe familiäre Betreuungsleistungen und knappe Umweltgüter nicht mehr weiter von Gesellschaft und Wirtschaft quasi als Gratisgüter angeeignet werden.

Den Anspruch der Eltern auf eine Entschädigung für ihre Erziehungs- und Betreuungsleistungen sieht Nachtkamp schon durch unsere Verfassung gegeben (vgl. Nachtkamp 1996). Das Grundgesetz kennt nur zwei Bevölkerungsgruppen, denen es besondere Pflichten zuordnet: Wehrpflichtige und Eltern. Art. 6, Abs. 2 GG bestimmt: "Pflege und Erziehung der Kinder sind das natürliche Recht der Eltern und die zuvörderst ihnen obliegende Pflicht. Über ihre Betätigung wacht die staatliche Gemeinschaft". Es verträgt sich indes nicht mit dem Gleichheitsgrundsatz nach Art. 3 GG, daß für eine verfassungsrechtlich eingeforderte Sonderpflicht kein Entgelt zu zahlen sei. Soldaten und Zivildienstleistende erhalten dagegen ein Entgelt.

Die finanzielle Förderung der Familienarbeit hat dabei nichts mit einer Nationalisierung und Verstaatlichung von Elternschaft zu tun. Zwischen Soldatentum und Elterndasein besteht ein substantieller Unterschied darin, daß es sich bei der Elternpflicht um eine treuhänderische Pflicht unmittelbar gegenüber dem Kind handelt. Diese Treuhandpflicht ist nur indirekt im Interesse einer Gesellschaft, die sich heute zunehmend als Schützerin der Menschenrechte des Kindes, des "Kindeswohls" versteht (vgl. Beck 1997). Demgegenüber handelt es sich bei der Soldatenpflicht und dem durch Soldaten mit erzeugten öffentlichen Gut "Äußere Sicherheit" um eine Pflicht unmittelbar gegenüber dem Kollektiv der Gesellschaft.

Das Erziehungsgehalt ist also keineswegs allein eine Frage der Sozial- und Familienpolitik. Primär geht es um den wirtschaftlichen Ausgleich für eine gesamtgesellschaftlich unverzichtbare, ökonomisch zunehmend knappe Leistung für die Gesellschaft. *Es geht also um Leistungsgerechtigkeit. Umverteilung ist nur ein Instrument zur Erreichung dieses Ziels.*

2 Vorstellung des Konzeptes "Erziehungsgehalt 2000"

Das Konzept "Erziehungsgehalt 2000" soll die Konturen einer Sozialreform zeichnen, mit der die Erziehungsarbeit nachhaltig aufgewertet wird. Die Grundidee liegt in einer monetären Anerkennung der Erziehungsleistung durch die Gesellschaft mittels eines Erziehungsgehalts, das den auf dem Arbeitsmarkt erzielten Einkommen vergleichbar ist. Einige Elemente des Konzeptes werden in Form von Varianten vorgestellt, um die öffentliche Diskussion anzuregen und nicht vorschnell auf technische Einzelheiten festzulegen.

Das Erziehungsgehalt besteht aus zwei Kernelementen:

- dem *"Erziehungsgehalt I", einer Geldleistung in Höhe von 2.000 DM pro Monat für das erste und 1.000 DM für alle weiteren Kinder bis zu 7 Jahren* (das heißt bis Schuleintritt, im Schnitt damit bis zum Alter von 6 $\frac{1}{2}$ Jahren); es soll in zwei Phasen verwirklicht werden: in der *ersten Phase* für Erziehende, deren jüngstes Kind zwischen *0 und 3 Jahren* alt ist; in der *zweiten Phase* schrittweise für Erziehende mit Kindern zwischen *4 und 7 Jahren*. Das Erziehungsgehalt I wird in zwei Varianten untersucht: als erwerbszeitunabhängiges und als erwerbszeitabhängiges Erziehungsgehalt. Weiterhin wird die Möglichkeit vorgestellt, ab dem Kindergarten-alter neben einem reduzierten Barbetrag einen "Erziehungsgutschein" für den Besuch außerhäuslicher Kinderbetreuungsangebote vorzusehen. Das Erziehungsgehalt ist steuerpflichtig, es werden jedoch keine Sozialversicherungsbeiträge erhoben.

- Für die Zeit, nachdem beide Phasen des Erziehungsgehalt I verwirklicht sind, soll als sozialpolitische Vision für Erziehende, deren jüngste Kinder älter als 7 Jahre sind, das *"Erziehungsgehalt II"* gezahlt werden. Hier werden zwei Varianten untersucht: zum einen ein einkommensabhängiges Erziehungsgehalt II. Als Variante wird ein weiterhin einkommensunabhängiges, aber in seinem Niveau reduziertes Erziehungsgehalt II zur Diskussion gestellt. Beide Varianten können wohl am besten im Kontext einer Reform in Richtung auf eine allgemeine Grundsicherung bzw. ein Grundeinkommen verwirklicht werden.

Die Einführung des Erziehungsgehalts soll Bestandteil eines Umbaus des Sozialstaats sein, der den Faktor Arbeit von Beitragsleistungen entlastet, der die Kosten der sozialen Sicherung solidarischer verteilt und der die ältere Generation stärker als bisher heranzieht.

2.1 Allgemeine Merkmale des Vorschlags Erziehungsgehalt 2000

Heute muß aller Nachdruck auf eine Anerkennung der Erziehungsleistung in der Zeit bis zum Schuleintritt der Kinder (ca. 7. Lebensjahr) gelegt werden. Das bedeutet, daß die Verwirklichung der ersten beiden Phasen des Vorschlags Erziehungsgehalt 2000 Priorität hat. Erziehungsarbeit ist aber auch nach dem siebten Lebensjahr eines Kindes erforderlich, wie nicht zuletzt die Forderung nach Horten und Ganztagsschulen zeigt. Unter der Voraussetzung, daß die Notwendigkeit der Unterstützung von Familienarbeit politisch weiter erkannt wird, deuten wir als *dritte Phase* die Einführung eines "Erziehungsgehalt II" mit zwei Optionen an:

- als *1. Option*: ein einkommensabhängiges Erziehungsgehalt II in Form einer "negativen Einkommenssteuer" für Erziehende;
- als *2. Option*: einen gegenüber dem Erziehungsgehalt I reduzierten Fixbetrag, der gegebenenfalls auch in mehreren Teilschritten verwirklicht werden kann (z.B. 7 bis 12, 12 bis 16, 16 bis 18 Jahre des jüngsten Kindes). Möglich wäre auch die Form eines "Zeitkontos".

2.1.1 Erziehungsgehalt I (Kinder bis 7 Jahre bzw. Schuleintritt)

---

1. bis 7. Jahr bzw. bis Schuleintritt:

Grundbetrag (bei einem Kind): 2.000 DM p.M. (Alleinerziehende: 2.300 DM)
Zusatzbetrag für jedes weitere Kind: 1.000 DM p.M. (Alleinerziehende: 1.150 DM)

Die Einführung des Erziehungsgehalts soll in zwei Phasen erfolgen:

Phase 1: Für Erziehende mit Kinder von 0 bis 3 Jahren
Phase 2: Für Erziehende mit Kindern zwischen 4 und 7 (bzw. 6 ½ Jahren)

Folgende Varianten werden untersucht: eine erwerbszeitunabhängige und eine erwerbszeitabhängige Ausgestaltung sowie die mögliche Einführung eines "Erziehungsgutscheins" für die außerhäusliche Kinderbetreuung in Höhe von ca. 600 DM bei Kindern zwischen 4 und 7 Jahren.

Die Leistungen für eine/n Erziehende/n mit drei Kindern unter 8 Jahren sollen das durchschnittliche Einkommen aus abhängiger Erwerbsarbeit erreichen (vor Steuer, nach Abzug der Sozialversicherungsbeiträge), da bei drei Kindern in diesem Alter in der Regel eine Erwerbstätigkeit nicht möglich ist. Bei einem Kind ist noch Teilzeitarbeit möglich, bei zwei Kindern nur noch sehr erschwert, bei drei Kindern (in diesem Alter) praktisch unmöglich. Damit steigen die Opportunitätskosten mit zunehmender Kinderzahl.

Die Betragshöhen berechnen sich folgendermaßen: Auf einen Sockelbetrag von 1.000 DM werden für jedes Kind 1.000 DM aufgeschlagen. Vereinfacht entspricht der Sockelbetrag dem Grundbedarf des Erziehenden, der kindbezogene Anteil dem Grundbedarf des ersten und aller weiteren Kinder. (Als "erstes" Kind gilt jeweils das jüngste Kind eines Paares bzw. einer/s Alleinerziehenden).

Eine Leistungsanerkennung muß den mit der Erbringung der Leistung entstehenden Bedarf berücksichtigen, da ansonsten nicht von einer Anerkennung gesprochen werden kann: das erste Kind verursacht in der Regel einen erheblichen Kostenstoß (Lebenshaltungskosten, Opportunitätskosten durch Erwerbsverzicht etc.), der in die Bemessung des Leistungsentgelts Erziehungsgehalt einfließen muß. Das Erziehungsgehalt soll - kombiniert mit Kindergeld und ggf. Wohngeld - existenzsichernd sein, d.h. mindestens dem heutigen Sozialhilfeniveau entsprechen. Bereits bei einem Kind wird damit ein existenzsicherndes, wenngleich bescheidenes Gehalt gezahlt, da die (pauschalierte) Erziehungs*leistung* für die Festsetzung des Erziehungsgehalts maßgeblich ist.

Abbildung 1: Erziehungsgehalt I für Kinder von 0 bis 7 Jahren (Schuleintritt)

	Alter der Kinder	1. Kind		2. und weitere Kinder	
Erziehungsgehalt I	**0 bis 3 Jahre** erwerbszeitunabhängig PHASE 1	2.000 DM p.M.		je 1.000 DM p.M.	
	4 bis 7 Jahre erwerbszeitunabhängig PHASE 2	1.400 DM Geldleistung	600 DM evtl. Erziehungsgutschein	400 DM Geldleistung	600 DM evtl. Erziehungsgutschein
		Alleinerziehende erhalten einen Zuschlag von 15% auf die Beträge für das erste Kind und für weitere Kinder			

Das Erziehungsgehalt soll entsprechend der Entwicklung der Lebenshaltungskosten *jährlich angepaßt* werden. Überlegenswert ist als Option für die Zukunft, ob das Erziehungsgehalt zusätzlich am Produktivitätszuwachs der Gesamtwirtschaft beteiligt wird. Der kontinuierlichen Anpassung des Erziehungsgehalts zur Vermeidung seiner schleichenden Entwertung kommt angesichts der Erfahrungen mit dem "Erziehungsgeld" besondere Bedeutung zu. Das Erziehungsgeld ist nominell seit seiner Einführung 1986 konstant geblieben (600 DM pro Monat). Selbst wenn lediglich die Kaufkraft des Einführungszeitpunktes wiederhergestellt würde, käme man heute (1998) auf einen Betrag von über 800 DM im Monat (vgl. Wingen 1997, S. 217).

Diskussionsbedarf wird es zur Frage geben, ob der Zusatzbetrag (für jedes weitere Kind) nach oben begrenzt werden soll. Aus der individuellen Perspektive der Lebensstandardsicherung kann ein Erziehungsgehalt als Lohnersatzleistung für den jeweiligen Leistungsinput betrachtet werden. So schlägt beispielsweise das "Trierer Modell" des Katholischen Familienbundes bei 3 Kindern ein Erziehungsgehalt von 3.300 DM p.M. vor, bei weiteren Kindern aber keine weitere Erhöhung.

Demgegenüber könte aus gesellschaftlicher Perspektive auf die positiven externen Effekte abgestellt werden, die von der jeweiligen Familie ausgehen (der "Output"). Als Leistung würde das Aufziehen von Kindern und die damit verbundene Heranbildung von Humanvermögen als öffentliches Gut honoriert und hier wären 5 Kinder mehr als 3. Praktisch wird sich diese Frage der "Deckelung" des Zusatzbetrages aber kaum stellen, solange die Bezugsdauer pro Kind auf 3 bzw. 7 Jahre beschränkt bleibt.

Auf das Niveau des Erziehungsgehalt I wirkt sich weiterhin aus, ob es abhängig oder unabhängig von Erwerbsarbeit gezahlt wird, die neben der Erziehungsarbeit erfolgt. Im vorliegenden Gutachten werden beide Varianten untersucht, die über Vor- und Nachteile verfügen.

In der zweiten Phase der Einführung könnte das Erziehungsgehalt bei Kindern zwischen 4 und 7 Jahren in einen reduzierten Barbetrag (ca. 1.400 DM pro Monat) und in einen Teilbetrag (ca. 600 DM p.M.) in Form eines *"Erziehungsgutscheins"* zur Einlösung bei anerkannten außerhäuslichen pädagogischen Einrichtungen aufgesplittet werden.

2.1.2 Die Phasen der Einführung des Erziehungsgehalt 2000

Das Modell "Erziehungsgehalt 2000" soll in mehreren Phasen eingeführt werden. In Phase 1 soll das Erziehungsgehalt I als einkommensunabhängige Leistung für die Erziehung von Kindern von 0 bis 3 Jahren, in Phase 2 für Kinder von 4 bis 7 Jahren (Schuleintrittsalter) gezahlt werden. Das Erziehungsgehalt II für die Erziehung von Kindern über sieben Jahre soll als einkommensabhängige Leistung oder als allgemeine, aber reduzierte Leistung bei entsprechender politischer Willllensbildung in einer späteren Phase 3 berücksichtigt werden.

2.1.2.1 1. Phase: Erziehungsgehalt I bei Kindern von 0 bis 3 Jahren

Es scheint (zumindest in Westdeutschland) einen gesellschaftlichen Konsens dahingehend zu geben, daß in den ersten drei Lebensjahren des Kindes und damit während des sogenannten Erziehungs"urlaubs" eine tatsächliche - also auch ökonomisch untermauerte - Wahlfreiheit zwischen der Kindererziehung zuhause und der Inanspruchnahme öffentlicher pädagogischer Angebote bestehen muß. Das heißt aber auch, daß eine Familie durch die Entscheidung für die häusliche Erziehung in dieser Zeit nicht wirtschaftlich bestraft werden darf.

Aus diesem Grund wird im Gutachten als erste Phase des Reformvorschlags ein einkommensunabhängiges Erziehungsgehalt auf existenzsicherndem Niveau für drei Jahre entwickelt, völlig unabhängig davon, ob die Erziehungsperson(en) erwerbstätig ist (sind) oder nicht. Die erste Phase des Erziehungsgehalts für Eltern mit Kindern unter 3 Jahren muß die höchste Priorität erhalten. Sie erfordert bereits eine gewaltige politische Konzentration. Es müssen erhebliche finanzielle Mittel mobilisiert werden. Mit der Einführung eines Erziehungsgehalts für diesen Zeitraum würden die deutschen Regelungen an der Spitze Europas stehen.

2.1.2.2 2. Phase: Erziehungsgehalt I vom 4. bis 7. Lebensjahr

Staatliche Finanzierungsengpässe erlauben vermutlich die Ausweitung des Erziehungsgehalts über das dritte Jahr hinaus erst in einigen Jahren. Dabei ist es offen, ob die zweite Phase des Erziehungsgehalts für das 4. bis 7. Lebensjahr des Kindes in einem Zug eingeführt werden kann. Denkbar wäre auch eine sukzessive Erreichung des Ziels, indem die Zahlung des Erziehungsgehalts zunächst auf das vierte, dann das fünfte und schließlich bis zum Schuleintrittsalter ausgedehnt wird.

2.1.3 Erwerbszeitunabhängige und erwerbszeitabhängige Ausgestaltung

Zur Belebung der öffentlichen Diskussion über eine partnerschaftliche Teilung der Erziehungsarbeit zwischen Männern und Frauen wird sowohl eine erwerbszeitunabhängige wie eine erwerbszeitabhängige Variante des Erziehungsgehalts erörtert:

1. In der *erwerbszeitunabhängigen Variante* sollen Anspruch und Höhe des Erziehungsgehalts nicht von der Erwerbstätigkeit der Erziehungspersonen abhängen. Die Begründung: Die Erziehungsarbeit fällt an, auch wenn die Erziehungspersonen erwerbstätig sind. Sie muß dann, sofern nicht Verwahrlosung der Kinder gewollt wird, durch Dritte ohne oder gegen Bezahlung ausgeführt werden. Erziehungs- und Betreuungsarbeit ist keine Freizeitbeschäftigung, die man beliebig unterlassen kann. Sie ist notwendige gesellschaftliche Arbeit und der Erwerbstätigkeit gleichwertig.

2. Es wurde ferner eine *erwerbszeitabhängige Variante* untersucht, in der das Niveau des Erziehungsgehalts mit zunehmender Erwerbstätigkeit sinkt. In dieser Variante wird bei der Bemessung der Höhe des Zahlbetrages die Erwerbstätigkeit beider Eltern berücksichtigt, um eine partnerschaftliche Arbeitsteilung zu honorieren und gesellschaftspolitisch einen Anreiz zu mehr Teilzeitarbeit zu setzen.

2.1.3.1 Variante a: erwerbszeitunabhängiges Erziehungsgehalt

Die Vorteile einer erwerbszeitunabhängigen Gestaltung liegen

- in der Anreizneutralität, das heißt in der Garantie der Wahlfreiheit der Eltern zwischen verschiedenen Lebensoptionen, damit in der Neutralität gegenüber einem möglichen Umstieg von der Erwerbsarbeit zu häuslicher Erziehungsarbeit. Bei vorhandenen Präferenzen für mehr freie Zeit für die eigenen Kinder im häuslichen Bereich behindert diese Lösung in keiner Weise einen Umstieg von Erwerbstätigkeit zu häuslicher Arbeit. Im Gegenteil dürfte sie diesen durch die Eröffnung einer neuen Einkommensquelle vielfach erst ermöglichen;
- in der Tatsache, daß dadurch mehr Geldmittel für die externe bzw. professionelle Kinderbetreuung zur Verfügung stehen, was zu neuen Arbeitsplätzen führt, und
- in der ausdrücklichen Honorierung der je eigenen Erziehungsarbeit.

Einige dieser Vorteile beinhalten komplementäre Nachteile, beispielsweise

- führt die Anreizneutralität dazu, daß kein ausdrücklicher Anreiz zum Umstieg auf Teilzeitarbeit gegeben ist und
- der Finanzierungsaufwand steigt geringfügig.

2.1.3.2 Variante b: erwerbszeitabhängiges Erziehungsgehalt

Die Höhe des *Erziehungsgehalts I* (bis einschl. 7. Jahr) hängt in der erwerbszeitabhängigen Variante ab von der Erwerbsbeteiligung des bzw. der Bezugsberechtigten. Ab der 6. Stunde (bei Alleinerziehenden; bei Paaren: ab der 46. Stunde) außerhäuslicher Erwerbstätigkeit pro Woche würde sich der Anspruch auf das Erziehungsgehalt um 2 Prozentpunkte pro Stunde reduzieren. Auf dieser Grundlage können entweder eine proportionale Tabelle oder ein Stufenmodell entwickelt werden. Zur Veranschaulichung werden beispielhaft fünf Klassen des Arbeitszeiteinsatzes gewählt, wobei die Höhe des jeweiligen Erziehungsgehalts jeweils aus dem Mittelwert der Klassen des Arbeitszeiteinsatzes berechnet wird.

Abbildung 2: Erwerbsarbeitszeiteinsatz und Niveau des Erziehungsgehalts

Erwerbsarbeitszeiteinsatz in Std./Woche	v.H.-Anteil des Grundbetrages des Erziehungsgehalts
0 bis unter 6	100
6 bis unter 12,5	90
12,5 bis unter 20	80
20 bis unter 35	56
35 und mehr	30

Es sollen die Erwerbszeiten beider Eltern berücksichtigt werden. Bei Vollerwerbstätigkeit beider Elternteile oder eines/r Alleinerziehenden wird der Sockelbetrag (30%) gezahlt. Auch ein Sockelbetrag von ca. 40% ließe sich begründen, da das Erziehungsgehalt besteuert wird, aber auch wegen einer eventuell steigenden Beitragsleistung an Kindergärten und -tagesstätten. Um den Erziehungsgehaltsanspruch eines Ehepaares (oder von zwei zusammenlebenden Elternteilen) zu bestimmen, müssen zunächst die Erwerbsarbeitszeiten von beiden Elternteilen addiert werden. Aus der dann ermittelten Differenz zwischen tatsächlicher Gesamterwerbszeit zu maximal möglicher Gesamterwerbszeit läßt sich dann der Erziehungsgehaltsanspruch des Paares (oder ggf. eines Elternteiles) bestimmen. Das volle Erziehungsgehalt wird gezahlt, wenn 50% der möglichen Erwerbsarbeitszeit beider Partner für Erziehungstätigkeit reserviert wird. Um den Vorschlag des Erziehungsgehalts nicht mit arbeitszeitpolitischen Zusatzannahmen zu überfrachten, wurde vom tatsächlichen "Normalarbeitszeitverhältnis" ausgegangen, das derzeit um die 40 Wochenstunden liegt (nach Angaben der Bundesanstalt für Arbeit für 1996 bei ca. 37,56 Std./Woche in Westdeutschland, 39,63 Std. in Ostdeutschland).

Mit einer erwerbszeitabhängigen Ausgestaltung wäre ein Rahmen gesetzt, der partnerschaftliche Teilungen der Erziehungsarbeit ermöglicht und in die sozialpolitische Systematik einbaut. Da das volle Erziehungsgehalt bei diesen Annahmen sowohl gezahlt würde, wenn ein Elternteil voll und der andere nicht erwerbstätig ist, als auch dann, wenn beide jeweils halbtags erwerbstätig sind, besteht in der erwerbszeitabhängigen Variante jedoch *kein ausdrücklicher Anreiz zur partnerschaftlichen Aufteilung von Erwerbs- und Erziehungsarbeit.*

Abbildung 3: Erwerbszeitabhängiges Erziehungsgehalt bei zwei Elternteilen (Beispiele)

Erwerbsarbeitszeit (in%-Anteil, in Klammer: in Stunden) bspw.		Summe Erwerbsarbeitszeit der Eltern	=Erwerbszeitanteil zur Berechnung des Erziehungsgehaltes	Anspruch auf Erziehungsgehalt zu
Elternteil 1	Elternteil 2			
max. 100	max. 100	200%	=100%	30%
0 (0-5 Std.)	100 (40 Std.)	100%	=0%	100%
50 (20 Std.)	50 (20 Std.)	100%	=0%	100%

In der politischen Diskussion ist eine erwerbszeitabhängige Gestaltung des Erziehungsgehalts umstritten. Konzeptionelle Priorität hat deshalb das Erziehungsgehalt als eine allein vom Alter des Kindes abhängige Pauschalzahlung, die in den ersten sieben Jahren einkommensunabhängig (Erziehungsgehalt I) und später ggf. einkommensabhängig (Erziehungsgehalt II) gestaltet ist. Es wäre aber denkbar, in einer modellhaften Phase der Einführung des Erziehungsgehalts beide Varianten - Erwerbszeitunabhängigkeit und Erwerbszeitabhängigkeit - daraufhin zu überprüfen, welche Auswirkungen sie jeweils auf die Beteiligung der Väter an der Erziehungsarbeit und der Teilnahme von Frauen an der Erwerbsarbeit haben.

2.1.4 Wer erhält ein Erziehungsgehalt?

Anspruchsberechtigt ist der Elternteil, der die überwiegende Erziehungstätigkeit trägt und gegenüber dem Bundesfamilienfonds deklariert. In der *erwerbszeitunabhängigen Variante* erhält im Regelfall die Mutter das Erziehungsgehalt, es sei denn der Vater dokumentiert durch seine reduzierte Erwerbsbeteiligung, daß er einen vergleichbaren Anteil der Erziehungsarbeit trägt. In der *erwerbszeitabhängigen Variante* erhält bei Doppel-Vollerwerbstätigkeit beider Eltern im Regelfall die Mutter den Sockelbetrag (30 bzw. 40%). Darüber hinaus ist je nach reduzierter Erwerbstätigkeit bzw. in gegenseitigem Einvernehmen der Eltern eine Teilung des Erziehungsgehalts möglich. Bezüglich der Eröffnung einer partnerschaftlichen Aufteilung gehen diese Vorschläge deutlich über die bestehenden Teilungsmöglichkeiten im Erziehungsurlaubsgesetz und im Bereich der Kindererziehungszeiten in der Gesetzlichen Rentenversicherung hinaus.
Während einer *Ausbildung* (z.B. Hochschulstudium) würde das Erziehungsgehalt (wie heute das Erziehungsgeld) in vollem Umfang gezahlt, um die berufliche und allgemeine Qualifizierung von Erziehungstätigen zu fördern. Das Erziehungsgehalt wird allerdings wie Erwerbseinkommen auf andere Sozialleistungen (z.B. Bafög) angerechnet.
Auch bei Bezug eines Erziehungsgehalts kann ein Anspruch auf *Leistungen aus der Arbeitslosenversicherung* bestehen, da sich auch Erwerbstätigkeit und Erziehungsgehaltanspruch nicht ausschließen. Bei einer erwerbszeitunabhängigen Ausgestaltung des Erziehungsgehalts könnte ein voller Anspruch bestehen. Sofern die heute bestehenden Regelungen zur Anrechnung von Erwerbseinkommen auf Arbeitslosengeld und -hilfe fortgeführt werden, würden sie auch auf das Erziehungsgehalt Anwendung finden. Das Niveau des Erziehungsgehalts wird durch Leistungen der Arbeitslosenversicherung nur bei sehr hohen vorherigen Erwerbseinkommen erreicht oder gar übertroffen. In der Praxis dürfte es deshalb sinnvoller sein, einen Anspruch auf jene Leistungen während des Bezugs des Erziehungsgehalts ruhen zu lassen, so daß nach Ablauf des Erziehungsgehalts ungeminderte Ansprüche aufleben können.
Das Erziehungsgehalt soll *keine Anreize zur Zuwanderung* setzen. Als Bezugsvoraussetzung sollen deshalb ein mindestens fünfjähriger erster Wohnsitz und Lebensmittelpunkt sowie der Aufenthalt der Kinder in Deutschland gelten. Gegebenenfalls sind Regelungen mit dieser Zielsetzung zu entwickeln, die mit dem geltenden EU-Recht kompatibel sind.

2.1.5 Variante: Zeitkonto bei Erziehungsgehalt I

Denkbar ist auch, das Erziehungsgehalt I zwischen dem 4. und 7. Lebensjahr (4 Jahre) des Kindes optional mit einem *Zeitkonto* auszugestalten, so daß der Anspruch auf das einkommensunabhängige Erziehungsgehalt auf einen längeren Zeitraum (z.B. bis zum 12. oder 16. Lebensjahr des Kindes) gestreckt werden kann. Hierfür besteht ein großer Bedarf, wie die aktuelle Diskussion um eine Reform des Bundeserziehungsgeld-Gesetzes zeigt. Aus anderen europäischen Ländern ist eine Vielfalt von Modellen für ein Zeitkonto bekannt. Damit würden auch bei einer erwerbszeitunabhängigen Ausgestaltung des Erziehungsgehalts flexible Kombinationen aus Erwerbstätigkeit und bezahlter Elternschaft möglich. Denkbar wäre, auch die 1. Phase des Erziehungsgehalts (0 bis 3 Jahre), die unter Umständen länger anhält als geplant, ab dem 2. Jahr mit einem Zeitkonto zu verknüpfen.

2.1.6 Bonus für die Qualitätsentwicklung der Erziehungsarbeit?

Die Einführung eines Erziehungsgehalts drückt das Vertrauen der Gesellschaft in die von den Eltern geleistete Qualität der Erziehungsarbeit aus. Zugleich soll das Erziehungsgehalt zur Qualitätssicherung und Qualitätsentwicklung der Erziehungsarbeit beitragen. Das erfordert neben der Geldleistung weitere, ergänzende Maßnahmen.

Überlegt werden könnte beispielsweise, inwieweit das Erziehungsgehalt einen Bonus für die *Teilnahme an Elternbildungskursen* enthalten kann, wie dies von Klaus Hurrelmann für das Kindergeld vorgeschlagen wurde: "Es ist an der Zeit, darüber öffentlich nachzudenken, wie man die Qualität der Erziehung in der Familie verbessern kann. (...) Das in Kursen zu vermitteln, Elternbriefe, in denen Familien untereinander ihre Erfahrungen austauschen, wieder einzuführen, kurzum: Erziehungskurse zur verpflichtenden Variante zu machen - diese Diskussion sollte jetzt einsetzen. (...) Natürlich kann man in einer freien Gesellschaft die Eltern nicht zu solchen Kursen zwingen. Aber man kann es ihnen schmackhaft machen, an solchen Kursen teilzunehmen. Zum Beispiel indem der Staat (...) ihnen einen regelmäßigen Bonus zum Kindergeld gewährt" (Hurrelmann 1998, S. 69) - oder, was noch naheliegender wäre, zu einem Erziehungsgehalt.

2.1.7 Besteuerung

In der sozialpolitischen Diskussion wird gegenwärtig stark für einkommensabhängige Geldleistungen plädiert, einerseits um den Umverteilungsaufwand zu begrenzen, andererseits um das politische Ziel der vertikalen Verteilungsgerechtigkeit eher zu treffen. Die Idee des Erziehungsgehalts setzt an der Anerkennung der geleisteten

Erziehungsarbeit an und nicht primär an der Deckung von Einkommenslücken. Deshalb scheint die Steuerpflichtigkeit des Erziehungsgehalts gegenüber einer einkommensabhängigen Ausgestaltung der richtige Weg zu sein. Die wirtschaftliche Leistungsfähigkeit der Haushalte wird durch die Steuerpflichtigkeit des Erziehungsgehalts berücksichtigt. Die Besteuerung zerstört nicht die Universalität des Erziehungsgehalts, das Wertprinzip wird nicht zugunsten des Bedarfsprinzips aufgegeben. Das Erziehungsgehalt wäre dann - mit Ausnahme des Erziehungsgutscheins - oberhalb des freigestellten Existenzminimums steuerpflichtig.

Das zweite steuerpolitische Ziel wäre die Weiterentwicklung der Individualbesteuerung. Eine Abschaffung des Ehegattensplittings erscheint - zunächst für die Bezieher des Erziehungsgehalts sowie bei kinderlosen Ehepaaren - sinnvoll, da mit einem Erziehungsgehalt bereits die Leistung der Kindererziehung berücksichtigt wird. Eine weitere steuerliche Begünstigung der Ehe ist nicht erforderlich, da bereits das Zusammenleben zu wirtschaftlichen Vorteilen führt (Kooperationsgewinne). Unter dem gegebenen Einkommenssteuerrecht würden bei einem Ehepaar beide Partner in die Steuerklasse IV gefaßt, die bereits heute solche Ehepaare umfaßt, bei denen beide Ehegatten ein vergleichbares Erwerbseinkommen beziehen. Damit wird für beide Elternteile separat ein Grundfreibetrag (Existenzminimum) berücksichtigt. Für Alleinerziehende gilt die Steuerklasse II bei Bezug des Erziehungsgehalts.

Wenn die Diskriminierung der Erziehungsarbeit der Frauen nicht durch eine Diskriminierung im Steuerrecht fortgeführt werden soll, ist ein Umdenken der Männer erforderlich; denn gut verdienende Ehegatten werden mehr Steuern als bisher zahlen müssen. Für BezieherInnen des Erziehungsgehalts wird die Steuerklasse V (geringverdienender Ehegatte) hinfällig, die sie bisher mit drakonischen Eingangssteuersätzen bestraft hat. Dies bildet nicht nur einen Anreiz für bisher Nichterwerbstätige, ein eigenes Einkommen zu erzielen, sondern zugleich einen Anreiz für gutverdienende Männer, ihre Arbeitszeit und damit ihr Einkommen sowie die Steuerbelastung zu reduzieren (Senkung des Grenzsteuersatzes).

2.1.8 Modellrechnungen zur Einführung auf Haushaltsebene

Mit der folgenden Tabelle sollen einige typische Empfängerhaushalte von Erziehungsgehalt mit ihren Auswirkungen auf Haushaltsebene dargestellt werden. Die angegebenen Werte für die Steuerzahlungen sind Näherungen, da Änderungen der Steuertarife durch Einführung eines Erziehungsgehalts (z.B. Änderung von Haushaltsfreibeträgen) wahrscheinlich sind.

Abbildung 4: Modellrechnungen Erziehungsgehalt 2000 auf Haushaltsebene (Beträge gerundet)

Einkommensart	Haushaltstyp 1: Alleinerziehende mit 2 Kindern unter 7 Jahren	Haushaltstyp 2: Alleinerziehende mit 2 Kindern unter 7 Jahren	Haushaltstyp 3: Ehepaar mit 2 Kindern unter 7 Jahren *Steuerklasse IV/IV*	Haushaltstyp 3a: Ehepaar mit 2 Kindern unter 7 Jahren *Steuerklasse III/V*	Haushaltstyp 4: Ehepaar mit 2 Kindern unter 7 Jahren *Steuerklasse IV/IV*	Haushaltstyp 4a: Ehepaar mit 2 Kindern unter 7 Jahren *Steuerklasse III/V*
Erziehungsgehalt 2000 [1]	3000 DM	3000 DM	3000 DM	3000 DM	3000 DM	3000 DM
Kindergeld	440 DM	440 DM	440 DM	440 DM	440 DM	440 DM
Erwerbseinkommen, brutto (exemplarisch)	2500 DM	—	5000 DM davon	5000 DM davon	8000 DM davon	8000 DM davon
Elternteil 1			—	—	—	—
Elternteil 2			5000 DM	5000 DM	8000 DM	8000 DM
Bruttoeinkommen	5990 DM	3440 DM	8440 DM	8440 DM	11440 DM	11440 DM
Abzüge:						
-**Lohnsteuer** [2] insg.	1042 DM	266 DM	1490 DM	1415 DM	2703 DM	2416 DM
davon auf						
Elternteil 1			412 DM	891 DM	412 DM	891 DM
Elternteil 2			1078 DM	524 DM	2290 DM	1525 DM
-**Sozialversicherung** [3]	525 DM	—	1050 DM	1050 DM	1551 DM	1551 DM
Verfügbares Haushaltseinkommen [4]	4373 DM	3174 DM	5900 DM	5975 DM	7186 DM	7473 DM

[1] = Ohne Abzug des "Erziehungsgutscheins" bei Kindern zwischen 4 und 7 Jahren. Ausgegangen wird in den Modellbeispielen von der Variante des erwerbszeitunabhängigen Erziehungsgehalts. In der Steuerberechnung wird das Erziehungsgehalt dem "Elternteil 1" zugeschlagen.

[2] = Lohn- und Einkommensteuer, Steuerklasse IV/IV bei Ehepaaren und II bei Alleinerziehenden (außer Typ 3a/4a: III/V; V erhält hier derjenige Ehepartner, der keine oder geringere Erwerbseinkommen erzielt)

[3] = Arbeitnehmeranteil (nur auf die Erwerbseinkommen erhoben)

[4] = ohne evtl. Wohngeldanspruch

Die Modellrechnungen basieren auf den heute geltenden Splittingtabellen. Der Splittingvorteil der Kombination III/V gegenüber IV/IV wird in höheren Einkommensgruppen signifikant. So beträgt bei einem Bruttoeinkommen von 20.000 DM p.M. des Mannes und 3.000 DM p.M. der Frau - z.B. das Erziehungsgehalt bei zwei Kindern unter 7 Jahren - der Splittingvorteil im geltenden Recht 1.726 DM p.M. (!). Er besteht allerdings auch, wenngleich vermindert, bei der Veranlagung nach den Klassen IV/IV, weil bei der Veranlagung das Haushaltseinkommen wieder gemeinsam versteuert wird. Die Kombination IV/IV führt bei unterdurchschnittlichen Einkommen zu einer etwas geringeren Gesamtsteuerbelastung, da der Solidaritätszuschlag in den unteren Splittingzonen entfällt.

2.1.9 Erziehungsgehalt II (Kinder über 7 Jahre) - Grundsicherung für Eltern

Nach Einführung des Erziehungsgehalt I bis zum 7. Lebensjahr des jüngsten Kindes soll in einer dritten Phase ein Erziehungsgehalt II auch für die Erziehung von Kindern über 7 Jahre eingeführt werden. Das Erziehungsgehalt II wird in zwei Varianten vorgeschlagen, als einkommensabhängige, oberhalb des Sozialhilfeniveau liegende Leistung und in Form eines einkommensunabhängigen, gegenüber dem Erziehungsgehalt I jedoch merkbar reduzierten Betrages.

Phase 3:
8. bis max. 18. Lebensjahr des jüngsten Kindes, solange Haushalts- bzw. Unterhaltsgemeinschaft besteht (steuerliche Kinder) und danach

Variante 1: einkommensabhängiges Erziehungsgehalt II

Grundbetrag (1 Kind):	1.400 DM p.M.
Zusatzbetrag für jedes weitere Kind:	600 DM p.M. pro Kind (bis 18. Jahr)

Variante 2: einkommensunabhängiges Erziehungsgehalt II

Grundbetrag (1 Kind)	1.000 DM p.M.
Zusatzbetrag für jedes weitere Kind:	500 DM p.M.

Ab dem vollendeten 7. Jahr des (jüngsten) Kindes soll das Erziehungsgehalt vom verfügbaren Haushaltseinkommen abhängen (Bemessungsgrundlage lt. Einkommenssteuertarif; allerdings berücksichtigt derzeit der Einkommenssteuertarif nur einen Kinderfreibetrag, der deutlich unter den durchschnittlichen Unterhaltskosten für Kinder liegt). Berücksichtigt werden nur Kinder im Sinne des Steuerrechts. Für Kinder mit eigenem Einkommen entsteht kein Anspruch auf Erziehungsgehalt II. Einkommen im Sinne des Einkommenssteuerrechts (Erwerbseinkommen, Einkünfte aus Vermögen etc.) werden nach Abzug der Sozialversicherungsbeiträge zu 50% auf den Anspruch für das Erziehungsgehalt II angerechnet. Der stärker erwerbstätige Ehe-/Lebenspartner erhält einen Steuerfreibetrag in Höhe des Grundbetrags abzüglich 20% Haushaltsersparnis. In dieser Ausgestaltung als negative Einkommenssteuer wird die Teilnahme am Erwerbssystem gefördert (Aktivierung), da zusätzlich erzielte Einkommen nicht -

wie heute in der Sozialhilfe oder bei Leistungen aufgrund von Arbeitslosigkeit - mit massiven Grenzsteuersätzen belegt werden (vgl. Kress 1994).

Bei der Bemessung des einkommensabhängigen Erziehungsgehalts II (ab dem 8. Lebensjahr) werden Bedarfsgesichtspunkte stärker gewichtet, da das Ziel hier vor allem in der materiellen Absicherung der Übernahme eines doppelt riskanten Lebensmodells mit Kindern besteht (Opportunitätskosten der Erwerbsarbeitsreduzierung sowie Unterhaltsverpflichtungen). In etwa bleibt der auf den Bedarf der Erziehungsperson bezogene Anteil (ca. 1.000 DM) konstant, während die kindbezogenen Zuschläge aufgrund der überwiegend staatlichen Finanzierung des Schul- und Ausbildungswesens entsprechend reduziert werden.

Bis zum 18. Lebensjahr des jüngsten Kindes wird der Grundbetrag und je nach Zahl der Kinder unter 18 Jahren der Zusatzbetrag gezahlt. Bei mehreren Kindern im Alter von sowohl unter wie über acht Jahren entsteht sowohl ein Anspruch auf das Erziehungsgehalt I wie auf das einkommensabhängige Erziehungsgehalt II. Aufgrund der Einkommensabhängigkeit entsteht in diesen Fällen ein Anspruch auf das Erziehungsgehalt II nur bei geringen sonstigen Haushaltseinkommen. Anschließend besteht ein dauerhafter Anspruch auf den Grundbetrag in Höhe von derzeit 1.400 DM p.M. bis zum Rentenzugang. Durch die Ausgestaltung der Grundsicherung für Eltern als negative Einkommenssteuer für Erziehende wird deutlich, daß es nicht um ein passives Hinnehmen dauerhafter Einkommenslosigkeit geht. Vielmehr besteht die politisch-normative Begründung der langfristigen Sicherung darin, ein *verdientes* Sicherheitspolster für Erziehende zu schaffen, das gleichzeitig zur Aktivierung beiträgt. Dies erfordert weiterhin eine Arbeitsmarktpolitik, die Eltern nach der Familienphase durch Qualifizierung etc. den Wiedereintritt in das Erwerbssystem erleichtert.

Abbildung 5: Erziehungsgehalt II für Kinder ab 8 Jahre

	Alter der Kinder	1. Kind	2. und weitere Kinder
Erziehungsgehalt II	**8 bis 17 Jahre** einkommensabhängig PHASE 3	1.400 DM p.M.	je 600 DM p.M.
	ab 18 Jahre einkommensabhängig GRUNDSICHERUNG	1.400 DM p.M.	—
	Alleinerziehende erhalten einen Zuschlag von 15% auf die Beträge für das erste Kind und für weitere Kinder		

In einer Variante zum einkommensabhängigen Erziehungsgehalt II sollte auch ein *einkommensunabhängiges Erziehungsgehalt II* mit gegenüber dem Erziehungsgehalt I zum Beispiel um 50% reduzierten Beträgen geprüft werden; offen wäre noch, ob bis zum 12., 16. oder bis zum 18. Lebensjahr des jüngsten Kindes. Mit Beträgen in dieser Höhe wäre das Ziel der Existenzsicherung durch das Erziehungsgehalt allein nur noch eingeschränkt gegeben (in Verbindung etwa mit Wohn- und Kindergeld), was auch ein Beitrag zur Vermeidung langfristiger "Sozialkarrieren" ("welfare mothers") sein könnte. Es ist kein Ziel des Erziehungsgehalts, vor allem Frauen an den Rand der Gesellschaft zu drängen. Vielmehr soll die aktive Teilhabe von Frauen und Männern an allen gesellschaftlichen Bereichen - Erziehungsarbeit wie Erwerbsarbeit - gefördert werden.

2.2 Sozialpolitische Einbettung des Erziehungsgehalts

Um eine eigenständige soziale Sicherung zu erlangen, wird in der frauenpolitischen Diskussion bislang gefordert, daß auch für Phasen der (unbezahlten) Erziehungsarbeit Beiträge an die Sozialversicherungen geleistet werden. Das Konzept "Erziehungsgehalt 2000" ist so bemessen, daß keine Sozialabgabenpflicht bestehen muß, da grundlegende Reformen vor allem der gesetzlichen Renten- und Krankenversicherung anstehen und diesen hier nicht vorgegriffen werden kann. Sollten doch Sozialabgaben eingeführt werden, wären die vorgeschlagenen Beträge um den Sozialversicherungsanteil entsprechend zu erhöhen.

Eine Harmonisierung von Steuer- und Sozialleistungsrecht würde vor allem bei der Einführung von einkommensabhängigen Elementen eines Erziehungsgehalts erforderlich (Erziehungsgehalt II). Bisher existieren unterschiedliche Abgrenzungen der Besteuerungs- und Transfereinheit (vgl. Mitschke 1994, S. 160): während die Einkommensbesteuerung vom Individualprinzip geleitet wird, stellt das Sozialleistungsrecht auf den gemeinschaftlich wirtschaftenden Haushalts- oder Familienverband ab. Zusätzliche Einkommen aus Erwerbsarbeit werden heute mit faktisch exorbitanten Eingangssteuersätzen belegt, was die Erwerbstätigkeit von Erziehenden unangemessen diskriminiert. Um dies zu vermeiden, müssen sämtliche familienbezogenen Transferleistungen und Steuertatbestände aufeinander abgestimmt werden. Das wird dadurch erleichtert, daß der Einkommensbegriff des bisherigen Kinder- und Erziehungsgeldes weitgehend auf das Einkommensteuerrecht abgestellt ist. Das einkommensabhängige Erziehungsgehalt II ist zudem technisch in Form einer "negativen Einkommenssteuer" vorgesehen, was eine vollständige Integration der Geldleistung Erziehungsgehalt in den Steuertarif beinhaltet (vgl. zu den dabei zu lösenden Problemen Mitschke 1994, DIW 1996a, BMF 1996).

2.2.1 Gesetzliche Rentenversicherung (GRV)

Eine Gleichstellung von Erziehungs- und Erwerbsarbeit erfordert, daß die Erziehungsarbeit einen wirksamen Beitrag zur Alterssicherung leistet. Das ist heute nicht der Fall.

Vor allem die Berücksichtigung der Kindererziehung ist in der Gesetzlichen Rentenversicherung bisher unzureichend geregelt. Es besteht trotz der jüngsten Leistungserweiterungen - 3 Jahre Kindererziehungszeiten ("Babyjahre"), ab 2000 zu 100 v.H. des Durchschnittseinkommens - noch immer ein erheblicher Nachholbedarf. Ein Weg wäre, die Jahre Erziehungszeiten parallel zur Ausweitung des Anspruchs auf ein Erziehungsgehalt auf bis zu 7 Jahren zu verlängern, wobei technische Modalitäten geklärt werden müßten, um die Kosten zu begrenzen und Ungerechtigkeiten zu vermeiden (v.a. hinsichtlich der "additiven Anrechnung" von Erwerbszeiten) (vgl. Polster 1998).

Die aufgrund des Urteils des Bundesverfassungsgerichts vom März 1996 (1 BVR 609/90 und 692/90; BverfGE 94, S. 241ff.) geltende Neuregelung der Kindererziehungszeiten garantiert während der ersten drei Lebensjahre des Kindes bereits heute den Pflichtversichertenstatus in der GRV. Die Kindererziehungszeiten wirken bei Einführung eines Erziehungsgehalts wie eine Beitragszahlung durch den Bundesfamilienfonds, der den bisherigen Bundeszuschuß an die gesetzliche Rentenversicherung übernimmt.

Eine Abschaffung der Kindererziehungszeiten wäre erst im Kontext einer umfassenden Rentenreform sinnvoll, die vor allem zu einer adäquaten Berücksichtigung der Arbeitsleistungen von Frauen in allen Arbeitsfeldern führen muß. Zunehmend wird diskutiert, inwieweit durch die Einführung einer steuerfinanzierten oder durch steuerähnliche allgemeine Beiträge finanzierten Grundrente die derzeitige Fixierung des Rentensystems auf die Erwerbsarbeit aufgelöst werden kann. Wenn die Grundrente in Höhe des Existenzminimums liegt, wird auch den Personen, die keine kontinuierliche Erwerbsbiographie aufweisen, ein auskömmliches Leben im Alter garantiert (derzeit v.a. in den skandinavischen Ländern, den Niederlande oder in der Schweiz, vgl. Opielka 1998).

2.2.2 Gesetzliche Kranken- und Pflegeversicherung

Zunächst soll die Familienmitversicherung fortgeführt werden. Eine Variante wäre die eigenständige Pflichtversicherung. Für Alleinerziehende ohne Erwerbseinkommen sollte der Versicherungsbeitrag durch den Bundesfamilienfonds übernommen werden.

2.2.3 Arbeitslosenversicherung

Eine Pflichtversicherung in der Arbeitslosenversicherung ist nicht sinnvoll. Eine Arbeitslosenunterstützung ist für diejenigen nicht nötig, die nach Ablauf der Erziehungsphase an den bisherigen Arbeitsplatz zurückkehren. Für die nichterwerbstätigen Erziehungspersonen, die beabsichtigen, nach Bezug des Erziehungsgehalts eine Erwerbstätigkeit auf- oder wiederaufzunehmen, sollte ein Anspruch auf Umschulung und Wiedereingliederungshilfen geschaffen werden. Ansprüche auf

Leistungen aus der Arbeitslosenversicherung aus der Zeit vor dem Bezug des Erziehungsgehalts ruhen während des Bezugs des Erziehungsgehalts. Erforderlich sind gesetzlich abgesicherte Ansprüche auf Fort- und Weiterbildung sowie auf Beratungsleistungen der Arbeitsämter während des Erziehungsurlaubs sowie eine Ausweitung der (Wieder-)Eingliederungshilfen nach der Erziehungsphase.

2.2.4 Gesetzliche Unfallversicherung

Sinnvoll ist die Pflichtversicherung von Beziehern des Erziehungsgehalts in der gesetzlichen Unfallversicherung (Gemeindeunfallversicherung oder Berufsgenossenschaften). Dies würde die produktive (berufsähnliche) Arbeitskultur und die Gleichwertigkeit mit dem Erwerbssektor dokumentieren.

2.2.5 Sonstige Sozialleistungen

Das bisherige Erziehungsgeld entfällt, da dessen Funktionen durch ein Erziehungsgehalt übernommen werden. Eine Reihe weiterer Leistungen, die Bezieherinnen und Bezieher eine Erziehungsgehalts erhalten können, wie Wohngeld und andere einkommensabhängige Leistungen (z.B. Arbeitslosenhilfe, Sozialhilfe) werden aufgrund der verbesserten Einkommenssituation überwiegend im Niveau reduziert. Das Kindergeld als Lastenausgleich und Auslagenersatz für den Kindesunterhalt soll durch das Erziehungsgehalt nicht ersetzt werden, da es derzeit den Mindestbedarf nicht deckt. Insoweit muß das Erziehungsgehalt (wie alle Erwerbseinkommen) einen Unterhaltsanteil für Kinder beinhalten.

2.3 Alleinerziehende

Alleinerziehende leisten den Zeitbudgetstudien des Statistischen Bundesamtes zufolge generell einen geringfügig höheren zeitlichen Umfang an Erziehungsarbeit im Vergleich zwischen alleinerziehenden Frauen und Müttern in Paarhaushalten (vgl. Tabelle 1 in Kapitel 3). Ein gewisser Aufschlag für Alleinerziehende könnte insoweit berechtigt sein. Vor dem Hintergrund der in anderen Ländern (vor allem den USA und Großbritannien) seit Jahren geführten Diskussion um das Problem sogenannter "welfare mothers", einer Existenzperspektive, die vor allem alleinerziehende Mütter langfristig passiv hält, müßten bei Einführung eines Erziehungsgehalts folgende Aspekte beachtet werden:

- so darf ein Erziehungsgehalt keinen Anreiz geben, nicht zu heiraten, das heißt keinen ökonomischen Anreiz für Verhaltensweisen setzen, die ansonsten nicht beabsichtigt sind,

- darf ein Zuschlag für Alleinerziehende keinen Anreiz zur Auflösung von Ehe- und Haushaltsgemeinschaften geben und
- darf ein Erziehungsgehalt keine Tendenz zur Passivierung fördern, einen langfristigen Rückzug auf eine allein sozialpolitisch finanzierte Biographie.

Es könnte als nachteilig ausgelegt werden, daß der Staat durch ein Erziehungsgehalt geschiedenen Ehemännern die Versorgungspflichten teilweise oder ganz abnimmt. Durch ein Erziehungsgehalt ändern sich jedoch die Unterhaltsverpflichtungen geschiedener Eheleute nicht. Da ein hoher Anteil der Alleinerziehenden nicht verheiratet war, fällt ohnedies kein Ehegattenunterhalt an.

2.4 Partnerschaftsanreize

Die noch immer vielfältigen Widerstände der Männer in allen gesellschaftlichen Kreisen gegen eine partnerschaftliche Arbeitsteilung belasten auch die Einführung eines Erziehungsgehalts. Sozialpolitische Reformen müssen dies berücksichtigen. Sie müssen deshalb Anreize geben, gewohnte Verhaltensweisen zu überdenken und zu ändern (vgl. Kirner 1994).

So gehen wir zwar davon aus, daß durch eine erwerbszeitabhängige Variante des Erziehungsgehalts (bei Kindern unter 7 Jahren) Rahmenbedingungen für eine partnerschaftliche Arbeitsteilung in Familie und Beruf geschaffen würden. Der gegebenen Realität würde jedoch eher eine erwerbszeitunabhängige Variante entsprechen, die Frauen nicht zwingt, die Erwerbstätigkeit aufzugeben, nur um die volle Höhe des Erziehungsgehalts zu erreichen. Eine erwerbszeitunabhängige Variante des Erziehungsgehalts würde freilich nur dann einen wirksamen Anreiz in Richtung partnerschaftliche Familie setzen, wenn es hoch genug angesetzt wird, um zumindest für einen relevanten Zeitraum auch für Männer interessant zu sein, die sich in traditioneller Weise vorrangig für die wirtschaftliche Lage ihrer Familie verantwortlich fühlen. Gleichzeitig ist hier an die Schaffung von qualifizierten Teilzeitarbeitsplätzen vor allem auch für Männer zu denken, wenn eine partnerschaftliche Teilung von beiden Arbeitsbereichen angestrebt werden soll (vgl. hierzu auch Anders 1993).

Ein weiterer Anreiz könnte darin bestehen, einen Teil des Erziehungsgehaltsanspruchs - etwa in Form eines bestimmten Zeitquantums - generell dem jeweils anderen Elternteil zu reservieren. So kann beispielsweise in Österreich ein Elternteil höchstens 18 Monate nach der Geburt eines Kindes "Karenzgeld" beziehen, die restlichen 6 Monate sind für den zweiten Elternteil reserviert und verfallen, wenn sie nicht in Anspruch genommen werden. Ein anderes Beispiel liefert Schweden, wo zum 1.1.1995 der sogenannte "Vatermonat" eingeführt wurde, der nicht übertragbar ist. Wenn er vom Vater nicht in Anspruch genommen wird, verfällt er.

Modellhaft könnte auch ein "Partnerschaftszuschlag" in Höhe des Zuschlags für Alleinerziehende (15% auf Grund- und Zusatzbetrag) gezahlt werden, wenn beide Elternteile sich nachweislich verpflichten, sowohl die Erwerbs- wie die Erziehungsarbeit partnerschaftlich zu teilen. In diese Richtung zielen Anregungen von Organisationen wie den "Eltern für aktive Vaterschaft", durch innovative Modelle praktische Wege zu mehr Symmetrie in der Teilung der Erziehungsarbeit in der Familie zu erschließen.

Nach der EU-Richtlinie zum Erziehungsurlaub muß ein Teil des Erziehungsurlaubs-Anspruchs (mindestens 3 Monate) dem Vater nicht übertragbar zur Verfügung stehen (vgl. Bundesrats-Drucksache 223/96 v. 25.3.1996). Es wäre in diesem Sinne sinnvoll, daß Väter eine gewisse Zeit des Erziehungsgehaltsanspruchs der ersten drei (bzw. sieben in Phase 2) Jahre in Anspruch nehmen müssen, um den vollen Anspruch pro Kind auszuschöpfen.

2.5 Erwerbstätigkeit

Das Erziehungsgehalt ermöglicht eine komplementäre oder eine (auch zeitweise) substitutionale Beziehung zwischen Familien- und Erwerbsarbeit. Wer seine Erwerbsarbeitsleistung zugunsten der Familienarbeit reduziert oder aufgibt, darf keine Nachteile bei einem späteren *Wiedereinstieg in das Erwerbssystem* erleiden. Die derzeitige Wiedereinstellungsgarantie für maximal 3 Jahre nach dem Erziehungsurlaubsgesetz würde durch ein Erziehungsgehalt nicht überflüssig. Zu überlegen bleibt, ob sie in Zukunft erweitert werden muß. Es ist in hohem Maße wünschenswert, daß Gewerkschaften und Arbeitgeber der Frage des beruflichen Wiedereinstiegs nach einer teilweisen oder vollständigen Phase der Familienarbeit und dem Ziel der besseren Vereinbarkeit von Familien- und Erwerbsarbeit durch neue und anspruchsvollere Teilzeitmodelle in künftigen *Tarifverträgen* weitaus größeres Gewicht beimessen als bisher. Denkbar sind Erweiterungen der gesetzlichen Fristen und spezifische Lösungen für Groß- wie für Klein- und Mittelbetriebe.

Ein weiterer wichtiger Schritt stellt die Auffächerung bestehender Arbeitszeitstrukturen dar, die eine Vereinbarkeit von Beruf und Familie im Sinne einer partnerschaftlichen Aufteilung der Aufgaben behindern. Hinsichtlich der gängigen Stereotypen, wonach nur eine "Vollzeiterwerbstätigkeit" eine qualifizierte Tätigkeit und anspruchsvolle Karriere erlaubt, zeichnen sich jedoch langsame Veränderungen ab. Modellvorhaben wie das Projekt "mobilZeit", in dem ca. 100 Pilotunternehmen bei der Einführung und Umsetzung von qualifizierter Teilzeitarbeit für Fach- und Führungskräfte beraten wurden, lassen darauf hoffen, daß flexiblere Arbeitszeitmodelle bald zur Regel werden. Hierzu gehören auch eine Erweiterung der Arbeitszeitgesetzgebung, die einen Wechsel auf Teilzeitarbeit vor allem während und nach der Inanspruchnahme des Erziehungsgehalts und eine Rückkehr auf Vollzeittätigkeit erleichtert, sowie ein Anspruch auf betriebliche und überbetriebliche Qualifizierungsmaßnahmen während des Bezugs von Erziehungsgehalt.

2.6 Außerhäusliche Kinderbetreuung (Subjekt- statt Objektförderung)

Eine Erwerbstätigkeit läßt sich mit der Aufgabe der Kindererziehung nur dann vereinbaren, wenn eine adäquate Betreuung der Kinder gewährleistet ist. Dies ist für die alten Bundesländer nicht (überall) der Fall. Für die neuen Bundesländer ist ein Rückgang der öffentlichen Kinderbetreuungseinrichtungen zu verzeichnen. Das kann nicht im Sinne einer Förderung von partnerschaftlicher Arbeitsteilung sein. Parallel dazu muß es möglich sein, über einen gewissen Zeitraum aus dem Erwerbsleben auszuscheiden und Kinder zu Hause zu betreuen, wenn wir erreichen wollen, daß Kinder das für ihre jeweilige Entwicklung optimale Umfeld erhalten können. Das Erziehungsgehalt würde diese Möglichkeit auf einer existenzsichernden Grundlage für Erziehende schaffen.

Zwischen dem 4. und dem 7. Jahr könnte ein Teil des Erziehungsgehalts in Form eines steuer*freien* "Erziehungsgutscheins" in Höhe von ca. 600 DM pro Kind und Monat ausgezahlt werden. Der Baranteil des Erziehungsgehalts würde dann auf 1.400 DM für das 1. Kind und auf 400 DM für jedes weitere Kind schrumpfen. Der Erziehungsgutschein muß ausreichen, um eine qualifizierte Halbtagsbetreuung (5-6 Stunden täglich) finanzieren zu können (vgl. den Vorschlag des "Kinderbetreuungsschecks" des Österreichischen Instituts für Familienforschung 1997). Mehrkosten aufgrund regionaler Differenzen oder spezifischer pädagogische Angebote (z.B. für Kinder mit besonderen Schwierigkeiten) wären durch die Kommunen oder andere Leistungssysteme auszugleichen. Erziehungsgutscheine können nur bei anerkannten Kinderbetreuungseinrichtungen bzw. Tageseltern eingelöst werden, um einen pädagogischen Standard zu sichern (vgl. hierzu auch den Reformvorschlag "Betreuungsgutschein" von Spieß/Wagner 1997).

Ein obligatorischer Erziehungsgutschein käme wohl nur in Frage, wenn der Kindergartenbesuch für alle Kinder verpflichtend ist und wenn für alle Kinder ein Kindergartenplatz zur Verfügung steht. Nachteilig bei einer optionalen Lösung für den Erziehungsgutschein wäre, daß bestimmte Eltern aus rein ökonomisch eigensüchtigen Gründen auf einen Kindergartenplatz für ihre Kinder verzichten, um in den Genuß der vollen Barsumme des Erziehungsgehalts zu gelangen - obwohl der Kindergarten für die jeweiligen Kinder sehr hilfreich wäre.

Die Aufspaltung des Erziehungsgehalts in einen Baranteil und in einen Erziehungsgutschein zur Kindergartenbetreuung käme der Tatsache entgegen, daß heute die Betreuung von 4- bis 7-jährigen Kindern in einem öffentlich anerkannten Kindergarten von allen gesellschaftlichen Kräften befürwortet wird. Daß Kindergärten zusätzlich zu den Familien als Bildungseinrichtungen für Kinder gebraucht werden, ist heute Konsens (vgl. das Recht auf einen Kindergartenplatz im reformierten Kinder- und Jugendhilfegesetz). Während sich Mütter und Väter heute im allgemeinen mehr Zeit für das häusliche Zusammensein mit und die Betreuung von ihren kleinen Kindern im Alter von 0 bis 3 Jahren wünschen, sehen sie ebenso die Vorteile einer (mindestens)

Halbtags-Kindergartenbetreuung für die Entwicklung ihrer Kinder ab dem 4. Lebensjahr. Die Einführung eines Erziehungsgutscheins trägt auch der Tatsache Rechnung, daß Eltern bei entsprechenden Einkommen schon heute eine Zuzahlung zu den Kinderbetreuungseinrichtungen leisten müssen, die bei Ganztagsbetreuung bis ca. 600 DM p.M. beträgt (vgl. ausführlicher Kapitel 6).

Das Erziehungsgehalt in Kombination mit voller staatlicher Finanzierung der pädagogischen Angebote für kleine Kinder wäre schon aus Finanzierungsgesichtspunkten abzulehnen. Zudem hätten wir das Problem der Überförderung bei manchen Familien (z.B. bei Doppelvollzeiterwerbstätigkeit, vollem Erziehungsgehalt und voller Förderung der Einrichtungen). Insoweit bedeutet das Erziehungsgehalt eine Option für eine tendenzielle Orientierung auf eine Subjektförderung. Ziele des Umstiegs von der Objekt- auf die Subjektförderung durch einen Erziehungsgutschein im Vorschulalter sind eine *integrierte Betrachtung der häuslichen und außerhäuslichen Erziehungsarbeit* (Entwicklung des "Humanvermögens"), die Steigerung der Wahlfreiheit der Eltern und ein Beitrag zur Kostenwahrheit.

Freilich wird schon aufgrund regional und aus sonstigen Gründen nicht unerheblich schwankender Kosten pro Kindergarten-/Kindertagesstättenplatz zumindest vorläufig ein Teil von Sonderregelungen erforderlich sein.

Das Erziehungsgehalt - insbesondere in seiner erwerbszeitunabhängigen Variante - öffnet den finanziellen Spielraum für Eltern, einen angemessenen Anteil der Kosten für professionelle pädagogische Angebote für Kinder (Kinderkrippen, Kindergärten, Horte, Ganztages-einrichtungen) eigenverantwortlich zu übernehmen. Dies ermöglicht den Eltern, einen stärkeren Einfluß auf die pädagogischen und zeitlichen Angebotsbedingungen zu nehmen.

2.7 Finanzierung

Die *Finanzierung des Bruttofinanzvolumens* der beiden Säulen des Erziehungsgehalts (I und II) erfolgt einerseits über die Besteuerung des Erziehungsgehalts, über Einsparungen (Umschichtungen), über expansive Effekte und bei einem verbleibenden Restfinanzierungsvolumen über zusätzliche Steuereinnahmen (vgl. ausführlich dazu Kapitel 7).

Automatische Einsparungen erfolgen, da bisherige Leistungsansprüche durch das Erziehungsgehalt befriedigt werden (v.a. Erziehungsgeld, Wohngeld, Arbeitslosenhilfe, BSHG, teilweise BaföG). Bei den staatlichen Ausgaben für Kinderbetreuungseinrichtungen für Kinder zwischen 0 und 3 Jahren kann vorläufig nur ein Anstieg der Krippengebühren aufgrund des gestiegenen verfügbaren Einkommens als Einsparung veranschlagt werden. Aufgrund des "Erziehungsgutscheins" (4. bis 7. Jahr) können jedoch institutionelle Zuschüsse an vorschulische Einrichtungen (Kindertageseinrichtungen, Kindergärten) merklich reduziert werden.

Sozialpolitisch gestaltete Einsparungen zur Finanzierung des Erziehungsgehalts in seiner 1. Phase liegen in einer Kürzung der Einkommensvorteile aus dem Ehegattensplitting. Kürzungsmöglichkeiten sehen wir ebenso bei den familienbezogenen Ortszuschläge des öffentlichen Dienstes.

Das verbleibende Nettofinanzvolumen soll durch einen *Familienzuschlag* auf die Einkommenssteuer, Erbschaftssteuer und auf alle Alterseinkommen aufgebracht werden. Der Familienzuschlag könnte den Solidaritätszuschlag auf die Einkommenssteuer ersetzen ("Familien-Soli" statt "Ost-Soli").

Zusätzliche Einnahmen sowie Einsparbeträge und Ausgaben fallen auf unterschiedlichen Ebenen der Gebietskörperschaften an, was entsprechende Umschichtungen in den Finanzausgleichssystemen zwischen Bund, Ländern und Kommunen erfordert.

Es gehört zur Neuausrichtung des Generationenvertrages, daß aus den akkumulierten Vermögen der älteren Generation beim Erbgang ein steuerlicher Beitrag zugunsten der jungen Generation und der Familien erfolgt (faktisch ein "Vier-Generationen-Vertrag"). Aus dem Ziel des Abbaus der massiven Schieflage zwischen der jüngeren und der älteren Generation ist es geboten, daß gerade die ältere Generation einen Beitrag zur Finanzierung des Erziehungsgehalts leistet. Das Erziehungsgehalt schreibt den Generationenvertrag weiter in Richtung eines "3-Generationen-Vertrages", den die Väter und Mütter der Gesetzlichen Rentenversicherung gefordert hatten. Die finanzielle Beteiligung der älteren Generation ist auf verschiedenen Wegen möglich. Ein Ansatzpunkt wäre die Einbeziehung höherer Anteile der Alterseinkommen als bisher in die Einkommensbesteuerung.

2.8 Der "Bundesfamilienfonds"

Das Erziehungsgehalt soll durch einen neu zu schaffenden *Bundesfamilienfonds* (BFF), eine eigenständige Körperschaft des öffentlichen Rechts verwaltet werden. Der Bundesfamilienfonds ist ein unabhängiger Fonds mit Selbstverwaltungsorganen, in denen Vertretern der Familienverbände eine wesentliche Rolle zufallen soll. Der Begriff des "Fonds" zeigt die Zielsetzung, daß staatliche Mittel zur langfristigen Zukunftssicherung der Familien in Aussicht gestellt werden sollen, die nicht kurzfristigen haushaltspolitischen Zwängen unterliegen. Die Finanzierung des Erziehungsgehalts erfolgt auch über Einsparungen bei anderen staatlichen Leistungen. Die dadurch gewonnenen Mittel müßten ähnlich wie zusätzliche Staatseinnahmen als Bundeszuschuß dem Bundesfamilienfonds zugewiesen werden. Eine Option in der Zukunft wäre auch, einen langfristigen Kapitalstock anzusammeln, aus dessen Erträgen in Zukunft ein Teil der Leistungen des Erziehungsgehalts finanziert werden könnte. Ein derartiger Gedanke käme dem "Fonds"-Konzept besonders nahe.

Der Bundesfamilienfonds ist die federführende Institution für die administrative Durchführung des Erziehungsgehalts sowie weiterer Maßnahmen des Familienleistungs- und lastenausgleichs, wobei er sich der Mithilfe der Finanzverwaltung bedient (Kindergeld, Kindererziehungszeiten etc.). Mit dem Bundesfamilienfonds würde eine nachhaltige Lobby für die Interessen von Familien geschaffen. Dabei kann auf Erfahrungen vergleichbarer Familienkassen in EU-Staaten zurückgegriffen werden (z.B. die Familienkasse CNAF in Frankreich oder die Familienlastenausgleichskasse in Österreich).

2.9 Der Vorschlag "Erziehungsgehalt 2000" im Verhältnis zu anderen Modellen eines Erziehungsgehalts

Das hier entwickelte Konzept hat ein Vorläufermodell. Im Jahr 1996 wurde der Öffentlichkeit durch den "Deutschen Arbeitskreis für Familienhilfe" ein Gutachten vorgestellt, in dem das Modell eines "Erziehungsgehalts" ausgeführt und auf seine volkswirtschaftlichen Effekte untersucht wurde (Hatzold/Leipert 1996, vgl. auch Leipert o.J./1994). Das Modell beruhte im wesentlichen auf folgenden Annahmen:

- soweit die oder der vornehmlich Erziehende nicht mehr als halbtags beschäftigt ist, sollte ein steuer- und sozialversicherungspflichtiges Erziehungsgehalt von 1.300 DM im Monat je Kind bis zum 12. Lebensjahr gezahlt werden;

- die Finanzierung dieses Erziehungsgehalts sollte durch Transferumschichtungen und durch einen Beitrag in Höhe von 3,6% auf alle Bruttoeinkommen (incl. Vermögenseinkommen) ohne Beitragsbemessungsgenze erfolgen. Die Verwaltung der für das Erziehungsgehalt gedachten Mittel sollte durch einen zu gründenden Familienfonds geschehen.

Dieses Modell eines Erziehungsgehalts stieß auf eine breite Resonanz in der familienpolitischen und familienwissenschaftlichen Öffentlichkeit (vgl. z.B. Heidelberger Büro 1996). Es gab auch kritische Anfragen, die sich vor allem an zwei Punkten entzündeten: der Nettoeinkommenseffekt des vorgeschlagenen Erziehungsgehalts für die Familien sei aufgrund der Sozialversicherungs- und Steuerpflichtigkeit zu gering, in einzelnen Fällen wäre die verfügbare Summe niedriger als das existierende Erziehungsgeld. Kritisch betrachtet wurden aber auch die Finanzierungsrechnungen und insbesondere die dabei wesentliche Annahme, durch ein Erziehungsgehalt würde eine erhebliche Anzahl von Erziehungspersonen, vor allem Frauen, den Markt bezahlter Erwerbsarbeit verlassen und sich der nun durch ein Erziehungsgehalt bezahlten Erziehungsarbeit zuwenden. Im Aufgreifen dieser Anfragen wurde das neue Modell entwickelt und wird nunmehr zur Diskussion gestellt.

Zwischenzeitlich haben - teilweise angeregt durch jenes Gutachten - auch andere Verbände und Institutionen Vorschläge für ein Erziehungsgehalt entwickelt, so der sächsische Sozial- und Familienminister Hans Geisler (CDU) (Geisler 1998). Mit Förderung durch die Hans-Böckler-Stiftung der Gewerkschaften haben jüngst einige SozialökonomInnen um Gerd Wagner das Modell eines "Kinderbetreuungsgutscheins" vorgeschlagen (vgl. Kreyenfeld u.a. 1997). Vergleichbare Reformdiskussionen finden sich auch im Ausland. So wird durch das Österreichische Institut für Familienforschung das Modell des "Betreuungsschecks" untersucht, der ab dem Kindergartenalter Barleistungen und einen "Gutschein" für "anerkannte externe Angebote von Teilzeitbetreuung" kombiniert (vgl. ÖIF 1997). In der Schweiz wird eine "Kinderrente" und eine Art Erziehungsgehalt ("Betreuungsabgeltung") diskutiert (vgl. Bauer u.a. 1998). Weitere Vorschläge zu einem Erziehungs- oder Familien-gehalt wurden unter anderem von der Deutschen Hausfrauengewerkschaft (dhg), dem Trierer Familienbund der Deutschen Katholiken und der Katholischen Arbeitnehmer-Bewegung (KAB, "Weidener Modell") vorgelegt.

Besonders große Übereinstimmung zwischen dem Vorschlag des sächsischen Sozialministeriums und unserem Vorschlag besteht in der integrativen Betrachtung der häuslichen und außerhäuslichen Erziehungsarbeit, die beide durch die Gesellschaft monetär anerkannt werden sollen. Ähnlich wie in unserem Konzept sieht auch der sächsische Vorschlag ein Niveau des Erziehungsgehalts bei drei Kindern vor, das einem durchschnittlichen Arbeitnehmereinkommen entspricht.

Zwischen den Vorschlägen für einen "Kinderbetreuungsgutschein" und unserem Konzept wiederum besteht Übereinstimmung darin, daß die Qualität der öffentlichen pädagogischen Angebote für Kinder im Vorschulalter gesichert und die Wahlfreiheit der Eltern zwischen verschiedenen Angebotsformen gestärkt werden muß. Vor allem der österreichische Vorschlag will Gutschein und Barleistungen verknüpfen, was auch unser Konzept vorsieht.

Im Rahmen des vorliegenden Kurzgutachtens vermeiden wir eine detaillierte Würdigung dieser und anderer Vorschläge. Die erwähnten Konzepte zielen alle auf eine Aufwertung der Erziehungsarbeit. Zudem sind sie, wie auch der hier vorgelegte Vorschlag, im Fluß.

Alle diese Diskussionen sind ermutigend. Sie machen deutlich, das die sozialpolitische Aufwertung der Erziehungsarbeit überfällig ist.

3 | Wertschöpfung durch Erziehungsarbeit

3.1 Was kostenlos ist, ist wertlos: Zur Diskriminierung der Familienarbeit im gesellschaftlichen Bewußtsein

Erziehungsarbeit ist produktive gesellschaftliche Arbeit, die bisher nicht bezahlt wird, soweit sie in der Familie geleistet wird. Unsere Studie baut auf dem grundlegenden Sachverhalt auf, daß sie für die Gesellschaft ebenso unverzichtbar ist wie die Erwerbsarbeit, die bezahlt wird.

Nur die bezahlte Arbeit wird im Bruttoinlandsprodukt (BIP) erfaßt, dem umfassendsten volkswirtschaftlichen Leistungsindikator, der im Rahmen der Volkswirtschaftlichen Gesamtrechnung (VGR) ermittelt wird. Die Versorgungs-, Haus-, Erziehungs- und Pflegearbeit, die in den Familien überwiegend kostenlos erbracht wird, bleibt außen vor.

Dieser einseitige Blick der VGR auf die produktive Arbeit einer Gesellschaft ist schon oft kritisiert worden. Er befördert ein Denken in der Gesellschaft, das die Familien- und Erziehungsarbeit überhaupt nicht als echte Arbeit anerkennt und vor allem Frauenarbeit abwertet. Denn genau das ist die bewußte oder unbewußte Argumentationskette, die Frauen überall auf der Welt heute noch tagtäglich diskriminiert. Was kostenlos ist, ist wertlos. Damit fehlt dieser Tätigkeit der "Adel" der gesellschaftlichen Arbeit. Hausfrauen, die mehrere Kinder aufziehen und auch reichlich Hausarbeit haben, müssen sich fragen lassen, warum sie eigentlich nicht "arbeiten gehen". Bezahlte Arbeit verspricht dagegen gesellschaftliche Anerkennung.

Die gesellschaftliche Geringschätzung der Haus- und Familienarbeit trifft vor allem Frauen, da sie bis heute den Löwenanteil dieser Arbeit leisten. Dagegen genießen die Männer gesellschaftliches Prestige und besetzen die wesentlichen gesellschaftlichen und politischen Machtpositionen dadurch, daß sie den Hauptanteil der bezahlten Erwerbsarbeit beanspruchen. Insofern drückt der vor über 150 Jahren von Friedrich List geprägte Satz "Wer Schweine züchtet, ist ein produktives, wer Kinder erzieht, ein unproduktives Mitglied der Gesellschaft" ohne jeden Abstrich weiterhin das dominante ökonomische Denken aus.

Die hiermit beschriebene Verengung des Blickwinkels der akademischen Wirtschaftsforschung wie der herrschenden Wirtschaftspolitik, die in den vergangenen Jahrzehnten einer fortgesetzten Ökonomisierung und Individualisierung der Gesellschaft auf die Spitze getrieben worden ist, hat zu den schweren Verwerfungen in unserer Gesellschaft geführt, von denen weiter oben die Rede war. Ein Umsteuern ist unerläßlich, wenn die Familien ein Mindestmaß an Gerechtigkeit in dieser Gesellschaft erfahren sollen und die Gesellschaft wieder zu einem sozialen Gleichgewicht zwischen Kinderhabenden und Kinderlosen, zwischen Frauen und Männern und zwischen den Generationen - zwischen Jung und Alt - finden soll.

3.2 Aufwertung der Erziehungs- und Betreuungsarbeit durch die Schaffung eines Erziehungsgehalts

Wir gehen davon aus, daß Erziehungsarbeit heute eine prekäre, eine gefährdete Arbeit darstellt. Die Geburtenraten sind in den Ländern besonders tief gesunken, in denen die Familienförderung skandalös niedrig ist (wie Italien, Spanien und Deutschland). Häusliche Erziehungsarbeit - und damit das Aufziehen von Kindern - steht in einem direkten Konkurrenzverhältnis zur bezahlten Erwerbsarbeit. Heute haben eben nicht nur Männer, sondern auch die meist für einen Beruf ausgebildeten jungen Frauen eine hohe und noch wachsende Erwerbsneigung.

Aufgrund der großen Bedeutung der Erziehungs- und Betreuungsarbeit für die langfristige Entwicklungsfähigkeit unserer Gesellschaft schlagen wir die Schaffung eines Erziehungsgehalts vor. "Über eine Entlohnung der Betreuungsarbeit ist dafür zu sorgen, daß diese Arbeit als solche wirklich ökonomisch anerkannt und nicht weiter ausgebeutet wird" (Krebs 1996, S. 155). Erziehungs- und Betreuungsarbeit ist generell förderungsbedürftig, unabhängig davon, ob sie in außerhäuslichen Betreuungseinrichtungen oder in der Familie ausgeübt wird. Der Staat fördert bisher die Arbeit von Kindertagesstätten, diskriminiert dagegen - zumindest finanziell - die familiäre Erziehungsleistung. Da Kindererziehung den Charakter eines öffentlichen Gutes hat, was weiter oben schon thematisiert worden ist, ist es gerechtfertigt, die staatliche Finanzierung des Erziehungsgehalts einzufordern.

Das von uns vorgeschlagene Erziehungsgehalt wird vermutlich mit der Kritik konfrontiert werden, es sei viel zu hoch angesetzt, deswegen unfinanzierbar und damit letztendlich politisch nicht durchsetzbar. Vergleicht man jedoch die hier vorgeschlagene Dotierung mit dem Zeitaufwand der Eltern für die Betreuung ihrer Kinder sowie für die durch Kinder ausgelöste zusätzliche Hausarbeit, so müssen schon extrem niedrige Stunden"lohn"sätze zugrundegelegt werden, um eine Kritik am hier vorgeschlagenen Gehaltsniveau zu begründen.

Wir verfügen glücklicherweise seit kurzem über umfassende quantitative Angaben zur Zeitverwendung der Bevölkerung in der Bundesrepublik Deutschland. Sie beruhen auf einer repräsentativen Zeitbudgeterhebung, die das Statistische Bundesamt in den Jahren 1991/92 in West- und Ostdeutschland durchgeführt hat (Blanke u.a. 1996). Personen über 12 Jahren dokumentierten hierfür an zwei aufeinanderfolgenden Tagen ihren Tagesablauf. Wesentliche Untersuchungsziele waren der Umfang der Zeit für die Betreuung von Kindern, die Vereinbarkeit von Beruf und Familie und die Berechnung des volkswirtschaftlichen Wertes der unbezahlten Arbeit.

3.2.1 Welcher Teil der Familienarbeit sollte bezahlt werden ?

Bevor wir darauf zurückkommen, soll vorab noch näher bestimmt werden, welcher Typ von bisher unbezahlter Arbeit eigentlich mit dem Erziehungsgehalt bezahlt werden soll. Oder anders gefragt: Was unterscheidet unseren Vorschlag von Forderungen nach einem Lohn für Hausarbeit?

Es geht hier nicht um die Bezahlung sämtlicher werteschaffender Leistungen privater Haushalte. Denn diese Größe enthält ja auch die Leistungen von Haushalten, in denen keine Kinder leben. Aber auch bei den Haushalten mit Kindern geht es uns nur um diejenigen Elternleistungen, die eine monetäre Anerkennung als gesellschaftlich relevante Tätigkeit verdienen.

Zur Abgrenzung der Haushaltsproduktion aus gesamtwirtschaftlicher Perspektive wird im allgemeinen in empirischen Untersuchungen das sogenannte Dritt-Personen-Kriterium herangezogen (Schäfer 1988, S. 311). Danach zählen zur Haushaltsproduktion diejenigen Tätigkeiten bzw. Leistungen, die auch von Dritten (gegen Entgelt) erbracht werden können. Ausgeschlossen sind damit persönliche Tätigkeiten (Schule, Aus- und Weiterbildung, Hobbies, soziale Kontakte) und die Regeneration (Essen, Schlafen, Körperpflege). Es verbleiben die Haus-, Betreuungs- und Pflegearbeit sowie handwerkliche und ehrenamtliche Tätigkeiten, deren Zeitumfang die Basis der Berechnungen des Statistischen Bundesamtes zum volkswirtschaftlichen Wert der unbezahlten Haushaltsproduktion ist.

Da es hier um die Begründung einer gesellschaftlich finanzierten Arbeit geht, die in Familien mit Kindern geleistet wird, ist freilich zu fragen, ob die Anwendung des einfachen Dritt-Personen-Kriteriums allein schon ausreicht. Dies ist nicht der Fall. Denn sonst wäre das Erziehungsgehalt eben doch ein "Lohn" für Hausarbeit von Familien mit Kindern. Es ist also zusätzlich zu fragen, welche der Tätigkeiten, die das Dritt-Personen-Kriterium erfüllen, gerechtermaßen aus einem staatlich organisierten Solidaritätsfonds bezahlt werden sollten.

Dies sind die Erziehungsleistungen der Eltern für Kinder, die gesamtgesellschaftlich unverzichtbar, aber unter den heutigen Lebensumständen immer prekärer geworden sind. Sie würden nicht entbehrlich werden, wenn die häusliche Erziehungsperson ausfallen sollte. Auf gleiche Stufe zu stellen wäre noch die Fürsorge- und Pflegearbeit für Kranke und Pflegebedürftige, die aber hier nicht unser Thema ist. Mit diesen gesellschaftlich unverzichtbaren Leistungen für Dritte beteiligen sich Erziehungs- (und Pflege-)Personen am gesellschaftlichen Leistungsaustausch, was den Anspruch auf eine Bezahlung begründet (vgl. hierzu auch Krebs 1996).

Davon abzugrenzen sind die hauswirtschaftlichen Leistungen, die man für sich selbst, für den Partner oder andere erwachsene Haushaltsmitglieder erbringt. Was die ungleiche Verteilung der Hausarbeit zwischen Männern und Frauen angeht, so greift hier nicht der Gedanke einer staatlich finanzierten materiellen Entschädigung. Eine Entlastung der Frauen ist eher in einer stärkeren Beteiligung der Männer an dieser Arbeit zu suchen, die zu erreichen sich aber staatlichem Zugriff entzieht.

3.2.2 Volkswirtschaftlicher Wert der Haushaltsproduktion: Berechnungsergebnisse des Statistischen Bundesamtes

Wie ist eigentlich die Relation zwischen unbezahlter Haus- und Familienarbeit und bezahlter Erwerbsarbeit? Wir wissen zwar, daß die Familie und familiäre Arbeit konstitutiv sind für die Regeneration der Familienmitglieder, für die Reproduktion der Gesellschaft und für die Heranbildung und Förderung des Humanvermögens der nachwachsenden Generation und daß dies einen hohen Arbeitsaufwand, vor allem der Frauen, erfordert. Aber erst heute verfügen wir über handfeste und relativ aktuelle Daten aus der erwähnten Zeitbudgeterhebung des Statistischen Bundesamtes.

Um die unbezahlten produktiven Leistungen der privaten Haushalte zu erfassen und in Geld zu bewerten, hat das Statistische Bundesamt auf der Basis der Ergebnisse der Zeitbudgeterhebung ein an den Methoden der Volkswirtschaftlichen Gesamtrechnung (VGR) orientiertes "Satellitensystem Haushaltsproduktion" konzipiert (Schäfer/Schwarz 1996). Damit wurde die Haushaltsproduktion in Mengen- und Geldeinheiten ausgedrückt, wobei die Bewertung der Haushaltsproduktion bisher nur für das frühere Bundesgebiet erfolgte.

Inhaltlich läßt sich die Haushaltsproduktion (= unbezahlte Arbeit) vier Arbeitsbereichen zuordnen: hauswirtschaftliche Tätigkeiten (Kochen, Spülen, Putzen, Wäschepflege, Einkäufe, Organisation und Planung des Haushalts u.a.), Betreuung und Pflege, handwerkliche Tätigkeiten (wie Wohnungsrenovierung oder Autoreparatur) sowie ehrenamtliche Tätigkeiten und freiwillige Arbeit in sozialen Organisationen oder Vereinen.

Diese unbezahlten Arbeiten umfassen mehr Stunden als die bezahlte Arbeit. In Zahlen bedeutet das, daß wöchentlich knapp 28 Stunden unbezahlt, bezahlt dagegen gut 22 Stunden gearbeitet wird. Unbezahlte Arbeit ist nach wie vor Frauensache: Frauen leisten mit 35 Stunden pro Woche deutlich mehr unbezahlte Arbeit als Männer, die auf knapp 20 Stunden kommen. Bei der Erwerbsarbeit kehrt sich das Ergebnis nahezu um. Einschließlich Wegezeiten sind Männer durchschnittlich 31 Stunden wöchentlich und Frauen 15 Stunden erwerbstätig. "Die gesamte Arbeitsbelastung von Männern und Frauen ist somit nahezu identisch, allerdings blieb der Großteil der von Frauen geleisteten Arbeit bisher in der Statistik unsichtbar" (Schäfer/Schwarz 1996, S. 15).

Welche Dimension die unbezahlte Arbeit im Jahre 1992 hatte, wird an folgender Gegenüberstellung deutlich: Alle Personen im Alter von mehr als 12 Jahren leisteten in Deutschland 95,5 Mrd. Stunden an unbezahlter Arbeit - 76,5 Mrd. Stunden im frühren Bundesgebiet und 19 Mrd. Stunden in den neuen Bundesländern (vgl. Abbildung 6). Das sind 59 Prozent mehr als die bezahlte Erwerbsarbeit (60 Mrd. Stunden). Rund 2/3 der unbezahlten Arbeit wurde von Frauen geleistet.

Abbildung 6:   Jahresvolumen bezahlter und unbezahlter Arbeit 1992 von Personen ab 12 Jahren in Stunden

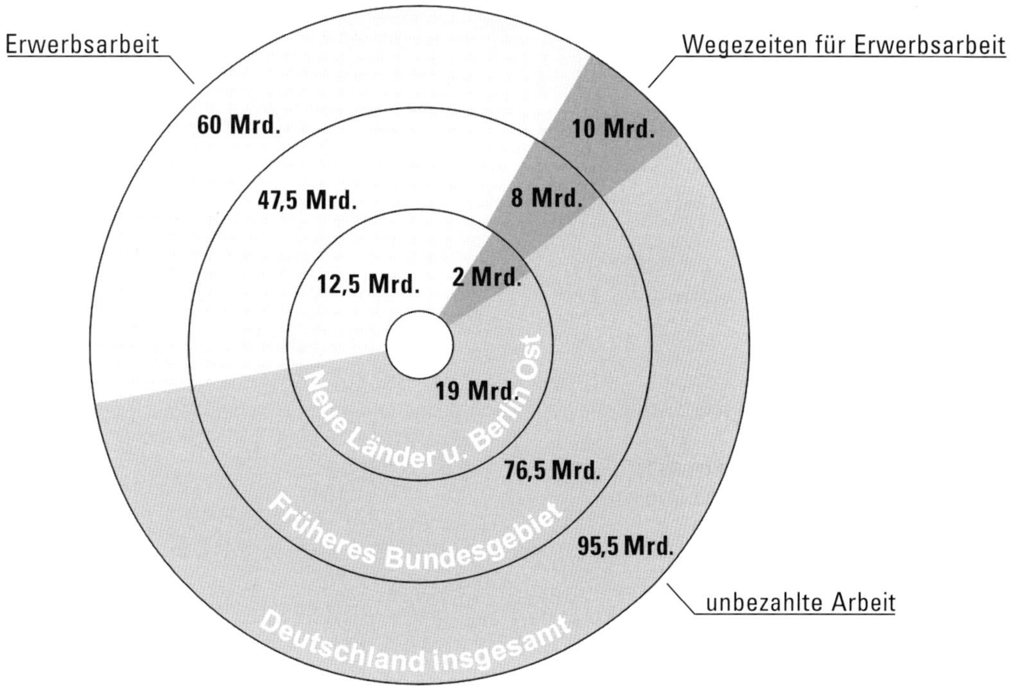

[Ringdiagramm: Erwerbsarbeit, Wegezeiten für Erwerbsarbeit, unbezahlte Arbeit; Ringe: Neue Länder u. Berlin Ost (12,5 Mrd. / 2 Mrd. / 19 Mrd.), Früheres Bundesgebiet (47,5 Mrd. / 8 Mrd. / 76,5 Mrd.), Deutschland insgesamt (60 Mrd. / 10 Mrd. / 95,5 Mrd.)]

Quelle: nach Schäfer/Schwarz 1996, S. 42

Will man die unbezahlte Hausarbeit monetär bewerten, um sie in eine umfassendere volkswirtschaftliche Leistungs- und Wohlstandsziffer einzubeziehen, als es das heutige BIP darstellt, so gibt es keinen Königsweg der Bewertung. Man muß letztlich mit einem fiktiven Bewertungskonzept arbeiten, da weder diese Arbeit bezahlt wird noch die Leistungen am Markt gehandelt werden. Dies sähe für das Teilsegment Erziehungs- und Betreuungsarbeit bei Zahlung des Erziehungsgehalts anders aus.

Je nach Zielsetzung kann hier ein output- oder inputorientierter Bewertungsansatz gewählt werden. Auf makroökonomischer Ebene kommt aus Praktikabilitätsgründen letztlich nur ein input-orientiertes Bewertungskonzept in Frage. Die Wertschöpfung der privaten Haushalte würde hier über eine Addierung der Beiträge der beteiligten Produktionsfaktoren zur Wertschöpfung ermittelt. Für die Leistung des Faktors Arbeit würde also ein Lohnsatz herangezogen werden. Dieses Vorgehen ist durchaus sinnvoll. Weiter oben hatten wir die Nähe der öffentlich relevanten Leistung - des öffentlichen Gutes - Erziehungsarbeit zum "öffentlichen Dienst" herausgestellt. Auch dessen Wertschöpfung wird im heutigen BIP über eine Addition der Wertschöpfungskomponenten ermittelt, u.a. der Gehälter von staatlichen Angestellten und Beamten (siehe hierzu Kapitel 3.4.3).

Abbildung 7:   Wert der unbezahlten Arbeit nach verschiedenen Bewertungsverfahren, früheres Bundesgebiet, alle Angaben in Mrd. DM

Bewertungsansatz	Bewertungverfahren		
	Nettostundenlöhne		Lohnkosten[1]
	ohne Bezahlung für Ausfallzeiten	mit Bezahlung für Ausfallzeiten	
Generalistenansatz (qualifizierte Hauswirtschafterin)	897	1125	1912
Spezialistenansatz [2]	941	1178	2002
Durchschnittslohn aller Beschäftigten [3]	1288	1615	2805

[1] Nettolohn plus Lohnsteuer und Sozialversicherungsbeiträge der Arbeitgeber und Arbeitnehmer einschließlich Bezahlung für Ausfallzeiten.
[2] Personen, die entsprechende Tätigkeiten beruflich ausüben.
[3] Sozialversicherungspflichtige Vollzeitbeschäftigte.

Quelle: Schäfer/Schwarz 1996, S. 52

Die Inputbewertung kann entweder über einen Generalistenansatz (qualifizierte Hauswirtschafterin) oder einen Spezialistenansatz (Personen, die entsprechende Tätigkeiten gegen Bezahlung ausüben wie Köchinnen, Erzieherinnen, Haushälterinnen etc.) erfolgen (vgl. Abbildung 7). Erheblich einfacher - und nicht weniger sinnvoll als der Spezialistenansatz - ist der Generalistenansatz, mit dem auch das Statistische Bundesamt rechnet. Die unbezahlte Arbeit wird dabei mit dem durchschnittlichen Nettostundenlohn - einschließlich einer Vergütung für bezahlte Ausfallzeiten - einer Hauswirtschafterin bewertet, die alle Arbeiten im Haushalt erledigt und organisiert (vgl. Abbildung 8).

Abbildung 8: Nettostundenlöhne und Lohnkosten einer Hauswirtschafterin in DM je Stunde (1992)

Nettostundenlöhne und Lohnkosten einer Hauswirtschafterin in DM je Stunde 1992	
Nettolohn ohne Bezahlung für Ausfallzeiten	11,70
+ Bezahlung für Ausfallzeiten (Urlaubs-, Krankheits-, Feiertage)	3,00
= Nettolohn einschließlich Bezahlung für Ausfallzeiten	14,70
+ Lohnsteuer, Arbeitnehmerbeiträge zur Sozialversicherung	5,10
+ Arbeitgeberbeiträge zur Sozialversicherung	3,10
+ Zusätzliche Bezahlung für Ausfallzeiten[1]	2,10
= **Lohnkosten einer Hauswirtschafterin**	**25,00**

[1] Hierunter fällt die Bezahlung der Arbeitnehmer- und Arbeitgeberbeiträge zur Sozialversicherung sowie die Lohnsteuer für bezahlte Ausfallzeiten.

Quelle: Schäfer und Schwarz 1996, S.47

Würde die Bewertung der unbezahlten Arbeit mit dem durchschnittlichen Bruttostundenlohn einschließlich der Arbeitgeberbeiträge zur gesetzlichen Sozialversicherung erfolgen, dann stiege der Wert der unbezahlten Arbeit auf das 1,7-fache dessen bei Bewertung mit dem Nettostundenlohn einer Hauswirtschafterin (vgl. Abbildung 8). Eine Bewertung mit Bruttolohnsätzen würde jedoch Leistungen wie den Erwerb von Ansprüchen gegenüber den verschiedenen Sparten der Sozialversicherung unterstellen, die tatsächlich nicht vorhanden sind. Deswegen präferiert das Statistische Bundesamt die Bewertung mit Nettolohnsätzen (einschließlich Ausfallzeiten), die bei Erwerbsarbeit bezahlt werden (Schäfer/Schwarz 1996, S. 45).

Abbildung 9: Bruttoinlandsprodukt und Bruttowertschöpfung bei der Haushaltsproduktion (1992)

Bruttoinlandsprodukt und Bruttowertschöpfung bei der Haushaltsproduktion 1992
Früheres Bundesgebiet

Bruttoinlandsprodukt zu Marktpreisen — Haushaltsproduktion

2794 Mrd. DM	
im Bruttoinlandsprodukt erfaßte Haushaltsproduktion: 118 Mrd. DM →	bewertet mit: Nettostundenlohn von Hauswirtschafterinnen einschließlich Bezahlung für Ausfallzeiten
	1279 Mrd. DM

Anteile an der gesamten Wertschöpfung

3955 Mrd. DM	
71%	29%
68%	32%

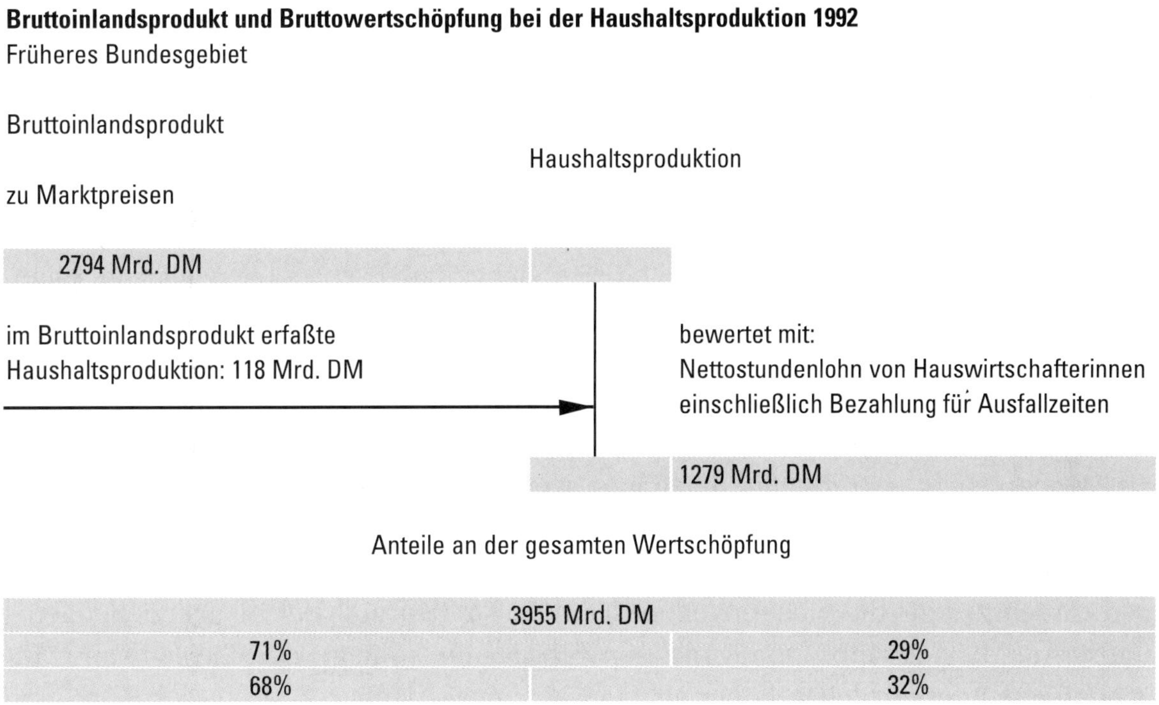

Quelle: Schäfer und Schwarz 1996, S. 62

Bildet man ein um die unbezahlte Haushaltsproduktion erweitertes Bruttoinlandsprodukt (BIP), dann zeigt sich, daß auf die Haushaltsproduktion ein Anteil von 29 Prozent am erweiterten BIP entfällt (vgl. Abbildung 9). Im heutigen BIP sind einige Eigenleistungen der privaten Haushalte enthalten. Der größte Anteil entfällt dabei auf die Leistungen aus eigengenutzten Wohnungen und Häusern, für die fiktive (Miet-)Werte bei der Berechnung des BIP unterstellt werden. Bei obigem Wertansatz handelt es sich um die Kalkulation eines absoluten Mindestwertes. Schon die Zugrundelegung des Bruttostundenlohnes, für die einiges - vor allem die Wahl eines einheitlichen Bewertungsmaßstabes im Erwerbs- und im Haushaltssektor - spräche, würde den

Anteil der Haushaltsproduktion am erweiterten BIP auf knapp 41 Prozent anschwellen lassen. Würde man mit einem Spezialistenansatz oder ganz schematisch mit einem Durchschnittslohnsatz arbeiten, würde der Anteil der Haushaltsproduktion noch höher ausfallen (bis zu 47,7%, vgl. Lampert 1996, S. 30ff.; zu neuen Berechnungen in der Schweiz vgl. Bauer u.a. 1998).

Obwohl es nicht die allein "richtige" Bewertungsmethode gibt, zeigen die verschiedenen Berechnungsergebnisse doch eindrucksvoll die gewaltige ökonomische Bedeutung der Haushaltsproduktion in unserer Gesellschaft.

3.3 Zeitbudget

3.3.1 Zeitaufwand der Eltern für die Erziehung, Betreuung und Versorgung von Kindern: Empirische Angaben aus der Zeitbudgeterhebung des Statistischen Bundesamtes

Die Zeitbudgeterhebung des Statistischen Bundesamtes von 1991/92 bestätigt im wesentlichen mit repräsentativen Daten die Sachverhalte, von denen man im allgemeinen in der familien- und frauenpolitischen Diskussion ausgeht: Die Kinderbetreuung ist bei Kleinkindern am zeitintensivsten. Der zeitliche Aufwand der Eltern nimmt mit wachsendem Alter des jüngsten Kindes kontinuierlich ab. Frauen investieren erheblich mehr Zeit in die Kinderbetreuung und in die übrige Hausarbeit als Männer. Nicht-erwerbstätige Ehefrauen wenden mehr Zeit für die Betreuung und das Zusammensein mit ihren Kindern auf als erwerbstätige Ehefrauen. Aber diese weisen - rechnet man häusliche Arbeit und Erwerbsarbeit zusammen - eine insgesamt längere Arbeitszeit als die nicht-erwerbstätigen Hausfrauen auf. Bei Alleinerziehenden - und zwar bei erwerbs- und nicht-erwerbstätigen - liegt der Zeitaufwand für Kinderbetreuung nur leicht höher als bei Ehefrauen. Männer sind bei der Betreuung von Kleinkindern nur wenig präsent, ihr Zeitaufwand dafür nimmt aber relativ zu jenem der Mütter mit wachsendem Alter der Kinder zu.

Bevor einige konkrete quantitative Ergebnisse aus der Zeitbudgeterhebung präsentiert werden, sind freilich einige einschränkende Bemerkungen zu machen, was die Aussagefähigkeit der erhobenen Zahlen angeht. Es zeigte sich nämlich, daß aufgrund der Vielseitigkeit von Kindererziehung einer empirischen Quantifizierung enge Grenzen gesetzt sind. Es war auch nicht möglich, die Zeit für Kinder vollständig zu erfassen.

Der zeitliche Aufwand, der Eltern in Verbindung mit ihrem(n) Kind(ern) entsteht, wird in der Studie vier Bereichen zugeordnet:
- aktive Kinderbetreuung (Haupt- und Nebenaktivität)
- durch Kinder initiierte hauswirtschaftliche Tätigkeiten
- gemeinsam mit Kindern verbrachte Zeit sowie
- Bereitschaftszeiten.

Unter die aktive Kinderbetreuung fallen neben der Kinderpflege (u.a. Zubettbringen, Trösten, Waschen und Anziehen von Kleinkindern) das Lernen, Vorlesen, Spielen und Gespräche mit Kindern sowie Fahrtdienste für sie. Unter die gesamte mit Kindern verbrachte Zeit fallen Zeiten der aktiven Kinderbetreuung in der Hauptaktivität sowie Zeiten mit Kindern, während derer Erwachsene andere Aktivitäten ausüben (hauswirtschaftliche Tätigkeiten, Essen/Fernsehen, gemeinsame Fahrten u.a.). Diese zusätzlich zur aktiven Kinderbetreuung gemeinsam mit Kindern verbrachte Zeit bei gemeinsamen Aktivitäten wie Ausflügen oder dem Fernsehen sind aus zweierlei Gründen von Interesse: Einerseits sind sie für die Entwicklung des Kindes wichtig. Gerade dabei, wie bei Gesprächen mit den Kindern beim gemeinsamen Essen, kann den Kindern viel an elterlicher Zuwendung zuteil werden. Andererseits wird dadurch die zeitliche Beanspruchung der Eltern durch Kinder umfassender abgebildet als durch die Zeit für aktive Kinderbetreuung. Unter die Bereitschaftszeiten fallen die Stunden, in denen die Mutter oder der Vater im Bedarfsfall sofort verfügbar sein müssen.

Angaben liegen vor für die aktive Kinderbetreuung in der Haupt- und Nebenaktivität, für die gemeinsam mit Kindern verbrachte Zeit sowie für den Zeitaufwand für sämtliche hauswirtschaftlichen Tätigkeiten. Dagegen ließ es die Zeitbudgeterhebung nicht zu, Zahlen zu den Bereitschaftszeiten zu ermitteln, in denen die Eltern sofort für die Kinder verfügbar sind und die ohne jede Frage bei der zeitlichen Disposition vor allem von Eltern mit kleineren Kindern eine große Rolle spielen.

Während eines Teils der gemeinsam mit Kindern verbrachten Zeit werden auch hauswirtschaftliche Tätigkeiten (Zubereitung der Speisen, Geschirreinigung, Wäschepflege, Wohnungsreinigung, Einkäufe, etc.) ausgeübt. Diese Tätigkeiten sind allen Haushaltsmitgliedern zuzurechnen. In die gesamte durch Kinder gebundene Zeit der Eltern gehört auch der anteilige Wert der hauswirtschaftlichen Tätigkeiten, der durch Kindern bedingt ist. Dessen Bestimmung ist mit den vorhandenen Angaben nur schematisch möglich. Die durchschnittliche Kinderzahl (nur Kinder bis zu 16 Jahren) von Ehepaaren mit dem jüngsten Kind unter 3, unter 6 und unter 12 Jahren liegt bei 1,8 Kindern (Alleinerziehende 1,5 Kinder) (Schwarz 1996, S. 107, 117). Unter der Prämisse, daß jedes Haushaltsmitglied gleichviel Hausarbeit verursacht, lassen sich knapp die Hälfte der Zeit für hauswirtschaftliche Tätigkeiten den Kindern zurechnen.

Es war freilich nicht möglich, quantitative Angaben über die Kinderbetreuungszeiten der Eltern in Abhängigkeit von der jeweiligen Kinderzahl zu erhalten. Die hier vorgestellten Ergebnisse sind nach dem Alter des in der Familie jüngsten Kindes gegliedert und sind von daher als Durchschnittswerte über alle Familiengrößen hinweg zu lesen. Neben dem Alter des jüngsten Kindes beeinflußt auch die Anzahl der Kinder den zeitlichen Aufwand für die Kinderbetreuung (a.a.O., S. 104). Mit steigender Zahl der Kinder in der Familie erhöht sich zudem die zeitliche Beanspruchung von Frauen stärker als die von Männern. Aus der Zeitbudgeterhebung kann jedoch nicht ermittelt werden, wie sich die Betreuungszeiten auf die Kinder aufteilen. In einem Teil der Betreuungszeiten dürften auch zwei oder mehr Kinder gleichzeitig betreut worden sein.

Tabelle 1: Durchschnittlich täglich mit Kindern gemeinsam verbrachte Zeit von Ehepaaren und Alleinerziehenden nach Alter des jüngsten Kindes (in Stunden:Minuten)

	aktive Kinderbetreuung*	hauswirtschaftliche Tätigkeiten	mit Kindern verbrachte Zeit
mit jüngstem Kind unter 3 Jahren			
Ehemann (erwerbstätig)	1:11	0:34	4:19
Ehefrau (erwerbstätig)	3:01	} 2:34	} 9:48
Ehefrau (nicht-erwerbstätig)	4:03		
Alleinerziehende - insges.	3:30	} 2:20	} 9:35
Alleinerziehende - erwerbstätig	3:21		
mit jüngstem Kind von 3-6 Jahren			
Ehemann (erwerbstätig)	0:51	0:28	3:53
Ehefrau (erwerbstätig)	1:53	} 2:02	} 7:32
Ehefrau (nicht-erwerbstätig)	2:27		
Alleinerziehende - insges.	2:28	} 1:28	} 6:45
Alleinerziehende - erwerbstätig	2:12		
mit jüngstem Kind von 6-12 Jahren			
Ehemann (erwerbstätig)	0:32	0:23	3:34
Ehefrau (erwerbstätig)	1:04	} 1:25	} 5:40
Ehefrau (nicht-erwerbstätig)	1:47		
Alleinerziehende - insges.	1:19	} 1:02	} 5:37
Alleinerziehende - erwerbstätig	1:14		
mit jüngstem Kind von 12-16 Jahren			
Ehemann (erwerbstätig)	0:10	0:16	2:46
Ehefrau (erwerbstätig)	0:20	} 0:59	} 3:47
Ehefrau (nicht-erwerbstätig)	0:42		
Alleinerziehende - insges.	0:28	} 0:42	} 3:36
Alleinerziehende - erwerbstätig	0:28		

* in der Hauptaktivität

Quelle: Blanke/Ehling/Schwarz 1996, S.110,127

Tabelle 1 zeigt klar den Trend der Zeitbeanspruchung durch Kinder. Die täglich gemeinsam mit Kindern verbrachte Zeit liegt bei Ehefrauen mit jüngstem Kind unter 3 Jahren im Durchschnitt bei knapp 10 Stunden und sinkt Schritt für Schritt auf 7 1/2 Stunden (jüngstes Kind von 3-6), über 5 3/4 Stunden (jüngstes Kind von 6-12) auf schließlich 3 3/4 Stunden bei einem jüngsten Kind von 12-16 Jahren. Dieser Trend gilt für alle, auch für Ehemänner und Alleinerziehende. Bei Ehepaaren nimmt die Ungleichverteilung zwischen Frauen und Männern mit zunehmendem Alter der Kinder ab. In der Kleinkindphase verbringen die Frauen mehr als doppelt so viel Zeit (ohne Bereitschaftszeiten(!)) mit ihren Kindern als die Männer. Ist das jüngste Kind zwischen 12 und 16 Jahren, schrumpft die Differenz auf eine Stunde, d.h. auf ein knappes 1/4. Die Erwerbstätigkeit von Frauen beeinflußt die Zeit für Kinder entscheidend. Erwerbstätige Ehefrauen - auch wenn sie nur teilzeitbeschäftigt sind - haben für die Betreuung ihrer Kinder deutlich weniger Zeit zur Verfügung als Nicht-Erwerbstätige (a.a.O., S.111). Erwerbstätigen Ehefrauen bleiben (nur) 5 1/2 Stunden täglich an gemeinsamer Zeit mit ihren Kindern gegenüber 8 1/4 Stunden bei nicht-erwerbstätigen Ehefrauen (a.a.O., S. 107f.). Zur Komplettierung dieses Vergleichs gehört allerdings, daß der Anteil der erwerbstätigen Ehefrauen, deren Kinder in familienergänzenden Betreuungseinrichtungen versorgt wird, höher ist als jener bei den Nichterwerbstätigen.

Wenden Alleinerziehende mehr Zeit für die Kindererziehung als (z.B.) Ehefrauen auf? Mit diesen bietet sich ein Vergleich an, wenn man bedenkt, daß 85 Prozent der Alleinerziehenden Frauen sind. Eine direkte Vergleichsmöglichkeit ist für die Zeiten der aktiven Kinderbetreuung gegeben. Hier zeigt sich, daß erwerbstätige Alleinerziehende mit ihren Betreuungszeiten immer ein wenig höher liegen als erwerbstätige Ehefrauen. Gleiches zeigt sich im Vergleich zwischen nicht-erwerbstätigen alleinerziehenden Frauen und nicht-erwerbstätigen Ehefrauen, wie sich aus den Angaben für alle Alleinerziehenden indirekt schließen läßt.

Die Zahlen bestätigen die geringe Beteiligung der Väter an der direkten Betreuungs- und Hausarbeit. Ihr Aufwand an Zeit für die aktive Kinderbetreuung bei Kleinkindern liegt bei 1/3, für Hausarbeit sogar nur bei 1/5 dessen, was die Ehefrauen an Zeit aufwenden.

3.3.2 Modellrechnung des Geldwertes der familiären Betreuungs- und Versorgungsarbeit

Als Prüfkriterium für die Beurteilung der Frage, ob unser Vorschlag der Höhe nach Sinn macht, könnte eine Modellrechnung mit den eher vorsichtig kalkulierten Bundesamt-Zahlen des kinderbedingten Zeitaufwands der Eltern dienen. Dabei rechnen wir mit dem Netto-Lohnsatz einer Hauswirtschafterin, den das Statistische Bundesamt auch für seine makroökonomischen Berechnungen verwendet hat (s.o.).

Dies ist bewußt restriktiv, da das Erziehungsgehalt als Steuerbrutto-Entgelt konzipiert ist.

Dabei rechnen wir mit den Kernzahlen der aktiven Kinderbetreuung und -versorgung, die den Hauptteil der unbezahlten Arbeit im Sinne des Statistischen Bundesamtes ausmachen. Es geht also um die Zeiten, in denen Kinderbetreuung die primäre und Haupt-Aktivität des jeweiligen Elternteils darstellt. Und es geht außerdem um die Zurechnung der Hälfte (durchschnittlich 1,8 Kinder pro Ehepaar) der hauswirtschaftlichen Tätigkeiten auf die Kinder (vgl. Tabelle 2).

Tabelle 2: Durchschnittliche tägliche Zeitverwendung von Ehepaaren mit Kindern unter 6 Jahren, in Stunden

	Alter des jüngsten Kindes in Jahren			
	unter 3 Jahre		3 — 6 Jahre	
	Ehefrau	Ehemann	Ehefrau	Ehemann
Unbezahlte Arbeit insgesamt*	8:38	3:34	7:01	3:01
darunter: Kinderbetreuung	3:41	1:12	2:11	0:53
Hauswirtschaftliche Tätigkeiten	4:38	1:29	4:35	1:27

* in der Definition des Statistischen Bundesamtes

Quelle: Blanke, Ehling und Schwarz 1996, S. 109

Addiert man die Zeiten für Frauen und Männer, summiert sich der durchschnittliche Zeitaufwand auf täglich knapp 8 Stunden (3:41, 1:12, 2:20, 0:45). Multipliziert mit 30 Tagen ergibt sich eine monatliche Stundenzahl von 240. Dies wiederum multipliziert mit dem Nettolohnsatz von 14,70 DM, kommt man auf einen rechnerischen Geldwert der monatlichen Erziehungs- und Betreuungsleistungen der Eltern von 3.528 DM. Die Kern-Betreuungs- und Versorgungszeiten reduzieren sich bei einem jüngsten Kind zwischen 3 und 6 Jahren auf 6,2 Stunden pro Tag (2:11, 0:53, 2:20, 0:45). Daraus ergibt sich ein rechnerischer monetärer Wert der Betreuungsleistung von 2.734 DM.

Selbst unter restriktiven Annahmen der Zugrundelegung des engsten Konzeptes von Betreuungs- und Versorgungszeit und der Wahl eines Niedrig-Nettolohnsatzes (Stand 1992) kommen wir auf eine Größenordnung des rechnerischen Geldwertes der Erziehungsarbeit, die nicht weit entfernt von unseren vorgeschlagenen Beträgen liegt. Wir schlagen bei 2 Kindern unter 7 Jahren bei Ehepaaren monatlich 3.000 DM (in der erwerbszeitunabhängigen Variante, in der erwerbszeitabhängigen Variante bei maximal 45 Stunden Erwerbsarbeitszeit) vor. Damit liegen wir unter dem errechneten Wert für Familien mit einem jüngsten Kind unter 3 Jahren.

Wir haben bisher nur mit den Kernzeiten gerechnet. Es gibt gute Gründe, auch mit den Zahlen der gemeinsam mit Kindern verbrachten Zeit zu rechnen. Denn - wie oben gezeigt - spiegelt auch diese Größe noch nicht die ganze zeitliche Belastung von Eltern mit Kleinkindern durch die Notwendigkeit wider, auf Abruf bereitzustehen (Bereitschaftszeiten). Rechnet man mit der entsprechenden Stundenzahl von Ehefrauen mit jüngstem Kind unter 3 Jahren von täglich 9,8 Stunden, dann schwillt der rechnerische Wert der Erziehungs- und Versorgungsarbeit auf 4.321 DM (9,8 x 30 x 14,70) an, und zwar ausschließlich auf Basis der Zeiten der Mütter.

Als Ergebnis läßt sich zusammenfassen: Modellrechnungen des ökonomischen Wertes der Betreuungs- und Versorgungsarbeit verweisen auf einen Wertekorridor, innerhalb dessen die von uns vorgeschlagenen Beträge gut begründet werden können. Als Leistungsentgelt sind sie auf keinen Fall zu hoch gegriffen. Dieser Wert deckt (incl. Kindergeld) im übrigen auch den Mindestbedarf der Haupt-Erziehungsperson plus Kind(er) ab, ist also zumindest etwas höher als der Sozialhilfesatz.

3.4 Erziehungsgehalt als Entgelt für Erziehungs- und Betreuungsarbeit: Bestandteil des Bruttoinlandsprodukts?

3.4.1 Unser heutiges Bruttoinlandsprodukt: ein sehr einseitiger Leistungsindikator

Das Bruttoinlandsprodukt (BIP) ist der umfassende volkswirtschaftliche Leistungsindikator, der im Rahmen der Volkswirtschaftlichen Gesamtrechnung (VGR) ermittelt wird. Tatsächlich ist es aber ein sehr einseitiger Leistungsindikator, da er ausschließlich die bezahlte Erwerbsarbeit berücksichtigt und damit die unbezahlte Haushaltsproduktion vernachlässigt. Je nach dem verwendeten Bewertungskonzept macht der Wert der Nicht-Erwerbsarbeit der privaten Haushalte jedoch 29 oder 41 Prozent der tatsächlichen volkswirtschaftlichen Produktion aus, die bezahlte und unbezahlte produktive Leistungen in Markt, Staat und Privathaushalten umfaßt. Dieser Anteil kann bei der Wahl anderer Bewertungsverfahren noch höher ausfallen, wie entsprechende Berechnungsergebnisse in der Literatur zeigen (siehe z.B. Schettkat 1985, Lampert 1996).

Die Außerachtlassung der Haushaltsproduktion bei der Berechnung des BIP ist sicherlich einer höheren Anerkennung der Familien- und Betreuungsarbeit in Gesellschaft und Politik abträglich und ist zugleich Ausdruck der gesellschaftlichen Gleichgültigkeit oder sogar Mißachtung dieser Arbeit. Es liegt nahe, die Einführung des Erziehungsgehalts zum Anlaß zu nehmen, sämtliche bezahlten Erziehungs- und Betreuungsleistungen - also neben den institutionell erbrachten auch die privaten - in die Berechnung des BIP einzubeziehen.

Gegen eine direkte Einbeziehung der Haushaltsproduktion - und damit auch der häuslichen Betreuungsleistungen - in das BIP sprechen aus der Sicht des Statistischen Bundesamtes vor allem praktische Gründe. Danach "...ist die monetäre Bewertung der Haushaltsproduktion (...) mit vielen methodischen Schwierigkeiten behaftet. Dies dürfte zu einem größeren Unsicherheitsbereich bei der Schätzung führen als bei der Sozialproduktberechnung üblich ist. Bei der Einbeziehung der Haushaltsproduktion in das Sozialprodukt wäre angesichts ihrer quantitativen Bedeutung und der Unsicherheitsbereiche bei der Schätzung daher zu befürchten, daß die in den VGRen dargestellten zeitlichen Entwicklungen für kurz- oder mittelfristige Betrachtungen unbrauchbar würden" (Schäfer/Schwarz 1996, S. 21).

Nach dem Europäischen System Volkswirtschaftlicher Gesamtrechnungen (ESVG), das alle EU-Länder als bindenden Leitfaden bei der Ermittlung des BIP heranziehen, sind aus dem Produktionsbegriff des BIP die häuslichen und persönlichen Dienste ausgeschlossen, die ein privater Haushalt für sich selbst erbringt. Bei den Eigenleistungen, um die es hier geht, ist explizit auch die Betreuung, Ausbildung und Unterrichtung von Kindern aufgeführt (Zi. 3.09 des ESVG). Ausgenommen hiervon sind lediglich die durch bezahlte Hausangestellte erbrachten Dienstleistungen.

3.4.2 Wie wird das Pflegegeld im Bruttoinlandsprodukt behandelt?

In gewisser Weise hatte das Statistische Bundesamt kürzlich einen Präzedenzfall zu lösen, und zwar im Zusammenhang mit der Einführung der Pflegeversicherung. Bekanntlich wird seitdem an Pflegebedürftige ein monatliches Pflegegeld als Pauschbetrag ausgezahlt. Da es in drei Stufen unterteilt ist, berücksichtigt dessen Dotierung auch, daß das erforderliche Arbeitsvolumen der Pflegekraft je nach Schwere des Pflegefalls variiert.

Das Pflegegeld kann nicht als echte Honorierung der Pflegeleistung angesehen werden. Dies zeigen schon die unterschiedlichen Sätze für häusliche Pflegekräfte aus dem familiären Umfeld und für externe Kräfte von professionellen Pflegediensten. Die Pflegeversicherung betreibt eine Ausbeutung häuslicher Pflege und dies hat der Gesetzgeber auch bewußt hingenommen. In der amtlichen Begründung zu § 37 PflegeVG heißt es explizit: Das Pflegegeld sei kein "Entgelt" für die zu Hause erbrachte Pflegeleistung, sondern nur ein "Anreiz zur Erhaltung der Pflegebereitschaft der Angehörigen".

Das Statistische Bundesamt behandelt entsprechend die Pflege durch Angehörige nicht als produktive Leistung im Sinne der VGR. Auch dem ESVG zufolge gehört die "Betreuung kranker, gebrechlicher oder alter Menschen durch Angehörige" nicht zur BIP-relevanten Produktion. Die Ausgaben der Pflegeversicherung für Leistungen professioneller Pflegedienste gehen dagegen in das BIP ein. Hier wird mit staatlich organisierten Mitteln Erwerbsarbeit finanziert. Die Pflegegeldzahlungen an Pflegebedürftige tauchen deshalb noch nicht in der sog. "Entstehungsrechnung" des BIP auf, in der sämtliche Primäreinkommen der Produktionsfaktoren erfaßt werden, sondern erst in der "Umverteilungsrechnung" der Primär- zu den verfügbaren Einkommen der privaten Haushalte. Sie werden als Transferzahlungen des Staates an Private verbucht und entsprechend als sekundäre, abgeleitete Einkommen behandelt.

Das Statistische Bundesamt sah sich vor allem durch einen besonderen Umstand des Pflegegeldes zu dieser Verbuchungspraxis gerechtfertigt. Dies ist die Bestimmung, daß das Pflegegeld nicht direkt an die Pflegekraft, sondern an die Pflegebedürftigen - freilich für Zwecke der Pflege - ausbezahlt wird. Eine derartige Konstruktion sieht unser Vorschlag natürlich nicht vor. Das Erziehungsgehalt ist als pauschales Leistungsentgelt für die Person(en), die die Erziehungsarbeit hauptsächlich leistet(n), konzipiert. Es geht hier nicht um eine Kinder"rente", die W. Schreiber vor über 40 Jahren unter ganz anderen historischen Bedingungen im Auge hatte, sondern um ein Leistungsentgelt für Mütter und/oder Väter, die mit der Entscheidung für häusliche Erziehungsarbeit den Wegfall oder die Reduzierung ihrer Erwerbseinkommen in Kauf nehmen.

Allerdings ist man sich im Statistischen Bundesamt auch darüber klar, daß man hinsichtlich der Frage "Pflegegeld: BIP-relevantes Leistungsentgelt oder staatliche Transferzahlung" eine andere Position einnehmen kann. Es gibt auch bisher keinen Überblick darüber, wie die anderen EU-Mitglieder in dieser Frage verfahren.

3.4.3 Die Strukturähnlichkeit öffentlich relevanter Erziehungsleistungen mit Leistungen des öffentlichen Dienstes

Das Erziehungsgehalt konzeptionell als staatlich organisierte *Transfer*zahlung zu behandeln, widerspräche vollkommen seiner Bestimmung als Entgelt für eine öffentlich relevante Leistung. Familiäre Erziehungsleistungen, die zunehmend die Eigenschaften eines öffentlichen Gutes aufweisen - wie oben näher ausgeführt -, sind ökonomisch eher mit typischen Dienstleistungen des Staates vergleichbar.

In einer Marktwirtschaft entstehen Geldeinkommen durch den Verkauf von Gütern und Dienstleistungen. Gleichzeitig werden über Steuern, Abgaben oder Beiträge Einkommensteile abgeschöpft, um gesellschaftlich erwünschte Leistungen zu finanzieren bzw. Primäreinkommen umzuverteilen. Öffentliche Infrastruktur und die Ausführung staatlicher hoheitlicher Aufgaben wie z.B. der inneren und äußeren Sicherheit sind gesellschaftliche Basisgüter, ohne die der Markt auf die Dauer nicht existieren kann, und genau diese Eigenschaft trifft auch auf die familiären Erziehungs- und Betreuungsleistungen zu. Insofern besteht eine wechselseitige Abhängigkeit zwischen den staatlich organisierten und besoldeten (finanzierten) Leistungsbereichen und dem privatwirtschaftlichen Marktsektor.

Bezogen auf unser Problem bedeutet das: Familiäre Erziehungsleistungen sind ebenso wie die Leistungen des öffentlichen Dienstes über einen gesellschaftlichen Finanzierungsmechanismus dauerhaft zu sichern und leistungsadäquat zu honorieren. Es würde hiermit sichergestellt, daß gesellschaftlich notwendige ("primäre") Arbeit geleistet werden kann.

Wie werden staatliche Leistungen - z.B. die Leistungen des öffentlichen Bildungssystems -, die überwiegend ohne direkte Gegenleistung der "Konsumenten" abgegeben werden, im BIP verbucht? Da die Leistungen des Staates nicht zu Marktpreisen verkauft werden, kann dessen Wertschöpfung nicht wie im Marktsektor ermittelt werden. Die Bruttowertschöpfung des Staates wird durch die Aufsummierung der Kosten der primären Inputs: Abschreibungen, Bruttogehälter, Arbeitgeberbeiträge und Produktionssteuern ermittelt. Die so ermittelte Bruttowertschöpfung ist der staatliche Beitrag zum BIP. Die um die Abschreibungen und Produktionssteuern bereinigte Nettowertschöpfung ist dann - der Konvention nach - der staatliche Beitrag zum Volkseinkommen.

Sinngemäß können diese Konventionen auch auf die familiären Betreuungsleistungen übertragen werden. In erster Annäherung könnte man auf eine komplette Wertschöpfungsrechnung verzichten und sich auf das Entgelt für die Betreuungs- und Versorgungsarbeit konzentrieren. Diese ist weniger von einem Kapitaleinsatz, sondern primär von individuellen Arbeitsleistungen abhängig. Die Wertschöpfungskomponente "Personalkosten" dominiert auch im personalintensiven öffentlichen Dienst und bei der Berechnung von dessen Beitrag zum BIP. Da das Erziehungsgehalt tatsächlich gezahlt wird, können wir hier auch auf eine fiktive Rechnung verzichten. Die Zahlung des Erziehungsgehalts erweitert lediglich den staatlich organisierten Finanzstrom für Leistungsentgelte um ein neues Element, was zu einer entsprechenden Steigerung des staatlich initiierten Wertschöpfungsbeitrages zum BIP führt.

Die Pauschalierung des Erziehungsgehalts ist kein Argument gegen die theoretische Einordnung als Leistungsentgelt. Wie werden Gehälter im öffentlichen Dienst festgelegt - absolut und in Relation zu anderen Positionen im öffentlichen Dienst und zu Gehältern in der Privatwirtschaft? Neben Leistungs- und Bedarfsgesichtspunkten spielen ohne Frage auch (letztlich historisch bedingte) konventionelle Faktoren eine zentrale Rolle.

Die Pauschalierung des Erziehungsgehalts wäre nichts anderes als eine weitere Konvention, die vermutlich von einem großen Teil der Gesellschaft als sinnvoll und gerecht angesehen würde. Mit Ausnahme der Teilgruppe der Alleinerziehenden gibt es keine Begründung für Differenzierungen in der Höhe des Erziehungsentgeltes. Eine produktivitätsorientierte Dotierung ist weder im öffentlichen Dienst noch in der familiären Erziehung möglich, da die Produktivitätsmessung an der mangelnden Meßbarkeit des Outputs ("Produktionsergebnisses") scheitert.

3.4.4 Die Verzerrung intertemporaler und internationaler Wohlstandsvergleiche

Ein weiteres Argument für die Einbeziehung der familiären Erziehungsentgelte in das BIP ergibt sich aus den Schwierigkeiten eines Wohlstandsvergleichs zwischen zwei oder mehreren Ländern oder zwischen zwei Zeitpunkten in einem Land, wenn man hierfür Werte des BIP heranzieht. Diese Schwierigkeiten resultieren daraus, daß sich im Zuge des Industrialisierungs- und Urbanisierungsprozesses sowie des Bildungsprozesses in den Industriegesellschaften ein wachsender Teil der häuslichen Produktion Schritt für Schritt in die Marktwirtschaft verlagert hat. Die entsprechenden Leistungen aus der Haushaltsproduktion tauchen im BIP aber immer erst dann auf, wenn sie in der Erwerbswirtschaft gegen Geld erbracht werden.

Zu dem beschriebenen Verlagerungsprozeß gehört auch der Bereich der Kinderbetreuung. Der Anteil der Erziehungs- und Betreuungstätigkeit, der vorher ohne Bezahlung im privaten Haushalt und nunmehr gegen Entgelt im Erwerbssektor (Staat, gemein- und privatwirtschaftlicher Bereich) erbracht wird, steigt im Zeitablauf und variiert auch im Ländervergleich.

Auch in Deutschland ist der Anteil der Betreuungsarbeit gestiegen, der in Kinderbetreuungseinrichtungen von bezahlten Kräften geleistet wird. Die Gehälter dieses Personals gehen in das BIP ein, die unbezahlten Leistungen der häuslichen Erziehungspersonen dagegen nicht. In einem bestimmten Umfang ist also das ausgewiesene Wachstum des BIP kein echtes Wachstum der Wertschöpfung, sondern beruht ausschließlich auf der Verlagerung von produktiven Leistungen in den Erwerbssektor, die zuvor schon im Schatten der Geldwirtschaft in den Familien erbracht wurden. Das Sozialprodukt würde seine Qualität als umfassender Produktions-, Versorgungs- und Wohlstandsindikator verbessern, wenn auch die bisher unbezahlten produktiven Erziehungs- und Betreuungsleistungen mit ihrem monetären Gegenwert in das Sozialprodukt eingingen.

Gleiches gilt für interregionale und internationale Sozialproduktvergleiche. In Schweden und Dänemark, aber auch in Frankreich ist bekanntlich der Anteil der Betreuungsarbeit, der von bezahltem Personal in außerhäuslichen Einrichtungen erbracht wird, sehr viel höher als in Deutschland. Im Vergleich Schweden-Deutschland ist entsprechend die Höhe und die Wachstumsrate des schwedischen BIP durch diesen Strukturfaktor nach oben verzerrt. Die Einbeziehung der monetär bewerteten (und bezahlten) Betreuungsleistung - unabhängig davon, in welchem Sektor sie erbracht wird - in eine erweiterte Größe des BIP würde die internationale Vergleichbarkeit von Pro-Kopf-Ziffern des BIP und von dessen Wachstumsraten als Produktions-, Versorgungs- und Wohlstandsindikatoren deutlich verbessern.

4 | Erweiterung des Arbeitsbegriffs um Erziehungsarbeit

4.1 Erziehungsarbeit als Element in der Zukunft der Arbeitsgesellschaft

Ralf Dahrendorf vermutete Anfang der 80er Jahre, der Gesellschaft gehe die Arbeit aus. Bezieht man diese Aussage auf die Zukunftsaussichten der Erwerbsarbeitsgesellschaft, ist sie vermutlich richtig. Die Produktivitätsschübe der modernen Informations- und Kommunikationstechnologien haben nicht nur den Bedarf an Arbeitskräften in der Industrie - bei weiter steigender Produktion - drastisch reduziert. Ein dramatischer Rückgang der Arbeitsplätze scheint auch im Bereich der wirtschaftsnahen Dienstleistungsbereiche (Banken, Versicherungen, Verwaltung etc.) in Zukunft anzustehen und damit dem Traum von der Dienstleistungsgesellschaft als Ausweg aus der Beschäftigungskrise ein Ende zu bereiten. Nach einer Studie der Universität Würzburg sollen im Dienstleistungssektor in den nächsten zehn Jahren sechs Millionen Arbeitsplätze verloren gehen (vgl. Rheinischer Merkur, Nr. 41/97).

Ein Bereich, der sich den Rationalisierungszwängen der anderen Sektoren entzieht, ist der Sektor der personenbezogenen Dienstleistungen. Bei Gesundheits-, Pflege- und Kinderbetreuungsleistungen beobachten wir wachsende Beschäftigungszahlen. Bei diesen Tätigkeiten handelt es sich um Arbeitsfelder, die eine hohe menschliche Zuwendungsbereitschaft erfordern. Entsprechend lassen sich von der Natur der Arbeit her keine oder nur geringe Produktivitätsfortschritte (in der üblichen Definition von "Produktion pro Arbeitskraft oder pro Arbeitsstunde") erzielen.

Die Öffnung des Arbeitsbegriffs und des klassischen Arbeitsmarktkonzeptes für gesellschaftlich notwendige Arbeit jenseits von Markt und Staat wird mit dem Angebot des Erziehungsgehalts vorangetrieben und ist eine der systematisch notwendigen Antworten auf die immer wieder neuen Höhepunkte der Erwerbsarbeitslosigkeit in der Bundesrepublik. Eine Lösung hier allein vom Markt zu erwarten, erscheint illusionär.

4.1.1 Einstieg in einen erweiterten Arbeitsbegriff und in ein erweitertes Arbeitsmarktkonzept

Das Erziehungsgehalt stellt eine neue Option für bezahlte Arbeit dar, die die Existenz- und Arbeitsmarktrisiken übernommener Elternverantwortung abfedert. Es sollte - neben anderen Formen öffentlich geförderter Arbeit - als ein weiterer Einstieg in eine Erweiterung des Arbeitsbegriffs verstanden werden, die für die Zukunft unerläßlich zu sein scheint.

Es scheint eben nicht ausreichend, den häuslichen Arbeitsbereich zwar normativ aufzuwerten, aber ohne Bezahlung zu belassen, wie dies im neuen Bericht an den Club of Rome "Wie wir arbeiten werden" konzipiert wird (Giarini/Liedtke 1998). Der häusliche Bereich zählt in dieser vielbeachteten Studie zur "dritten Schicht" der freiwilligen Tätigkeiten, neben der "zweiten Schicht" der klassischen Erwerbstätigkeit und der "ersten Schicht" des heute noch ehrenamtlichen Engagements. Dieser sei wichtig, aber "zu teuer", um vollbezahlte Arbeit daraus zu machen. Deshalb sollen in diesem Bereich durch den Staat Arbeitslose mit etwa 20 Stunden pro Woche einen existenzwürdigen Lohn ("Arbeitsgeld") erhalten, allerdings bei Verpflichtung, die Arbeit auch anzunehmen. Für das "Erziehungsgehalt" ist in dieser Drei-Felder-Wirtschaft zur "neuen Arbeit" kein Platz. Die Familienarbeit ist auch hier noch ein blinder Fleck.

4.1.2 Aufwertung der Erziehungsarbeit als Qualitätsentwicklung

In jüngster Zeit konnte durch eine Reihe von Forschungsprojekten der Nachweis erbracht werden, daß die Erziehungs- und Familienarbeit zu Kompetenzen führt, die auch in der Berufssphäre von erheblichem Nutzen sind. So hat beispielsweise Vollmer den "Arbeitsplatz" der Haus- und Familienfrau mit den Methoden der Arbeitsanalyse betrachtet, um die Anforderungskriterien des Arbeitsplatzes "Haushalt und Familie" zu ermitteln. Sie gelangte zum Ergebnis, daß sich "die Zeit, die die Haus- und Familienfrau (dementsprechend auch der Haus- und Familienmann) zu Hause, mit der Versorgung des Haushalts und der Betreuung der Kinder verbringt, (...) als eine wertvolle und wichtige Zeit" erweist, "in der zahlreiche Kompetenzen (hier: Familienkompetenzen) entwickelt werden können" (Vollmer 1997, S. 6). Zu diesen Kompetenzen zählen unter anderem komplexes Problemlösungsverhalten, Kommunikation und Konfliktfähigkeit, pädagogische Kompetenz, Planung, Koordination und Belastbarkeit. Insoweit erweist sich der Arbeitsplatz Familie über die Entwicklung von Fähigkeiten eng verbunden mit der Berufswelt (vgl. auch Költzsch Ruch 1997).

Inwieweit diese Fähigkeiten durch die Familienarbeit tatsächlich entwickelt werden und in welchem Umfang das geschieht, ist unter den Bedingungen des modernen kleinfamilialen Haushalts eine Aufgabe weiterer Forschungen. Das Erziehungsgehalt drückt zunächst die Anerkennung dieser Leistung aus. Das ist eine wichtige Voraussetzung, um im gesellschaftlichen Raum ein Bewußtsein dafür zu schaffen, daß die familiale Erziehungsarbeit selbst - genauso wie die Berufsarbeit in der Erwerbssphäre - zum Gegenstand von Qualifizierungsmaßnahmen gemacht wird. Ziel des Erziehungsgehalts ist eine integrative Betrachtung von häuslicher und außerhäuslicher (professioneller) Erziehungsarbeit. Die in der häuslichen Erziehungs- und Familienarbeit erworbenen Kompetenzen kommen sowohl direkt den Kindern wie der Entwicklung berufsrelevanter Fähigkeiten zugute.

Wenn heute zurecht gefordert wird, betriebliche Strukturen einer ständigen Qualitätssicherung und Qualitätsentwicklung - bis hin zur Zertifizierung - zu unterziehen, erweitert eine Politik der Aufwertung der Erziehungsarbeit den Blick auf bisher zu wenig beachtete Qualitäten des Arbeitsvermögens.

4.1.3 Schubkraft für den Markt für Kinderbetreuungsleistungen durch das Erziehungsgehalt

Die Denkblockade gegen die Einbeziehung der Familien- und Betreuungsarbeit in ein erweitertes Arbeitsmarktkonzept muß aufgegeben werden. Andernfalls verspielen wir eine Option der Existenzsicherung *und* der Sicherung der gesellschaftlich immer rarer werdenden Leistung des Aufziehens von Kindern, die wir in Zeiten weiter wachsender Massenarbeitslosigkeit sowie zunehmender Verarmung und sozialer Verelendung von Familien dringend nötig haben. Wir sollten die Bewegungen zwischen häuslichem Betreuungsbereich und dem Erwerbsarbeitsmarkt als normale Beschäftigtenströme zwischen zwei gesellschaftlich konstitutiven Arbeitsfeldern betrachten.

Vor diesem Hintergrund kann die Schaffung eines Erziehungsgehalts dem Arbeitsmarkt für Erziehungs- und Betreuungsleistungen eine enorme Schubkraft verleihen. Dies gilt sowohl für den häuslichen als auch für den außerhäuslichen Bereich. Mütter und Väter, die ihre Kinder selbst erziehen, erhalten ein pauschales Leistungsentgelt und damit eine Existenzsicherung. Für diejenigen, die ihre Erwerbsarbeit ganz oder teilweise weiter ausüben wollen, stellt ihr (eventuell gemindertes) Erziehungsgehalt zusätzliches Kaufkraftpotential dar. Damit können sie nunmehr erheblich aktiver als bisher als Nachfrager auf dem Markt für externe Kinderbetreuung auftreten. So steigt bei erwerbstätigen Eltern mit Kleinkindern die Nachfrage nach Tagesmüttern und/oder Krippenplätzen. Die Option des Erziehungsgutscheins für Kinder im Kindergartenalter (vgl. Kapitel 2 und 6) wird auch den Markt für Kindertagesstätten stark beleben.

In der SPD, aber auch bei anderen Parteien, hat man das Konzept "Haushaltsagenturen" entwickelt, von dessen Umsetzung man die Schaffung von mehreren 100.000 Arbeitsplätzen erwartet (vgl. Friedrich-Ebert-Stiftung 1997). Arbeit für private Haushalte soll hierdurch zur Quelle von massiv expandierender Erwerbsarbeit werden. Hält man dieser Erwartung die Ergebnisse repräsentativer Umfragen wie auch der im Rahmen dieses Gutachtens erhobenen qualitativen Interviews potentiell vom Erziehungsgehalt Betroffener entgen (vgl. Kapitel 5), so erweist sich die Perspektive als zwiespältig. Die Befunde zeigen nämlich, daß ein großes Bedürfnis besteht, mehr Zeit für die eigenen Kinder in der Familie zu haben, solange sie unter drei bzw. - abgeschwächt - unter sechs Jahren sind. Wenn der Wunsch, mehr Zeit zuhause für die Kinder zu haben, oft aufgrund finanzieller Restriktionen nicht realisiert werden kann, warum macht man nicht das Naheliegende und verwendet die knappen öffentlichen Mittel zunächst für die Honorierung der elterlichen Erziehungsarbeit und die Eröffnung von Existenzsicherungsoptionen im familiären Arbeitsfeld?

4.2 Erziehungsgehalt und Erwerbsbeteiligung von Frauen

4.2.1 Befürchtungen von Frauen

Die Idee, eine Art Gehalt für die (familiären) Leistungen der Kindererziehung und -betreuung zu bezahlen, wird vielfach gerade von Frauen abgelehnt. Sie sehen dahinter die Gefahr, daß für überwunden geglaubte Geschlechterstereotypen hierdurch wieder erneut belebt und festgeklopft werden. Sie hegen die Befürchtung, daß Frauen in Zeiten steigender Arbeitslosigkeit in gewisser Weise wieder zur Manövriermasse für den gewerblichen Arbeitsmarkt werden könnten. Es wird vermutet, ein Erziehungsgehalt würde - insbesondere bei hoher Arbeitslosigkeit - einen starken gesellschaftlichen Druck auf Frauen ausüben, die Option bezahlter Betreuungsarbeit in der Familie zur Entlastung des Erwerbsarbeitsmarktes verstärkt wahrzunehmen. Diese Befürchtungen sind ernst zu nehmen, aber es ist zu fragen, ob sie für das Gros der Frauen wirklich berechtigt sind.

4.2.2 Vollständiger Rückzug der Frauen vom Arbeitsmarkt kein Thema

Daß gerade von engagierten Frauenpolitikerinnen befürchtet wird, ein Erziehungsgehalt würde die Frauen wieder vom Arbeitsmarkt weg und in die Familie zurücklocken, scheint uns im Widerspruch zu den frauenpolitischen Argumenten zu stehen. Denn gerade diejenigen, die eine solche Wirkung des Erziehungsgehalts vermuten, betonen doch gleichzeitig, wie wichtig den Frauen heute im allgemeinen die Einbindung in das Erwerbsleben geworden ist. Wir gehen davon aus, daß sich ausschließlich berufsorientierte Frauen auch durch die Existenz des Erziehungsgehalts nicht davon abhalten lassen, weiterhin ihrem präferierten Lebensmodell zu folgen.
Das Erziehungsgehalt kompensiert lediglich einen ökonomischen Nachteil, den insbesondere die Familien, bei denen die Mütter und/oder Väter die Erziehungsarbeit in der Familie übernehmen, gegenüber Familien erleiden, bei denen beide Elternteile voll erwerbstätig sind und die von staatlich subventionierten Angeboten an Kinderbetreuungseinrichtungen profitieren. Wer eine ausgeprägte Orientierung zum außerhäuslichen Arbeitsmarkt hat, wird sie vermutlich beibehalten, unter Umständen mit reduzierter Arbeitszeit, weil sich die ökonomischen Spielräume der Familie verbessert haben.
Verschiedene Studien zeigen, daß insbesondere in den neuen Bundesländern - abgeschwächt gilt dies auch für die alten Bundesländer - der vollständige Rückzug der Frauen vom Arbeitsmarkt kein Thema ist. Es kann hier nur um denjenigen Kreis der erwerbstätigen Frauen gehen, der im wesentlichen aus materiellen Gründen berufstätig ist. In der ökonomischen Theorie wird angenommen, daß das Arbeitsangebot von

Frauen neben dem am Markt erzielbaren Lohn auch vom Haushaltseinkommen abhängig ist (vgl. z.B. Schwarze 1996). Nach Auswertungen des sozio-ökonomischen Panels (SOEP) würden aber lediglich 1/10 ihre Erwerbstätigkeit aufgeben, wenn sie finanziell nicht darauf angewiesen wären (Holst/Schupp 1996).

Auf der anderen Seite zeigen neuere Untersuchungen des Instituts für Arbeitsmarkt- und Berufsforschung (IAB) in Nürnberg, daß sich heute viele arbeitslose Frauen in einer verzweifelten Situation befinden, die z.T. durch die Option eines Erziehungsgehalts aufgefangen werden könnte: Heute sind vor allem gering qualifizierte Frauen mit niedrigem Haushaltseinkommen überdurchschnittlich von Arbeitslosigkeit betroffen (Engelbrech u.a. 1997). Diese suchen dringlich einen Arbeitsplatz, um zu einem höheren Haushaltseinkommen beizutragen. Bei ihnen sind es also ganz stark wirtschaftliche Gründe, die die Arbeitsplatzsuche motivieren, und weniger intrinsische Motive wie beispielsweise die Freude, den Beruf am Arbeitsplatz auszuüben.

Von den arbeitslosen Frauen geben - trotz der generell zentralen Rolle der Erwerbsarbeit für ihre Vorstellung vom Leben - knapp 60 Prozent der ostdeutschen Frauen wirtschaftliche Gründe als ausschlaggebend für die Suche nach einer Berufstätigkeit an, von den westdeutschen Frauen nur 43 Prozent (vgl. ebd., Übersicht 7 auf S. 156). Aufgrund der schlechteren Ausbildung haben sie aber, wenn sie nach der Kinderbetreuungsphase wieder in den Erwerbssektor zurückstreben, besondere Schwierigkeiten bei der Rückkehr in den Beruf. Trotz der Schwierigkeiten nach einer erziehungsurlaubsbedingten Unterbrechung wollen nahezu alle ostdeutschen Frauen mit Kindern von 3 bis 6 Jahren berufstätig sein, wobei immer die finanziellen Motive dominieren (ebd., S. 159). Dies ist in Westdeutschland anders, wo jede zweite Frau mit einem Kind im Kindergartenalter weder erwerbstätig war noch gewerbliche Arbeit suchte.

In einer solchen Situation bietet ein Erziehungsgehalt vielen existentiell bedrohten Frauen eine neue Option der Existenzsicherung für gesellschaftlich dringliche Arbeit.

4.2.3 Verfestigte Massenarbeitslosigkeit als Risiko einer einseitig auf Erwerbsarbeit orientierten Strategie der wirtschaftlichen Sicherung

Vor dem Hintergrund des Wunsches der heutigen Frauengeneration, die in die Familienbildungsphase tritt, Familien- und Erwerbsarbeit miteinander zu vereinbaren, dürfen nicht die existentiellen Risiken einer Strategie übersehen werden, die eine wirtschaftliche und soziale Sicherung von Frauen ausschließlich über den Weg der Erwerbsarbeit sucht. Denn der Erfolg dieser Strategie hängt von der Einlösung des Versprechens ab, jedem/r Arbeitswilligen einen existenzsichernden Arbeitsplatz im Erwerbssektor anbieten zu können.

An der Einlösung dieses Versprechens mangelt es heute aber zunehmend. In Ostdeutschland suchen heute 25 Prozent aller erwerbsfähigen Frauen zwischen 18 und 60 Jahren einen Arbeitsplatz. Die offizielle Arbeitslosenquote liegt bei Frauen derzeit bei über 20 Prozent (Engelbrech u.a. 1997), regional verschiedentlich erheblich höher.

Wie lange will man diese Frauen dazu verurteilen, darauf zu warten, bis man ihnen einen angemessenen Job anbietet? Wie oben schon angedeutet, ist die Erwerbsarbeitsgesellschaft offensichtlich überfordert, das Versprechen der Vollbeschäftigung in absehbarer Zeit wieder einzulösen.

Wir brauchen heute Strategien, die die wirtschaftliche Existenzsicherung partiell von den strukturellen Unsicherheiten des gewerblichen Arbeitsmarktes abkoppeln. Erste Kandidaten dafür sind Arbeitsfelder jenseits von Markt und Staat, in denen gesellschaftlich unverzichtbare Arbeit wie das Aufziehen von Kindern sowie die Pflege von Alten und Gebrechlichen geleistet wird.

4.2.3.1 Der negative Zusammenhang zwischen Frauenarbeitslosigkeit und Geburtenrate in Schweden

Die Zahlung eines Erziehungsgehalts empfiehlt sich um so mehr, je deutlicher die Gefährdung der Generationenvorsorge durch das existentielle Schicksal der Arbeitslosigkeit wird. Erfahrungen aus dem Ausland - ebenso wie der Geburtenrückgang nach dem Zusammenbruch der DDR - deuten auf einen Zusammenhang zwischen einer gesicherten wirtschaftlichen Existenzperspektive von Frauen und einer relativ hohen Geburtenrate hin. Schweden galt bis vor kurzem als Paradefall des gleichzeitigen Gelingens von Frauen-, Beschäftigungs- und Familienpolitik. Es verzeichnete bis Ende der 80er Jahre Vollbeschäftigung, hatte die höchste Erwerbsbeteiligung von Frauen in Höhe von 86 Prozent und eine der höchsten Geburtenraten in Europa von 2,1 Kindern pro Frau.

Dieses Bild hat sich in etwas mehr als einem Jahrfünft gewaltig verändert. Die Geburtenrate ist bis 1996 auf durchschnittlich 1,6 Kinder pro Frau (vgl. Eurostat 1996), also um knapp 1/4 gesunken. Die Vollbeschäftigung ist einer Arbeitslosenquote von fast 11 Prozent gewichen.

Viele Frauen kamen bisher in Schweden nach der Geburt eines Kindes für ein Jahr in den Genuß eines im europäischen Maßstab sehr hohen Elterngeldes, einer Lohnersatzleistung in Höhe von anfangs 90 Prozent (heute 75 Prozent) des früheren Einkommens. Aber auch bei jungen Frauen ist die Arbeitslosenquote nach oben geschnellt. Viele Frauen finden jetzt nach Abschluß der Ausbildung keinen Arbeitsplatz mehr. Da das Elterngeld an die Eingliederung in den Arbeitsmarkt gebunden ist, steht es nur Inhabern eines Jobs zur Verfügung. Entsprechend verschieben jetzt viele schwedische Frauen die Familiengründung auf später, in der Hoffnung auf bessere Zeiten.

Eine erfolgreiche Beschäftigungs- und Arbeitsmarktpolitik ist die Voraussetzung dafür, daß die Strategie einer eigenständigen wirtschaftlichen und sozialen Sicherung der Frauen mittels eigener Erwerbsarbeit aufgeht. Heute in Zeiten hoher Arbeitslosigkeit und einer sich ausprägenden Schieflage im zahlenmäßigen Gewicht der Generationen untereinander vertreten wir hier eine Doppelstrategie des Risikoausgleichs. Mit der Anerkennung der bisher unbezahlten Arbeit im Haushalt - die Kindererziehung betreffend - bekämpfen wir die Abwertung dieser Arbeit durch die Gesellschaft. Durch die Schaffung dieser existentiellen Option wird die Realisierung je individueller Kombinationen von Erwerbs- und Familienarbeit erleichtert - ohne den ökonomischen Zwang und den zeitlichen Druck, jeden Job aus wirtschaftlichen Gründen annehmen zu müssen.

4.2.3.2 Hohe Erwerbsneigung der Frauen: Doppelbelastung durch Beruf und Familie

Eine Folge der gestiegenen Erwerbsbeteiligung der Frauen ist die Doppelbelastung der Frauen. Dadurch, daß Männer auf die gestiegene Erwerbsneigung der Frauen nicht mit einer verstärkten Beteiligung an der Erziehungs- und Hausarbeit geantwortet haben, leiden erwerbstätige Mütter unter dem zeittypischen Streß permanenter Zeitknappheit und der Überforderung, den Ansprüchen von Beruf, Kindern und Partner gleichermaßen gerecht werden zu wollen.

Obwohl Frauen heute selbstverständlich im Erwerbsleben tätig sind, sind sie weiterhin die Hauptverantwortlichen in Haushalt, Familie und Kindererziehung. Bereits vor der Familiengründung ist bei den meisten verheirateten Paaren die Arbeitsteilung im Haushalt, trotz Vollzeiterwerbstätigkeit der Frau, traditionell aufgeteilt. Alltagsroutinen wie Kochen, Abspülen, Wohnung "in Schuß halten" und Wäsche werden bereits ausschließlich (33%) oder überwiegend (30%) von der Frau erledigt. Das Bamberger Ehepaar-Panel, eine langfristig angelegte Wiederholungsbefragung von jungen Ehepaaren, zeigt, daß die Familiengründung zu einer grundlegenden Verfestigung der traditionellen Rollenverteilung führt (Abbildung 10).

Abbildung 10: Veränderungen in der Arbeitsteilung junger Ehepaare im Haushalt in den ersten sechs Ehejahren in Abhängigkeit von der Kinderzahl (Angaben in Prozent)

Form der Arbeitsteilung[1]	kurz nach der Heirat	nach sechs Ehejahren[2]		
		Kinderlose Paare	Eltern 1 Kind	Eltern 2 Kindern
stark traditionell	33	37	67	77
eher traditionell	30	35	22	16
egalitär	35	25	10	7
Rollentausch	2	3	1	1
n=	828	183	283	332

[1] Index wurde nach den Angaben der Frauen ermittelt
[2] Der Unterschied zwischen kinderlosen Paaren und Eltern ist hochsignifikant (p=.00), der zwischen Eltern mit einem Kind und zwei Kindern schwach signifikant (p=.05)

Quelle: Bamberger-Ehepaar-Panel, eigene Berechnungen

Die permanente Überbelastung durch Beruf, Kindererziehung und Haushalt bleibt nicht ohne negative gesundheitliche Folgen. Man weiß, daß Frauen mit der Mehrfachbelastung im Job und in der Familie für Kinder, Mann und sich selbst mit ihrer Lebenserwartung unter jener von Männern liegen, obwohl Frauen im allgemeinen bekanntlich diejenige der Männer um durchschnittlich sieben Jahre übertreffen.

Frauen müssen sich heute ihre Gleichberechtigung in Wirtschaft, Staat und Gesellschaft unter den Bedingungen eines massiven Ungleichgewichts in der Erziehungs- und Hausarbeit zwischen den Geschlechtern erkämpfen. Dies sind für die Frauen unfaire Startbedingungen. Wir halten es deshalb für nötig, jetzt und sofort durch die Schaffung eines Erziehungsgehalts zu einer gesellschaftlichen und ökonomischen Aufwertung der bisher unbezahlten und "wertlosen" Erziehungs- und Betreuungsarbeit beizutragen.

Erst wenn ein materielles Gleichgewicht zwischen bisher unbezahlter Erziehungs- und Versorgungsarbeit und bezahlter Erwerbsarbeit besteht, existieren bessere Voraussetzungen dafür, die strukturelle Benachteiligung der Frauen im Erwerbsleben zu überwinden. Ein Erziehungsgehalt schafft für Frauen, die Kinder aufziehen und Erwerbsarbeit suchen, das Privileg, warten zu können: nicht den erstbesten Job, der angeboten wird, annehmen zu müssen oder auch die "gewonnene" Zeit nutzen zu können, sich neben der Erziehungsarbeit beruflich weiter zu qualifizieren. Dagegen stellt das Erziehungsgehalt für viele Männer mit kleineren Kindern, die am Anfang ihrer Karriere stehen und einkommensmäßig noch im unteren Mittelfeld liegen (wie wir aus der Erziehungsgeld-Diskussion wissen), einen ökonomischen Anreiz dar, bei ihren Arbeitgebern auf eine Senkung ihrer Arbeitszeit zu dringen und sich verstärkt auf die Erziehungs- und Hausarbeit in der Familie einzulassen.

4.3 Mögliche Beschäftigungsreaktionen und -impulse beider Varianten des Erziehungsgehalts

Es ist zu erwarten, daß von beiden Varianten Reaktionen und Impulse ausgehen, die den Arbeitsmarkt entlasten. Dies ergibt sich allein aus dem Einkommenseffekt beider Varianten eines Erziehungsgehalts. Gehen wir etwas mehr ins Detail, um Übereinstimmungen bzw. potentielle Unterschiede bei beiden Varianten zu erkennen.

4.3.1 Die erwerbszeitunabhängige Variante

Diese Variante des Erziehungsgehalts ist anreizneutral gegenüber den gegebenen Präferenzen für Erwerbsarbeit. Es wird hiermit also kein positiver wirtschaftlicher Anreiz gesetzt, die Erwerbstätigkeit zu reduzieren oder aufzugeben. Das Erziehungsgehalt wird in dieser Variante immer und bedingungslos in voller Höhe ausgezahlt. Der Einkommenseffekt des Erziehungsgehalts wird einige Mütter und/oder Väter veranlassen, ihre Erwerbsarbeit zu reduzieren oder aufzugeben. In anderen Fällen können die Eltern die zusätzlichen Einnahmen nutzen, um eine häusliche Betreuung (z.B. Tagesmutter) oder einen Krippenplatz zu finanzieren.

Viele Frauen sind neben ihrem Mann vollzeit- oder teilzeitbeschäftigt, weil sie für die Bestreitung der Lebenshaltungskosten ihrer Familien ein zweites Erwerbseinkommen benötigen. Es gibt in vielen Familien den Wunsch, über mehr Zeit für die Beschäftigung mit ihrem(n) Kind(ern) im häuslichen Umfeld zu verfügen. Diejenigen, die eine hohe Präferenz für mehr erwerbsarbeitsfreie Zeit haben, verfügen nun mit dem Erziehungsgehalt genau über die zweite Einkommensquelle, die sie aus ökonomischen Gründen benötigen. Sie können ihren Job (zeitweise) ganz aufgeben oder die Arbeitszeit reduzieren.

Neuere ökonometrische Studien für die Bundesrepublik Deutschland bestätigen die Vermutung, daß - bei Kontrolle der wichtigen Faktoren wie Ausbildung, Alter, Kinder, Freizeitpräferenz, etc. - das Haushaltseinkommen eine Rolle für das Arbeitsangebot verheirateter Frauen spielt (vgl. z.B. Strøm/Wagenhals 1991, Schwarze 1996).

Die Verlagerung von Kaufkraft in erheblichem Umfang zu den Familien mit Kindern unter 3 bzw. unter 7 Jahren verändert auch die Entwicklungsbedingungen des Sektors der professionellen Kinderbetreuung erheblich. Die Schaffung eines erwerbszeitunabhängigen Erziehungsgehalts in der hier konzipierten Höhe sollte u.E. mit einer Umschichtung staatlicher Mittel von der bisherigen Objektfinanzierung zur zukünftigen (überwiegenden) Subjektfinanzierung von professioneller Kinderbetreuung Hand in Hand gehen. Der Staat steht sicherlich weiter im Wort, was die Investitionskosten in diesem Bereich und die regionalen und bedarfsspezifischen Unterschiede in den Betriebskosten angeht.

Gebühren, die näherungsweise auf der Basis der echten Betriebskosten von Kinderkrippen und Kindergärten kalkuliert werden, können Eltern zugemutet werden, die für das jüngste Kind ein Erziehungsgehalt von 2.000 DM erhalten, selbst wenn sie schon über zwei Erwerbseinkommen verfügen.

Betriebskostennahe Gebühren sind dagegen in der erwerbszeitabhängigen Variante nicht für Kinder im Krippenbereich tragbar. In Familien, in denen beide Elternteile voll erwerbstätig sind, gibt es nur den Sockelbetrag von 30% (600 DM beim jüngsten Kind) oder besser von 40%, wenn es die Mittellage zuläßt. Die Betriebskosten pro Krippenplatz liegen jedoch zwischen 1.100 und 1.800 DM (vgl. Kapitel 6). Für Kinder im Alter von 0 bis 3 Jahren sollte die heute gültige überwiegende Objektfinanzierung aufrechterhalten bleiben. Für Kinder im Kindergartenalter kann jedoch mit der Umschichtung der staatlichen Objektmittel auf die Eltern (in Form der Erziehungsgehaltszahlungen) begonnen werden. Ein Sockelbetrag in Höhe von 600 DM reicht aus, um den Erziehungsgutschein zu finanzieren.

Neue Arbeitsplätze werden - besonders dynamisch bei Einführung der erwerbszeitunabhängigen Variante des Erziehungsgehalts - vor allem im Bereich der Betreuung von Kindern unter 3 Jahren entstehen, in dem speziell in den alten Bundesländern ein großer Mangel besteht. Insbesondere aufgrund unzureichender Zuweisung staatlicher Mittel liegt hier der Anteil der Kinder, die in Kindertagesstätten betreut werden, unter 5%.

Wie bei der Pflegeversicherung kann durch die Einführung eines Erziehungsgehalts ein Prozeß der Professionalisierung (und der Zertifizierung von Fachkräften) im Bereich von häuslicher und außerhäuslicher Kindererziehung und -betreuung Platz greifen.

2.000 DM Bruttoentgelt für die Erziehungsleistung für 1 Kind führt noch nicht zu einer dramatischen Einkommenssteigerung. Es ist zu befürchten, daß sich viele Familien Betreuungskräfte auf dem Schwarzmarkt suchen. Diese werden eher eingestellt, weil sie billig sind und nicht deswegen, weil sie qualifiziert sind. Wir haben das Schwarzmarktproblem heute schon. Hier sind generelle staatliche Maßnahmen gefragt, die die Arbeitskosten von Geringverdienern entlasten. Eine Möglichkeit bestünde z.B. darin, daß der Staat bei Beziehern niedriger Einkommen (bis zu einer bestimmten Grenze) oder bei personenorientierten Dienstleistern (Tagesmütter, Erzieherinnen, Pflegekräfte etc.) den Arbeitgeberanteil oder gar Arbeitgeber- und Arbeitnehmeranteile an den Sozialabgaben übernimmt.

Positive Arbeitsmarkteffekte ergeben sich ferner durch die expansiven Wirkungen des Erziehungsgehalts. Familien mit kleinen Kindern haben sowohl eine hohe durchschnittliche als auch eine hohe marginale Konsumquote (vgl. Kapitel 7). Kinderlose Paare, Singles und Haushalte, deren Kinder teilweise schon viele Jahre aus dem Haus sind, verfügen über relativ hohe Pro-Kopf-Einkommen, geben aber im Durchschnitt einen geringeren Anteil ihres Einkommens für Konsum aus. Die Umschichtung von Mitteln in die Hände der Bezieher des Erziehungsgehalts führt allein aus diesem Grund zu einer Stärkung der volkswirtschaftlichen Binnennachfrage. Dies hat letztlich auch positive Arbeitsmarkteffekte zur Folge.

Eine Abschaffung der Steuerklasse V und die Einführung einer Individualbesteuerung hätte wiederum gegenläufige Wirkungen auf den Arbeitsmarkt. Empirische Untersuchungen (vgl. hierzu auch Schwarze 1996) zeigen, daß mit einer solchen Maßnahme das Arbeitsangebot verheirateter Frauen steigen würde. Das kann auch nicht überraschen, stellt doch die Besteuerung des meist geringeren Erwerbseinkommens der für die Kindererziehung primär verantwortlichen Ehefrau durch die Steuerklasse V eine massive Bremse dar, unter diesen Bedingungen überhaupt eine Erwerbsarbeit anzutreten.

4.3.2 Die erwerbszeitabhängige Variante

In dieser Variante eines Erziehungsgehalts existiert ein ökonomischer Anreiz, die außerhäusliche Erwerbstätigkeit zeitlich zu reduzieren oder sie gar (zeitweise) zu beenden. Die maximale Höhe des Erziehungsgehalts erhalten diejenigen, die nur geringfügig (maximal 5 Stunden oder 12,5% einer Vollzeittätigkeit) erwerbstätig sind.

Sind beide Elternteile erwerbstätig, so setzt die Erreichung der vollen Höhe des Erziehungsgehalts den Übergang auf zwei Halbtagstätigkeiten voraus. Dieses Modell ermöglicht sowohl die Komplementarität von teilweiser Familientätigkeit und teilweiser Erwerbstätigkeit als auch die Wahl (Substitutionalität) zwischen einer überwiegenden Erwerbstätigkeit oder überwiegender familiärer Erziehungstätigkeit. Mit dieser Variante wird der Arbeitsplatz "Familie und Kindererziehung im häuslichen Umfeld" aufgewertet. Hier können Frauen und Männer einen durch das Erziehungsgehalt finanzierten Arbeitsplatz finden, der einen von vielen noch zu schaffenden Auswegen aus der Krise der Erwerbsarbeitsgesellschaft darstellt.

Die Schaffung zusätzlicher Arbeitsplätze, die wirtschaftlich und sozial abgesichert sind, könnte von beiden Modellvarianten ausgehen. Der zentrale Unterschied liegt in ihrer politisch-normativen Beurteilung. Das Szenario eines ernstzunehmenden Sektors "monetär entgoltener Familien- und Erziehungsarbeit in privaten Haushalten" wird von verschiedenen Seiten als rückwärtsgewandt und frauenfeindlich bekämpft. Es scheint, als ob auch im Zeitalter der "reflexiven Modernisierung" (Beck) nur schwer eine Befreiung von dem erst mit der Industrialisierung entstandenen Stereotyp der Diskriminierung und Abwertung der unbezahlten (Frauen-)Arbeit in Familie und Haushalt möglich ist.

Tabelle 3: Vollzeitbeschäftigte nach Geschlecht und Arbeitszeitwünschen in Westdeutschland (1993)

Haushalts- und Familientypologie	Von den vollzeitbeschäftigten Männern wollten [1] ihre wöchentliche Arbeitszeit...				Von den vollzeitbeschäftigten Frauen wollten [1] ihre wöchentliche Arbeitszeit...			
	um 6 u. mehr Stunden verkürzen	um 2 bis 5 Stunden verkürzen	beibehalten[2]	um 2 u. mehr Stunden verlängern	um 6 u. mehr Stunden verkürzen	um 2 bis 5 Stunden verkürzen	beibehalten[2]	um 2 u. mehr Stunden verlängern
Einpersonenhaushalt	15	16	47	22	21	17	55	7
(Ehe)Paar ohne Kind	13	20	48	19	36	23	35	6
(Ehe)Paar mit Kind jünger als 16 Jahre	10	18	47	25	37	23	37	3
(Ehe)Paar mit Kind 16 Jahre und älter	12	18	49	22	23	27	43	8
Alleinerziehende(r)	19	3	60	19	19	6	65	10
jüngste(r) Sohn/Tochter unter 3 Jahren	30	34	32	*	9	29	60	*

* Aufgrund geringer Fallzahl (weniger als 10 Fälle) nicht ausgewiesen.
[1] Frage zur Wunscharbeitszeit "Wenn sie den Umfang Ihrer Arbeitszeit selbst wählen könnten und dabei berücksichtigen, daß sich Ihr Verdienst entsprechend der Arbeitszeit ändern würde: Wie viele Stunden in der Woche würden Sie dann am liebsten arbeiten?"
[2] Differenz der vereinbarten Arbeitszeit zur Wunscharbeitszeit beträgt 0 oder 1 Stunde.

Datenbasis: SOEP, Westdeutschland 1993, Wochenbericht des DIW 35/94

Quelle: DIW 1998

Untersuchungen des DIW zu den Einsparpotentialen möglicher Beschäftigungsreaktionen des Erziehungsgehalts zeigen, daß das Ausmaß möglicher Beschäftigungseffekte schwer zu schätzen ist. Eine Befragung, die genau diese Konstellation erfaßt, liegt nicht vor. Allerdings kann auf Ergebnisse von Befragungen zu Arbeitszeitwünschen zurückgegriffen werden (vgl. Holst/Schupp 1994, Endler/Beckmann 1997). Diese Erhebungen wurden in Kombination mit der Auswertung des SOEP zu den Erwerbszeiten der Mütter (vgl. Tabelle 10) vom DIW ausgewertet.

Die DIW-Befragung zeigt, daß vollzeitbeschäftigte Frauen, die in einer (Ehe-)Paarkonstellation mit Kind jünger als 16 Jahren leben, zu einem Drittel ihre Arbeitszeit beibehalten wollen und in knapp 60% der Fälle ihre Arbeitszeit verringern wollen (vgl. Holst/Schupp 1994, S. 623 und Tabelle 3). Aus der Untersuchung des IAB geht hervor (vgl. Tabelle 4), daß in Westdeutschland mehr als 50% der Paare mit Kind die Arbeitszeitwunschvorstellung haben, daß ein Partner Vollzeit und der andere Teilzeit arbeitet. Nur in 9% der Fälle wird eine Vollzeitbeschäftigung beider Partner angestrebt (vgl. Endler/Beckmann 1997, S. 6).

Nimmt man diese Angaben und die Informationen aus Tabelle 10 über die Erwerbszeiten der Mütter (mit Kindern von 0 bis 7 Jahren), dann ist der Spielraum für eine Reduktion der Erwerbszeiten relativ klein. Gut 9% der Mütter der Befragung des SOEP arbeiten Vollzeit, knapp ein Viertel arbeitet Teilzeit. Lücken bezüglich der tatsächlich realisierten und gewünschten Arbeitszeit öffnen sich vor allem bei der Nichterwerbstätigkeit. Selbst in Westdeutschland wird nur in einem Fünftel der Fälle das Arbeitszeitmodell präferiert, daß einer voll und der andere gar nicht arbeitet (ebd., S. 6). Für Ostdeutschland gaben nur 3% der Paare dies als Wunsch an.

Tabelle 4: Ideale Arbeitszeitmodelle von Paaren mit Kind(ern) unter 16 Jahren oder ohne Kind (in v.H.)[1]

	mit Kind	ohne Kind	insgesamt	
beide arbeiten Vollzeit	9	30	19	Westdeutschland
beide arbeiten Teilzeit	15	11	13	
einer arbeitet Vollzeit, der andere Teilzeit	55	37	47	
einer arbeitet Vollzeit, der andere arbeitet nicht	21	20	21	
insgesamt	100	100	100	
beide arbeiten Vollzeit	41	59	49	Ostdeutschland
beide arbeiten Teilzeit	8	5	7	
einer arbeitet Vollzeit, der andere Teilzeit	48	31	40	
einer arbeitet Vollzeit, der andere arbeitet nicht	3	5	4	
insgesamt	100	100	100	

[1] Frauen zwischen 18 und 60 Jahren mit Partner, ohne Auszubildende, Rentnerinnen und Selbständige

Quelle: IAB-Werkstattbericht, 14/1997 S. 6.

Setzt man den Wunsch der vollzeitbeschäftigten Frauen aus der DIW-Untersuchung aus dem Jahr 1993 in Veränderungen der Arbeitszeit um, dann ergibt sich maximal ein Arbeitsvolumen von 50.000 Vollzeit-Personen, das auf Arbeitslose umgeschichtet werden könnte.

Die anhand vorliegender Studien ermittelten Beschäftigungswirkungen mögen enttäuschend niedrig sein. Es ist allerdings bei Ihrer Interpretation zu berücksichtigen, daß die Arbeitszeitwünsche in diesen Untersuchungen unter der Annahme erhoben worden sind, daß die Realisierung des Wunsches nach einer Arbeitszeitreduzierung mit entsprechenden Abstrichen am Einkommen verbunden ist. Genau diese Annahme würde für Mütter und Väter mit der Einführung des Erziehungsgehalts nicht mehr zutreffen. Diese neue Option wird mit dem vorliegenden empirischen Material natürlich nicht eingefangen. Sie läßt freilich erwarten, daß die Beschäftigungswirkungen in unserem Fall erheblich höher sein werden.

Soziokulturelle Faktoren ebenso wie harte ökonomische Fakten wie die durchschnittlich höheren Gehälter für Männer sind wiederum dafür verantwortlich, daß heute überwiegend Frauen ihre Erwerbsarbeit einschränken. In unserem Konzept soll der Symmetrie-Bonus einen ökonomischen Anreiz für eine verstärkte (anteilige) Inanspruchnahme des Erziehungsgehalts durch Väter setzen. Es liegt auf der Hand, daß weitere Anstrengungen in Politik, Wirtschaft und Gesellschaft nötig sind, um die Blockierungen der Männer gegenüber einer verstärkten Beteiligung in der Erziehungs- und Familienarbeit abzubauen.

4.4 Bedeutung der Erwerbsarbeit für die gesellschaftliche Rolle und das Selbstbewußtsein von Frauen

Frauen wollen heute teils gleichzeitig, teils zeitversetzt Beruf *und* Familie (vgl. Engelbrech/Jungkunst 1998). Erwerbstätigkeit stellt für Frauen heute nicht nur eine finanzielle Notwendigkeit dar, sondern sie ist auch Quelle von Unabhängigkeit, Selbstverwirklichung und Selbstbestätigung. Aber es geht hierbei nicht ausschließlich um individuelle Lebensentwürfe, sondern ebenso um die Präsenz von Frauen im öffentlichen Leben. Dies setzt eine stärkere Beteiligung von Frauen an gesellschaftlichen Entscheidungsprozessen voraus, was auch davon abhängt, inwieweit Frauen in Leitungspositionen vertreten sind. Strukturelle Bedingungen eines Arbeitsmarktes, der noch immer am "männlichen Ernährermodell" (vgl. Ostner 1995) orientiert ist und von der freien Verfügbarkeit der (männlichen) Arbeitnehmer ausgeht, erschweren Frauen aber nach wie vor eine gleichberechtigte Partizipation und weisen ihnen - zumindest solange sie für die Erziehung und Versorgung von Kindern zuständig sind - einseitig das Problem der Vereinbarkeit von Beruf und Familie zu.

Als Einflußgrößen auf die Erwerbstätigkeit von Frauen müssen zudem gesellschaftliche Werte und Normen berücksichtigt werden. So antworteten beispielsweise 1996 auf die Frage nach der Einstellung zur Berufstätigkeit der Frau bei einem Mangel an

Arbeitsplätzen immerhin noch 46% aller Männer und Frauen in Westdeutschland und 33% in Ostdeutschland, daß die Frau (wenn ihr Mann in der Lage ist, die Familie zu versorgen) dann auf eine Berufstätigkeit verzichten sollte (Stat. Bundesamt 1997, S. 455). Bei den Einschätzungen zu den Konsequenzen einer Berufstätigkeit von Müttern mit Kleinkindern wird die Ablehnung - hier vor allem der westdeutschen Befragten - noch deutlicher. Auf die Frage: "Ein Kleinkind wird sicherlich darunter leiden, wenn seine Mutter berufstätig ist" antworteten 49% (1991: 58%) der Ostdeutschen und 76% (1991: 76%) der Westdeutschen mit "stimme voll und ganz zu" bzw. "stimme eher zu" (ebd., S. 452).

Im Gegensatz zur weiblichen Sozialisation werden junge Männer heute nach wie vor in erster Linie auf ihre Rolle auf dem Arbeitsmarkt hin vorbereitet - nicht auf ihre potentielle Rolle als Väter. Der Überwindung von Stereotypen wird noch immer nicht zu einem frühen Zeitpunkt entgegengewirkt, wie es beispielsweise an norwegischen Schulen geschieht, an denen das Fach "Selbstversorgung" in geschlechtsgetrennten Gruppen unterrichtet wird. Hier lernen Mädchen und Jungen nicht nur die Fertigkeiten, die ihrem jeweiligen Geschlecht zugeordnet werden, sondern beide Geschlechter lernen z.B. Bügeln, Kochen, aber auch handwerkliche Fertigkeiten sowie Haltungen zu entwickeln, sich für die Versorgung anderer Personen verantwortlich zu fühlen (vgl. Benard/Schlaffer 1997, S. 2).

Inzwischen haben junge Frauen den Bildungsvorsprung von jungen Männern eingeholt und teilweise sogar überholt, dementsprechend sind auch ihre Erwartungen an den Beruf gestiegen. Die in die Ausbildung investierten Ressourcen führen unter anderem zu dem Wunsch, einen der Qualifikation entsprechenden Beruf auszuüben und - wie die Entwicklung der Geburtenrate zeigt - dem Berufswunsch immer häufiger Priorität vor dem Kinderwunsch zu geben.

Kaufmann macht in Bezug auf den sich im Verlauf der letzten Jahrzehnte vollzogenen Wandel der weiblichen Lebenszusammenhänge noch auf weitere Faktoren aufmerksam. So gibt er zu bedenken, daß die Gründe für die Veränderungen "ganz überwiegend von Staat und Wirtschaft" ausgingen. "Das spezifische Interesse an Frauen als Arbeitskräfte für Industrie und Verwaltung belebte sich zuerst in der Zeit des 1. und 2. Weltkriegs, und es verstärkte sich in der langen Aufschwungphase der Nachkriegszeit" (Kaufmann 1995, S. 158f.).

Im Zuge der Veränderung des Rollenleitbildes der Frau kam es auch zu Veränderungen der gesellschaftlichen Leitbilder von Partnerbeziehungen, Sexualität und Familie. Ausdruck finden diese Veränderungen unter anderem in steigenden Scheidungsraten infolge von veränderten Erwartungen an partnerschaftliche Beziehungen. Das Auseinanderbrechen traditioneller Lebensformen, die mit einem hohen Maß an Sicherheit verknüpft waren, macht eine eigenständige Existenzsicherung notwendig. Dies ist sicherlich eine Ursache für das Bestreben von Frauen, ihre Berufstätigkeit trotz Kindern nicht aufzugeben, selbst wenn sie oftmals als Belastung und Überforderung erlebt wird. Über diese ökonomische Notwendigkeit hinaus ermöglicht ein eigenes

Einkommen aber neben der materiellen auch immaterielle Autonomie. Berufstätigkeit eröffnet die Möglichkeit, eigene Fähigkeiten, die durch die Ausbildung erworben wurden, einzusetzen und Anerkennung im Arbeitszusammenhang zu erfahren, was wiederum eine Stärkung des Selbstbewußtseins und eigenen Wertes zur Folge haben kann.

Solange sich an einer gesellschaftlichen Wertehierarchie nichts verändert, die vor allem Arbeit in der Berufswelt als Maßstab für Anerkennung und Status einer Person nutzt während sie Arbeit in der Familie und im Haushalt nicht wirklich mit Anerkennung versieht, wird sich auch an der ungleichen Verteilung dieser Arbeiten schwerlich etwas verändern.

An diesem Punkt setzt die Forderung nach einem Erziehungsgehalt an. Es soll ein Signal setzen für die Gleichwertigkeit der bislang voneinander in ihrem Anerkennungsgrad getrennten Arbeitssphären dieser Gesellschaft. Es soll deutlich machen, daß keine der beiden Sphären ohne die andere bestehen kann. Beide sind notwendig und beide können partnerschaftlich zwischen den Geschlechtern aufgeteilt werden. Der Bewußtseinsprozeß, der hierzu schon in Gang gesetzt ist - nicht zuletzt weil Frauen immer weniger dazu bereit sind diesen Bereich alleine zu übernehmen - muß weiter unterstützt werden. Die Befürchtung, die im Zusammenhang mit der Einführung eines Erziehungsgehalts immer wieder genannt wird, daß ein solches Gehalt dazu führen würde, daß Frauen wieder "zurück an den Herd" gedrängt würden, hat zwar an der gesellschaftlichen Realität gemessen ihre Berechtigung. Sie vernachlässigt jedoch - da sie an die einseitige Orientierung an Anerkennung durch Berufsarbeit geknüpft ist - die Bedeutung von Erziehungs- und Hausarbeit und trägt damit wiederum zu ihrer Abwertung bei. Zudem ignoriert solch ein Argument die Vielfältigkeit von Lebensentwürfen, da es durchaus Frauen (und Männer) gibt, die eine weniger ausgeprägte Erwerbsorientierung vorweisen oder eben beides miteinander vereinbaren wollen.

Noch immer ist der Konflikt der Vereinbarkeit von Beruf und Familie in erster Linie ein Konflikt, der von Frauen gelöst werden muß. Die Struktur der Arbeitswelt, die nach wie vor an der Norm der (männlichen) Ganztagserwerbstätigkeit orientiert ist, läßt kaum Raum für die Bedürfnisse von Kindern, Müttern und Vätern. Flexibilität, wie sie im Zusammenleben mit Kindern oftmals gefordert ist - hier sei nur an die Möglichkeit der Erkrankung erinnert - widerspricht den Anforderungen, die die Berufswelt mit sich bringt. So nimmt es auch nicht Wunder, daß die meisten Mütter eine Teilzeitbeschäftigung präferieren, auch wenn ihnen bewußt ist daß dies ihre Aufstiegschancen meistens verringert oder die Tätigkeit ihrer Qualifikation nicht entspricht. Hinzu kommt, daß Teilzeitarbeit in unteren Lohngruppen nicht zur Deckung des Familienunterhalts ausreicht und auch die Altersabsicherung gefährdet. Die Idee eines Erziehungsgehalts ist deshalb auf das engste mit Vorschlägen hinsichtlich einer familienfreundlicheren Organisation des Arbeitsmarktes zu verknüpfen, die aufgrund der Schwerpunktsetzung der vorliegenden Studie nur angedeutet werden können.

5 | Bedürfnisse von Eltern - Einstellungen der Bevölkerung

Im folgenden Kapitel soll versucht werden, die Einstellung der Bevölkerung zur Einführung des Erziehungsgehalts abzuschätzen. Im ersten Teil wird über die Akzeptanz der bisherigen familienpolitischen Maßnahmen "Erziehungsgeld" und "Erziehungsurlaub" berichtet, die als Vorläufer des hier vorgeschlagenen Erziehungsgehalt angesehen werden können. Im zweiten Teil wird anhand einer repräsentativen Bevölkerungsumfrage die Bewertung des Vorschlags eines Erziehungsgehalts in der breiten Öffentlichkeit dargelegt. Im dritten Teil des Kapitels werden Ergebnisse einer im Rahmen des Projekts "Erziehungsgehalt 2000" in Zusammenarbeit mit der Gesellschaft für Ausbildungsforschung und Berufsentwicklung (GAB) durchgeführten qualitativen Studie zu den möglichen Wirkungen eines Erziehungsgehalts vorgestellt.

5.1 Ein Jahrzehnt Erziehungsgeld und Erziehungsurlaub - eine kritische Bewertung

Die beiden familienpolitischen Maßnahmen Erziehungsgeld und Erziehungsurlaub wurden am 1.1.1986 durch das Inkrafttreten des Bundeserziehungsgeldgesetzes (BErzGG) eingeführt. Durch das Erziehungsgeld sollte "die Erziehungsleistung der Mütter und Väter anerkannt" werden, der Erziehungsurlaub sollte "ermöglichen, daß entweder die Mutter oder der Vater das Kind betreuen kann" (BMJFFG 1986). Während die Höhe des Erziehungsgelds bis heute konstant bei 600 DM blieb, wurde der Gewährleistungszeitraum der beiden Maßnahmen, wie die folgende Übersicht (Abbildung 11) zeigt, sukzessive erweitert.

Abbildung 11: Erziehungsgeld und Erziehungsurlaub seit 1986

seit 1.1.1986:	12 Monate Erziehungsurlaub (EU) und -geld (EG)
ab 1.7.1989:	15 Monate EU und EG
ab 1.7.1990:	18 Monate EU und EG
ab 1.1.1992:	36 Monate EU und 18 Monate EG
ab 1.1.1993:	36 Monate EU und 24 Monate EG

Zudem führten einzelne Bundesländer ein "Landeserziehungsgeld" ein, das - bei sehr unterschiedlicher Ausgestaltung - den Zeitraum für die Inanspruchnahme von Erziehungsgeld nochmals um bis zu einem Jahr verlängert (Baden-Württemberg, Bayern, Mecklenburg-Vorpommern, Sachsen, Thüringen, bis März 1998 auch Rheinland-Pfalz) (vgl. auch Wingen 1997, S. 216f.).

Im folgenden wird der Frage nachgegangen, wie junge Familien zu den Maßnahmen "Erziehungsgeld" und "Erziehungsurlaub" stehen, in welchem Umfang sie genutzt werden und wie sie von denen bewertet werden, die sie in Anspruch genommen haben. Die Ergebnisse sollen dazu dienen, Rückschlüsse auf die Akzeptanz des Erziehungsgehalts ziehen zu können.

Datenbasis für die aufgeworfenen Fragestellungen sind im wesentlichen zwei an der Universität Bamberg durchgeführte Studien. Die erste, das "Bamberger-Ehepaar-Panel", ist eine für die alten Bundesländer repräsentative Längsschnittstudie, bei der 1.500 junge Ehepaare, die 1988 geheiratet hatten, während ihrer ersten sechs Ehejahre insgesamt viermal befragt wurden, und zwar beide Partner. Zielsetzung war zum einen, den Familiengründungsprozeß bei jungen Ehepaaren wissenschaftlich zu begleiten, zum anderen diente diese Studie auch zur Evaluation des damals noch neuen Erziehungsgelds bzw. Erziehungsurlaubs (vgl. Schneewind u.a. 1992). Im Rahmen der zweiten Studie wurden 1996 zum Thema "Väter und Erziehungsurlaub" ca. 1.000 Väter in den alten und neuen Bundesländern befragt. Mit 50 Familien wurden zudem qualitative Interviews durchgeführt, wobei auch die Arbeitgeber einbezogen wurden (zum Untersuchungsdesign Rosenkranz u.a. 1996).

Die Ergebnisse des "Bamberger-Ehepaar-Panels" zeigen, daß diese Maßnahmen von Beginn an eine hohe Akzeptanz bei jungen Eltern erfuhren (Schneewind u.a. 1992, S. 305f.; Schneewind u.a. 1996, S. 146f.). Die Akzeptanz zeigt sich in der tatsächlichen Inanspruchnahme, die sehr hoch ist: 97% aller Eltern im Panel bezogen das Erziehungsgeld. Allerdings bewertete es nur knapp die Hälfte der Eltern als eine große und notwendige Hilfe, ein Drittel wäre nicht unbedingt darauf angewiesen gewesen, 18 % hatten eine ambivalente Meinung zu der Frage, ob es für sie eine unverzichtbare oder verzichtbare Hilfe war und 5% bewerteten Erziehungsgeld in Anbetracht ihrer finanziellen Situation als unbedeutend. Bei der Interpretation dieser Ergebnisse ist zu bedenken, daß das Erziehungsgeld seit 1986 nicht dynamisiert wurde, d.h. heute real weniger wert ist als bei Einführung der Maßnahme und zudem ab dem siebtem Lebensmonat des Kindes einkommensabhängig gezahlt wird, was z.T. zu einer erheblichen Reduktion des Betrags führt.

Ebenso hoch ist die Akzeptanz des Erziehungsurlaubs: Auch dieser wird von fast allen anspruchsberechtigten Müttern genutzt. Nach einer aktuellen Studie des IAB schöpfen 55% der Mütter die gesamte Anspruchsdauer aus, 33% nehmen nur ein Teil und 12% bleiben über die Dauer des Erziehungsurlaubs hinaus zu Hause (vgl. Engelbrech 1997a). Der Erziehungsurlaub beinhaltet zwar die Option einer partnerschaftlichen Nutzung, aber die amtliche Statistik belegt, daß noch immer Väter nur in Ausnahmefällen von dieser Möglichkeit Gebrauch machen. So ist zwar die absolute Anzahl an Erziehungsurlaubern von 1.824 im Jahr 1987 auf 6.841 (alte und neue Bundesländer zusammen) im Jahr 1995 gestiegen. Mehr als 98% aller Personen, die 1995 Erziehungsurlaub genommen haben, sind jedoch Mütter. Der Anteil der Väter liegt nur bei knapp zwei Prozent.

Der konstant niedrige Anteil an Vätern im Erziehungsurlaub ist der Ausdruck einer weiterhin unveränderten geschlechtstypischen Rollenverteilung zwischen den Bereichen Erwerbsarbeit und Familienarbeit. Diese manifestiert sich zum einen darin, daß für die meisten Väter die Beteiligung an Hausarbeit und Kinderbetreuung zumeist optional ist, während der Mutter die Hauptverantwortlichkeit für die Familienarbeit zukommt. Hausarbeit ist bei verheirateten Eltern in erster Linie Sache der Mütter, die zudem auch noch überwiegend Kinderbetreuungsleistungen erbringen (vgl. Schneewind u.a. 1996). Auf der anderen Seite sind die Väter dafür häufig mit der alleinigen Zuständigkeit für die materielle Versorgung der Familie konfrontiert.

Aufgrund der bislang durchgeführten qualitativen Studien im Rahmen des Projektes "Väter und Erziehungsurlaub" sowie einer österreichischen Studie (vgl. Deutsch-Stix/Janik 1993) lassen sich im wesentlichen vier Faktoren finden, die die Entscheidung für eine partnerschaftliche Inanspruchnahme des Erziehungsurlaubs und damit für eine nicht-traditionelle Aufgabenteilung maßgeblich beeinflussen:

- die finanzielle Situation der Familie,
- die berufliche Situation und die Einstellung zum Beruf,
- die bestehende Aufgabenteilung bei Alltagsroutinen und
- die Einstellung des Mannes zur Vaterrolle.

Eine entscheidende Grundvoraussetzung für eine Beteiligung der Väter ist die Einkommensrelation zwischen den Geschlechtern: Ein annähernd gleiches oder höheres Einkommen der Mutter im Vergleich zu dem des Vaters ist, den bisherigen Untersuchungen zufolge, eine notwendige, wenn auch keine hinreichende Voraussetzung, daß Eltern sich dafür entscheiden. Dies spiegelt sich auch in den Gründen der Väter, warum sie keinen Erziehungsurlaub nehmen, wider: An erster Stelle wird hier das finanzielle Motiv genannt, d.h. das Erziehungsgeld würde ihrer Meinung nach nicht ausreichen, um die Familie zu ernähren, wenn ihr Verdienst ausfallen würde (Schneewind u.a. 1992, S. 313).

Weiterhin ist bei den Familien mit Vater im Erziehungsurlaub eine hohe berufliche Qualifikation *beider* Eltern auffällig. Auf der Einstellungsebene spielen eine hohe Berufsorientierung der Mütter und eine geringe Karriereambition bei den Vätern eine wichtige Rolle für die Entscheidungsfindung. Ein weiteres auffälliges Merkmal bei diesen Familien zeigt sich in der Aufteilung der alltäglichen Arbeiten. Bereits vor dem Übergang zur Elternschaft war die Rollenverteilung bei Alltagsroutinen überwiegend partnerschaftlich ausgerichtet. Auf der Basis dieser spezifischen Lebensumstände und Motivlagen war bei allen untersuchten Familien ein Grund für die Beteiligung der Väter besonders durchschlagend: der Wunsch der Väter, von Beginn an, an der Entwicklung des Kindes intensiv teilhaben zu wollen und eine enge Vater-Kind-Beziehung aufzubauen, d.h. "mehr von dem Kind haben als abends nur eine Stunde", wie ein Vater stellvertretend bemerkte.

Innerhalb der Familie sind die Folgen der partnerschaftliche Inanspruchnahme des

Erziehungsurlaubs überwiegend positiv. Für die meisten Väter stellt diese intensive Phase der Betreuung und Erziehung des Kindes eine Bereicherung in ihrem Leben dar. Für die Partnerschaft entstehen positive Effekte dadurch, und dies wird von fast allen Eltern berichtet, daß die Partner mehr Verständnis für den jeweils anderen entwickeln können.

Die Reaktion des sozialen Umfelds auf die nicht-traditionelle Rollenaufteilung ist im Gegensatz dazu sehr gemischt. Während die Erziehungsurlauber vom Freundeskreis noch überwiegend positive Rückmeldungen erhalten, sind die Reaktionen seitens der Herkunftsfamilie, der Verwandten und von Arbeitskollegen und Arbeitgeber eher negativ. Insbesondere von Frauen aus dem Freundes- und Bekanntenkreis wird Vätern im Erziehungsurlaub Respekt und Anerkennung entgegen gebracht. Die eigenen Eltern und Verwandte reagieren dagegen meist mit Unverständnis, das auf traditionellen Einstellungen und Ablehnung von davon abweichenden Geschlechterrollen basiert.

Die bisherigen Forschungsergebnisse weisen eindeutig darauf hin, daß der Erziehungsurlaub nicht ausreicht, um ein größeres Engagement der Väter an der Familienarbeit hervorzurufen und damit noch bestehende Ungleichgewichte zwischen den Geschlechtern zu verringern. In der momentanen Ausgestaltung und in der gegenwärtigen Einbindung in weitere gesellschaftspolitischen Rahmenbedingungen hat er eher gegenläufige Effekte zur Folge. Fehlende Kinderbetreuungseinrichtungen für Kleinkinder, die Erleichterung des (vorübergehenden) Berufsausstiegs für die Mütter durch die Maßnahme und die ablehnende Haltung der meisten Arbeitgeber gegenüber Vätern im Erziehungsurlaub führen eher zu einer Verfestigung traditioneller Geschlechterrollen.

Auf seiten der meisten Väter müßte erst einmal Verständnis dafür geweckt werden, daß auch sie in diese, bisher fast ausschließlich von Frauen ausgeübte Rolle schlüpfen können, denn diese Option ist noch immer für viele so fremd, daß sie als solche gar nicht wahrgenommen wird. Die meisten Anstrengungen müßten wohl in der Arbeitswelt unternommen werden. Hier gilt es, noch immer bestehende Ungleichgewichte in den Einkommen und den Karrierechancen der Geschlechter zu beseitigen und auf der Seite der Arbeitgeber mehr Verständnis für den Vater im Erziehungsurlaub oder für den Teilzeit arbeitenden Mann zu wecken.

5.2 Die Einstellung der Bevölkerung zu einem Erziehungsgehalt

Ende 1995 wurde von der *infas-Wirtschaftsforschungs GmbH* in Zusammenarbeit mit dem Cycloplan-Institut eine repräsentative Umfrage im Auftrag des Deutschen Arbeitskreises für Familienhilfe e.V. zur "Aufwertung der Erziehungsarbeit" durchgeführt. Zielsetzung dieser Untersuchung war es, Informationen über die Einstellung der Bevölkerung zu einer familienpolitischen Maßnahme "Erziehungsgehalt" zu erlangen. Dazu wurden 2.039 Frauen und 287 Männer, die nach dem Zufallsprinzip ausgesucht wurden, im Alter zwischen 18 und 50 Jahren bundesweit schriftlich befragt.

Abweichend zum Konzept "Erziehungsgehalt 2000" wurde in dem damaligen Modell von einem monatlichen, zu versteuernden und mit Sozialabgaben belegten Betrag von 1.300 DM ausgegangen, zahlbar bis zum 12. Lebensjahr des Kindes, falls die Erwerbstätigkeit nicht über 19 Stunden pro Woche liegt. Dies ist bei der Interpretation der Ergebnisse zu berücksichtigen. Auf die Konzeption "Erziehungsgehalt 2000" können diese Daten folglich nur indirekt Anwendung finden.

5.2.1.1 Grad der Zustimmung zu einem Erziehungsgehalt

Zunächst erweist es sich, daß die überwiegende Mehrheit der Befragten der Meinung ist, daß die staatliche Familienpolitik in Deutschland derzeit zu wenig für Familien tut. Unabhängig vom Geschlecht halten 80% den derzeitigen Familienlastenausgleich (Kindergeld, Steuerfreibeträge für Kinder, Erziehungsgeld, Anrechnung von Erziehungszeiten bei der Rente u.a.) für unzureichend, nur 14% sind der Meinung, daß die bestehenden Maßnahmen ausreichend sind. Nur eine kleine Minderheit (6%) sehen Kinder im wesentlich als Privatangelegenheit an und halten die staatlichen Leistungen dafür für überzogen. Dabei bestehen Unterschiede zwischen Kinderlosen und Befragten mit Kindern dahingehend, daß Familien - wie nicht anders zu erwarten - noch kritischer zu den staatlichen Leistungen der Familienpolitik stehen als Befragte ohne eigene Kinder.

Diese Ergebnisse stimmen mit anderen repräsentativen Befragungen überein. So ermittelte das Institut für Demoskopie Allensbach bei einer Befragung im Herbst 1994, daß 77% der Bevölkerung (in den neuen Bundesländern sogar 86%) der Ansicht sind, daß die Politik die Familien dringend finanziell entlasten müßte. In dieser Forderung sind sich im übrigen alle Parteilager einig, allenfalls unter den Anhängern der FDP lassen sich mit 21% der Befragten etwas mehr Gegner einer verstärkten staatlichen Förderung ausmachen. Auch die Forderung, Hausarbeit und Kindererziehung einer normalen beruflichen Tätigkeit gleichzustellen, zu entlohnen und dafür eigene Sozialversicherungsansprüche zu schaffen, findet heute bei der Mehrheit der Bevölkerung insgesamt (61%), der Frauen (69%), aber auch der Männer (53%) Zustimmung (vgl. Institut für Demoskopie Allensbach 1994, S. 4f.).

Auf die Frage, ob sie bei einer Abstimmung über die Einführung eines "Erziehungsgehalts" ihre Zustimmung geben würden, sprechen sich (in der infas-Erhebung) insgesamt zwei Drittel der Befragten für die Einführung eines Erziehungsgehalts aus, 16% lehnen eine solche Maßnahme ab und 18% sind diesbezüglich unentschlossen, wobei die Zustimmung bei den Männern (73%) signifikant leicht höher ist als bei den Frauen (65%) und die Ablehnung, wie die folgende Grafik zeigt, etwas niedriger ist (vgl. Abbildung 12).

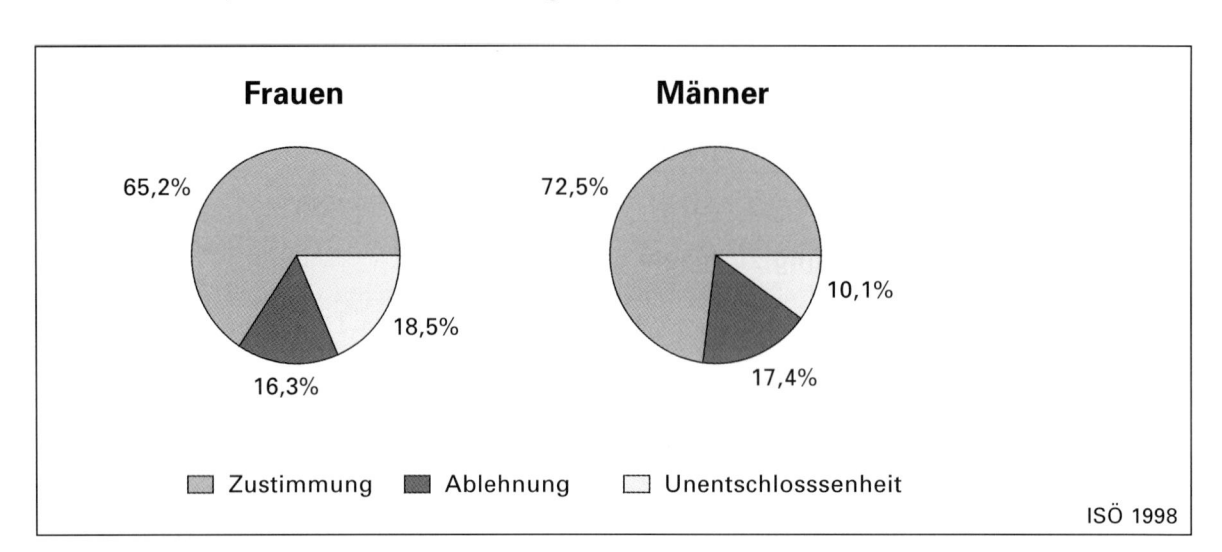

*Abbildung 12: Einstellungen der Bevölkerung zu einem Erziehungsgehalt
(Frauen und Männer im Vergleich)*

	Frauen	Männer
Zustimmung	65,2%	72,5%
Ablehnung	16,3%	17,4%
Unentschlossenheit	18,5%	10,1%

ISÖ 1998

Quelle: *infas*-Erhebung, eigene Berechnungen

Einen deutlich stärkeren Einfluß auf das Antwortverhalten als das **Geschlecht** hat das **Vorhandensein von Kindern.** Wie die folgende Tabelle zum Ausdruck bringt, stehen Mütter diesem Modell weitaus positiver gegenüber als kinderlose Frauen, und erstaunlicherweise zeigen Familienväter die größte Zustimmung: 91% von ihnen würden sich dafür aussprechen, während sich kinderlose Männer am häufigsten (36%) gegen dieses Modell entscheiden.

Tabelle 5: Zustimmung der Bevölkerung zu einem Erziehungsgehalt - nach Geschlecht und Kindern (Angaben in Prozent)

Bewertung	kinderlose Frauen	Mütter	kinderlose Männer	Väter
Zustimmung	57	73	50	91
Ablehnung	22	11	36	2
unentschlossen	21	16	14	7
n=	983	1.056	131	156

Quelle: *infas*-Erhebung, eigene Berechnungen

Ein ähnlich hoher Zusammenhang zeigt sich mit dem *Familienstand*: ledige Befragte äußern sich in ihrer Zustimmung vorsichtiger als Verheiratete oder Geschiedene, wobei dies jedoch im wesentlichen dadurch erklärt werden kann, daß die Ledigen in der Stichprobe zu 91% kinderlos sind.

Ein uneinheitliches Bild ergibt sich, wenn man das *Alter* der Befragten einbezieht. Bei Frauen zeigt sich nur eine schwache Korrelation dahingehend, daß in der Altersgruppe der 26-30jährigen die Zustimmung höher ist, als in den anderen Altersgruppen. Frauen aus der Altersgruppe, in der auch das durchschnittliche Alter der Frauen bei der Erstgeburt derzeit liegt und bei denen somit die höchste Aktualität zur Elternschaft zu erwarten ist, befürworten dieses Modell also in einem höheren Maße als andere. Bei den befragten Männern zeigt sich dagegen ein kurvilinearer Zusammenhang: unter 25jährige und über 40jährige äußern eine deutlich stärkere Ablehnung als die Altersgruppe dazwischen.

Differenziert man nach dem *sozialen Status,* ergeben sich kaum signifikante Unterschiede in der Beurteilung des Erziehungsgehalts. Weder in der Unterscheidung nach formaler Bildung, noch nach beruflicher Position zeigen sich relevante Streuungen im Antwortverhalten der Befragten. Lediglich das Haushaltseinkommen scheint eine Rolle zu spielen, wobei auch dieser Zusammenhang nicht linear ist: Bei Befragten mit einem Haushaltsnettoeinkommen von unter DM 2.000 und bei solchen mit monatlichen Nettoeinkünften von über DM 5.000 liegt die Zustimmung zu einem Erziehungsgehalt unter dem Durchschnitt.

Bei der Frage nach der antizipierten Inanspruchnahme bestätigt sich die hohe Akzeptanz des in der Befragung vorgestellten Modells bei dieser Bevölkerungsgruppe: 83% der Frauen und 90% der Männer sind der Meinung, daß sie (als Familie) für zukünftige Kinder diese Maßnahme nutzen würden, falls es sie gäbe, bzw. in der Vergangenheit - rückblickend für ihre bereits vorhandenen Kinder - davon Gebrauch gemacht hätten. Insgesamt ein Zehntel äußert sich diesbezüglich unsicher und nur 5% weisen eine Inanspruchnahme von sich. Auch hier zeigt sich wieder ein signifikanter Unterschied (p=.01) dahingehend, daß Männer der antizipierten Inanspruchnahme etwas stärker zustimmen (vgl. Abbildung 13).

Abbildung 13: Antizipierte Inanspruchnahme eines Erziehungsgehalts (Frauen und Männer im Vergleich)

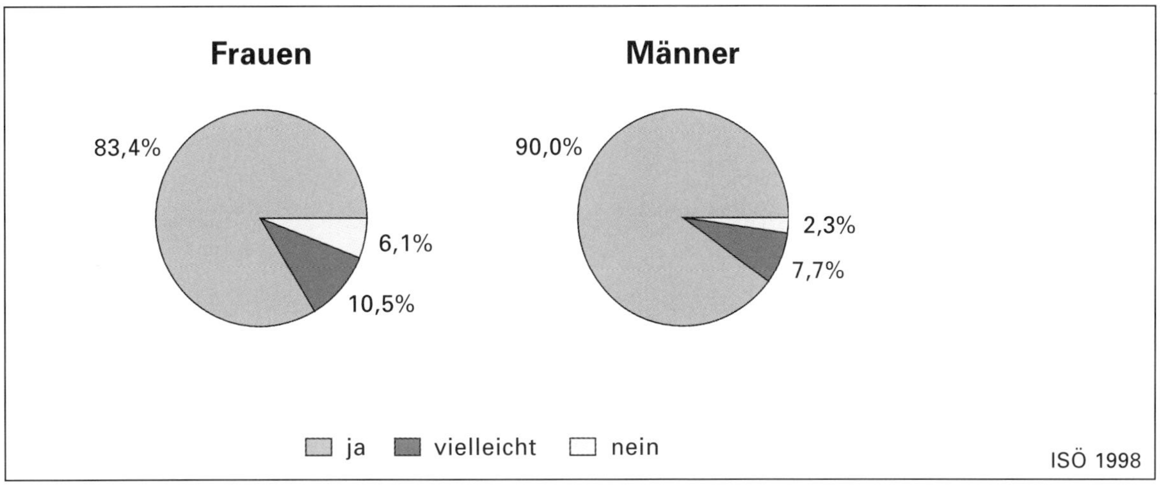

Frauen: 83,4% ja; 6,1% nein; 10,5% vielleicht
Männer: 90,0% ja; 2,3% nein; 7,7% vielleicht

☐ ja ■ vielleicht ☐ nein

ISÖ 1998

Quelle: *infas*-Erhebung, eigene Berechnungen

Bei der Frage, welcher Elternteil die Maßnahme in Anspruch nehmen würde, wird wiederum die geschlechtstypische Rollenstruktur sichtbar. Auch bei einem Erziehungsgehalt wären nur wenige Väter bereit, einen erheblichen Beitrag zur Familienarbeit zu leisten, indem sie eine Zeitlang aus dem Beruf aussteigen oder ihren Umfang der Berufstätigkeit reduzieren, um sich mehr um die Kinder zu kümmern. 87% der Frauen und 89% der Männer präferieren die alleinige Inanspruchnahme durch die Mutter, nur 8% der Familien würden sich diese Maßnahme partnerschaftlich aufteilen und nur 5% der Befragten äußern sich dahingehend, daß allein der Vater davon Gebrauch machen würde.

Die große Mehrheit der Befragten würden bei einer Inanspruchnahme auch den gesamten Gewährleistungszeitraum nutzen: 90% der Frauen und 96% der Männer äußerten sich dahingehend.

Bei denjenigen, die das Erziehungsgehalt nicht in Anspruch nehmen würden, sprechen hauptsächliche berufliche Gründe dagegen. Nur 17% meinten, daß das Geld zum Leben nicht ausreichen würde.

5.3 Qualitative Wirkungen eines Erziehungsgehalts

In Potsdam, München und Bonn wurden in 1997 mit insgesamt 20 Männern und Frauen Intensivworkshops mit anschließender qualitativer Befragung durchgeführt, in denen die Folgen der Einführung eines Erziehungsgehalts auf das eigene Verhalten abgeschätzt werden sollten. Mit weiteren acht Frauen wurden qualitative Interviews durchgeführt. Die TeilnehmerInnen waren zwischen 25 und 46 Jahren alt, hatten einen unterschiedlichen Bildungsstand und lebten in unterschiedlichen familiären Situationen.

In den Workshops und vor den qualitativen Interviews wurde das Modell Erziehungsgehalt 2000 ausführlich dargestellt und auf die jeweils eigene Lebenssituation der Teilnehmerinnen und Teilnehmer übertragen, heute bzw. zu der Zeit, als die eigenen Kinder noch jünger waren. Alle Teilnehmer notierten sich dazu zunächst ihre eigenen Überlegungen, die anschließend im Gespräch ausgetauscht und diskutiert und dann in einem ausführlichen Interview festgehalten wurden.

Abbildung 14: Durch das Erziehungsgehalt ausgelöste Wirkungen und Verhaltensänderungen

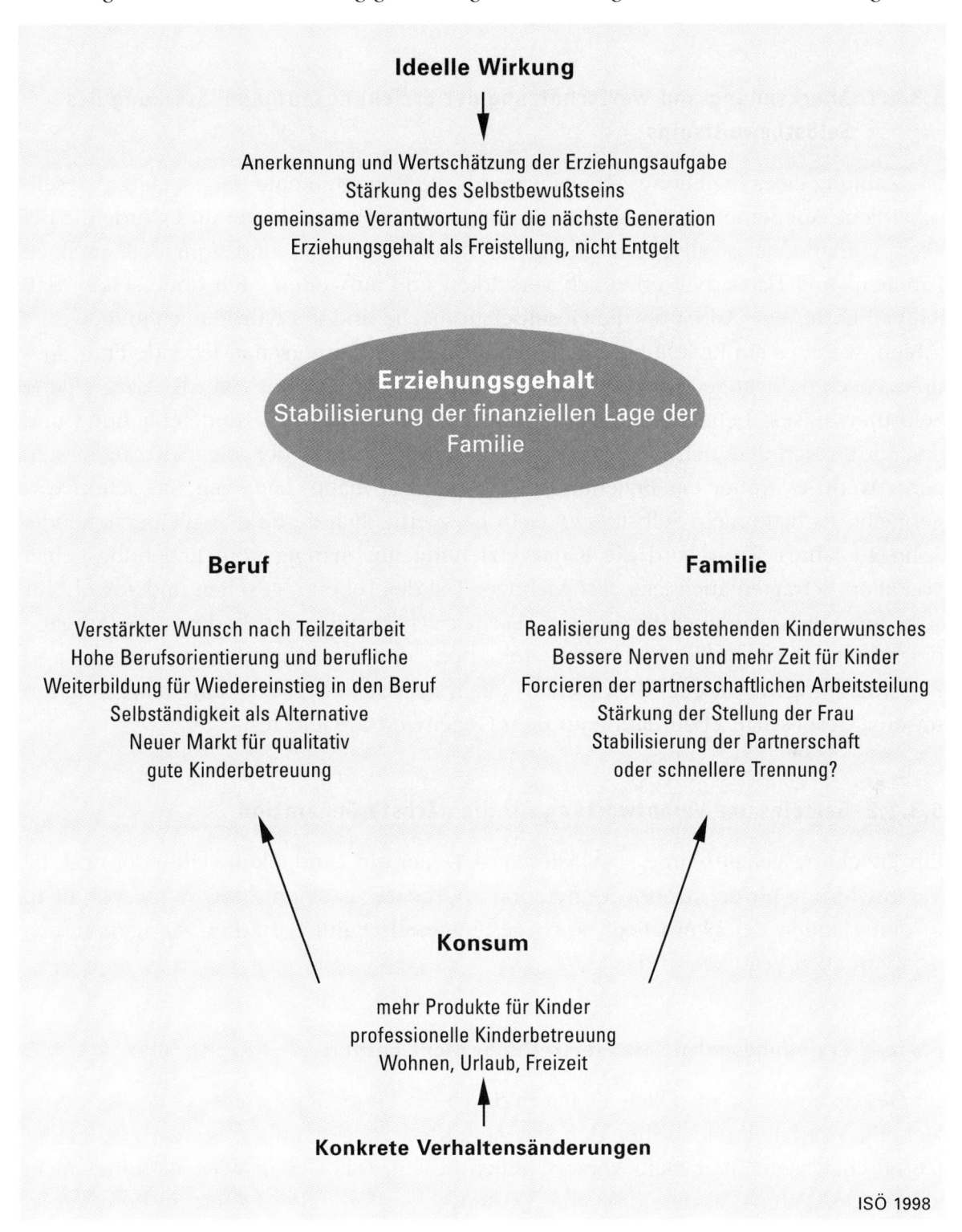

Ideelle Wirkung

Anerkennung und Wertschätzung der Erziehungsaufgabe
Stärkung des Selbstbewußtseins
gemeinsame Verantwortung für die nächste Generation
Erziehungsgehalt als Freistellung, nicht Entgelt

Erziehungsgehalt
Stabilisierung der finanziellen Lage der Familie

Beruf

Verstärkter Wunsch nach Teilzeitarbeit
Hohe Berufsorientierung und berufliche
Weiterbildung für Wiedereinstieg in den Beruf
Selbständigkeit als Alternative
Neuer Markt für qualitativ
gute Kinderbetreuung

Familie

Realisierung des bestehenden Kinderwunsches
Bessere Nerven und mehr Zeit für Kinder
Forcieren der partnerschaftlichen Arbeitsteilung
Stärkung der Stellung der Frau
Stabilisierung der Partnerschaft
oder schnellere Trennung?

Konsum

mehr Produkte für Kinder
professionelle Kinderbetreuung
Wohnen, Urlaub, Freizeit

Konkrete Verhaltensänderungen

ISÖ 1998

Die Einführung eines Erziehungsgehalts hätte aus der Sicht der Befragten sowohl wesentliche ideelle Auswirkungen auf die Einstellung zu Kindererziehung, als auch konkrete Auswirkungen auf das eigene Verhalten in Familie und Beruf.

5.3.1 Ideelle Wirkungen

5.3.1.1 Anerkennung und Wertschätzung der Erziehungsaufgabe, Stärkung des Selbstbewußtseins

Die Zahlung eines Erziehungsgehalts wäre für die Befragten eine (längst fällige) gesellschaftliche Anerkennung der Arbeit, die man in einer Familie leistet und würde die bei allen vorhandene positive Einstellung zu Kindererziehung, und zum Teil auch zu Familien- und Hausarbeit erheblich verstärken und aufwerten. "Ich finde schon, daß ich viel kostenlose Arbeit für die Gesellschaft mache und ich würde mich aufgewertet fühlen, wenn es ein Erziehungsgehalt gäbe" (in fester Partnerschaft lebende Frau, Ärztin, 2 schulpflichtige Kinder, halbtags berufstätig). Damit würde das eigene Selbstbewußtsein beträchtlich gestützt und die Bedeutung der Kindererziehung und der mit ihr verbundenen Familien- und Hausarbeit auch in den eigenen Augen steigen. "Wenn es früher ein Erziehungsgehalt gegeben hätte, hätte mir das schon was gebracht. Es hätte mein Selbstbewußtsein ganz erheblich gestärkt" (Alleinerziehende, Sohn 10 Jahre). Zwar wird die Kindererziehung unabhängig vom Erziehungsgehalt von allen Befragten auch jetzt als "wichtiger Teil des Lebens" gesehen und sowohl für sich persönlich, wie auch für die Gesellschaft als wichtige und bedeutsame Aufgabe betrachtet. Aber man fühlt sich mit den damit verbundenen Sorgen und Einschränkungen von der "Gesellschaft" allein gelassen. Wertschätzung mache sich in unserer Gesellschaft eben häufig an dem Gegenwert in Geld fest.

5.3.1.2 Gemeinsame Verantwortung für die nächste Generation

Ein Erziehungsgehalt würde signalisieren, daß hier ein Umdenken stattfindet und die Verantwortung für die nächste Generation, die heute zu einem großen Teil vor allem in den Händen der Eltern liegt, auch gesamtgesellschaftlich stärker wahrgenommen und von allen getragen wird.

5.3.1.3 Erziehungsgehalt als Freistellung, nicht Entgelt

Im Gegenzug würde man sich als Eltern durch ein Erziehungsgehalt bei der Kindererziehung nicht nur wie bisher den eigenen Kindern gegenüber, sondern auch der Gesellschaft gegenüber mehr verantwortlich fühlen. Das Gehalt wird allerdings nicht als direktes Entgelt für eine erbrachte Leistung begriffen, wie es sonst im Berufsleben üblich ist. Das Erziehungsgehalt wurde sowohl von den Frauen als auch von den Männern mehr als eine Art Freistellung gesehen, mit der die Allgemeinheit es Eltern ermöglicht, in Ruhe und ohne finanzielle Nöte diese wichtige gesellschaftliche Aufgabe zu übernehmen, Kinder zu erziehen.

5.3.2 Innerfamiliäre Verhaltensänderungen

5.3.2.1 Realisierung des bestehenden und aus finanziellen Gründen zurückge stellten Kinderwunsches

Durchgehend wurde geäußert, daß man beim Bezug eines Erziehungsgehalts den schon bestehenden Kinderwunsch nach einem ersten oder aber auch nach weiteren Kindern wahrscheinlich realisieren würde. "Die Angst, allein dazustehen würde damit erheblich reduziert". Über den bestehenden Kinderwunsch hinaus wäre für die Befragten selbst das Erziehungsgehalt kein Anlaß, mehr Kinder als eigentlich gewünscht zu bekommen.

Selbst in einer nicht ganz stabilen Partnerschaft konnten die Frauen sich vorstellen, weitere Kinder auch mit alleiniger Verantwortung zu bekommen und zu erziehen. Denn häufig wurde der Mangel an Geschwistern bedauernd als Folge der finanzielle Unsicherheit hingenommen. "Man müßte nicht mehr reich sein, um sich Kinder leisten zu können!"

5.3.2.2 Bessere Nerven und mehr Zeit für Kinder

Nach Einschätzung der Befragten beeinflußt ein Erziehungsgehalt sicher nicht die eigenen Werte für die Kindererziehung. "Auch wenn ich mehr Geld hätte, sollen meine Kinder trotzdem nicht alles bekommen", aber es würde viele belastende Streßsituationen verhindern, die jetzt durch schwierige finanzielle Verhältnisse oder durch die Doppelbelastung von Eltern mit Familie und Beruf ausgelöst werden. Die entspanntere Atmosphäre innerhalb der Familie würde sich generell positiv auf den Erziehungsstil auswirken. "Ich hätte meinen Sohn so erziehen können, wie ich mir das wirklich vorgestellt hatte, mehr nach meinem eigenen Ideal als nach äußeren Zwängen. Ich hätte mein Kind weniger angeschrien und wäre insgesamt sehr viel gelassener gewesen" (Alleinerziehende). "In Phasen, wo man genervt ist, könnte einem das gut tun, man wäre entspannter" (Frau, in fester Partnerschaft lebend)

In den Fällen, in denen es das Erziehungsgehalt ermöglicht, die Arbeitszeit zu reduzieren, würde man die zusätzliche Zeit nützen, um sich bewußter um die Kinder zu kümmern oder sich auch intensiver mit pädagogischen Fragen zu beschäftigen. Dazu gehört auch, mehr als bisher an Elternabenden oder anderen schulischen Veranstaltungen teilzunehmen, um die man sich jetzt wegen zeitlicher Überlastung nicht kümmern kann. "Ich hätte Zeit für ‚Elterngeschichten' in der Schule. Ich könnte an Elternabenden teilnehmen, was dann wegen einer reduzierten Arbeitszeit möglich wäre" (Alleinerziehende).

5.3.2.3 Forcieren einer partnerschaftlichen Arbeitsteilung in der Familie

Bei zusammenlebenden Partnern würde bei sehr gutem Verdienst des Mannes in der Regel die Frau das ganze Erziehungsgehalt in Anspruch nehmen. Bei den Familien, die im durchschnittlichen Einkommensbereich liegen, und bei denen der Verdienst des Mannes nicht erheblich höher liegt als das Erziehungsgehalt, äußerten vor allem die Frauen den Wunsch, sich das Gehalt zu teilen, denn hier wäre ohne erheblichen Einkommensverlust eine Reduzierung der Arbeit des bisher verdienenden Partners möglich. Auf jeden Fall würden die Frauen darauf drängen, die familiäre und berufliche Arbeitsteilung bewußter abzusprechen. Einige Frauen streben an, daß zunächst der Mann, auch wenn er Alleinverdiener ist, seine Arbeit reduziert, um sich mehr in der Familie engagieren zu können, andere möchten sich mit ihrem Partner sowohl die Kindererziehung als auch die Berufstätigkeit mehr oder weniger paritätisch teilen. Das Erziehungsgehalt würde dann den im allgemeinen niedrigeren Verdienst der Frauen ausgleichen. Auf die familiäre Arbeitsteilung würde sich das Erziehungsgehalt allerdings nur in den Familien auswirken, in denen sich der Mann auch heute schon im Rahmen seiner zeitlichen Möglichkeiten an der Kindererziehung und am Haushalt beteiligt. In diesen Familien ist der Partner bereit, seine Berufstätigkeit zu reduzieren, um sich noch intensiver um die Kinder kümmern zu können.

5.3.2.4 Stärkung der Stellung der Frau durch finanzielle Unabhängigkeit

Ein außerordentlich wichtiger Gedanke war für alle Frauen die Tatsache, durch ein eigenes Gehalt sowohl während der Zeit der Kindererziehung, als auch später im Alter durch einen höheren Rentenanspruch vom Partner unabhängig zu sein. Dies gilt auch für die Frauen, die heute durch ihre Ehe oder feste Partnerschaft in finanziell gesicherten Verhältnissen leben.

Von Frauen wurde geschildert, daß sie mit einem eigenen Einkommen einen anderen Stand innerhalb der Familie hätten und sich insgesamt in ihrem Selbstwertgefühl und in ihrer Handlungsfreiheit nicht so eingeschränkt sehen würden, wie es jetzt häufig aufgrund der finanziellen Abhängigkeit der Fall ist. Dieses Gefühl ist besonders virulent, wenn es in der Ehe kriselt. Eine Frau schilderte das Motto ihres Ehemanns folgendermaßen: "Zieh doch aus und such dir eine eigene Wohnung, ich bleibe im Haus, das kann eh nur ich abbezahlen". In einem anderen Fall wurde bei einer Trennung als schmerzlich erlebt, daß der Mann selbstverständlich das Auto behalten wollte, weil er "es schließlich ja auch bezahlt habe!"

5.3.2.5 Stabilisierung der Partnerschaft oder schnellere Trennung?

Einige Antworten der Befragten deuten darauf hin, daß sich ein Erziehungsgehalt völlig unterschiedlich auf die Stabilität einer Partnerschaft auswirken kann. In der Regel erwarten die Befragten, daß sich manche Krisensituationen in den Partnerschaften erst gar nicht einstellen oder nicht dramatisch verschärfen würden, wenn die Partner nicht ständig in finanziell angespannten Situationen leben müßten oder mehr Zeit füreinander hätten (was eben auch eine Geldfrage ist). Ermöglicht würde das beispielsweise durch eine vermehrte Teilzeittätigkeit des Hauptverdieners oder beider Partner. Aber selbst wenn eine Reduzierung der Arbeitszeit für den Partner möglich ist, könnte sich eine Beruhigung und Entspannung für den Hauptnährer und damit für die Partnerschaft ergeben, weil nicht mehr die gesamte familiäre Existenz an seiner Berufstätigkeit hängt und bei eventueller Berufsunfähigkeit oder Arbeitslosigkeit die Existenz der gesamten Familie gefährdet ist. Familien mit geringem Einkommen könnten sich, durch das Erziehungsgehalt finanziell besser ausgestattet, häufiger eine professionelle Kinderbetreuung leisten, um zu zweit etwas zu unternehmen und sich nicht so auseinanderzuleben, bzw. um gesellschaftliche Kontakte wahrzunehmen und sich nicht so zu isolieren. Einige Befragten würde, bei entspannterer finanzieller Situation, viele Arbeiten in Haus und Garten und am Auto, die sie jetzt notgedrungen selber erledigen, dann lieber in Auftrag geben und sich während der Zeit lieber um die Familie kümmern.

Auf der anderen Seite kann man erwarten, daß manche Frauen, die heute aufgrund ihrer finanziellen Abhängigkeit in einer für sie unbefriedigenden Partnerschaft bleiben, bei sicherem Mindesteinkommen freier handeln könnten und eher zur Trennung bereit wären. Ebenso könnte es sein, daß Männer sich leichter aus der Partnerschaft lösen, wenn sie davon ausgehen können, daß die Kinder finanziell abgesichert sind.

5.3.3 Verhaltensänderungen im beruflichen Bereich

5.3.3.1 Verstärkter Wunsch nach Teilzeitarbeit

Zwei Drittel der Befragten, sowohl Frauen wie Männer, begrüßen die Möglichkeit, durch den Bezug eines Erziehungsgehalts ihre Berufstätigkeit für eine bestimmte Zeit reduzieren oder ganz unterbrechen zu können. Zu einer völligen Unterbrechung der Berufstätigkeit wegen Kindererziehung waren die befragten Männer nicht bereit. Hingegen begrüßen Frauen mit Kindern bis drei Jahren, die heute aus finanziellen Gründen berufstätig sein *müssen*, mit dem Erziehungsgehalt durchaus für sich die Möglichkeit, sich für einige Jahre, in der Regel bis zum Kindergartenalter der Kinder, ganz auf die Kinder zu konzentrieren. Eine Frau (3 Kinder und weiterer Kinderwunsch) könnte sich auch "Muttersein als Beruf" vorstellen, dies scheint jedoch eher die Ausnahme zu sein. Es besteht eindeutig eine Tendenz, sich Kindererziehung und Berufstätigkeit zu teilen. Es ist deshalb sehr wahrscheinlich, daß die Einführung eines Erziehungsgehalts zu einer erhöhten Nachfrage nach Teilzeitarbeitsplätzen führen würde.

Es wurde deutlich, daß der Arbeitsmarkt durch die Einführung eines Erziehungsgehalts vor allem dann stärker entlastet werden kann, wenn es auch in qualifizierteren Berufen zukünftig mehr Teilzeitarbeitsplätze gibt und bessere Einstiegschancen für ArbeitnehmerInnen, die ihre Berufstätigkeit zugunsten einer Familienarbeit unterbrechen. Als weitere wichtige Begleitmaßnahmen wurden, vor allem von den Frauen, flexiblere Arbeitszeiten angesehen, die den Frauen erlauben, ihre Arbeitszeiten nach den Bedürfnissen ihrer Kinder auszurichten.

5.3.3.2 Hohe Berufsorientierung und berufliche Weiterbildung für den Wiedereinstieg in den Beruf

Die durchweg geäußerte positive Einstellung zur Kindererziehung konkurriert nicht mit dem Wunsch der Frauen, auch berufstätig zu sein. "Kinder, Familie, Haushalt, Beruf und ich selber dürfen nicht zu kurz kommen, alles ist wichtig!" (Frau, verheiratet, drei Kinder unter 10 Jahren, ganztags berufstätig).

Vereinzelt im Westen, vor allem aber im Osten Deutschland wurden Bedenken geäußert, daß das Erziehungsgehalt ein Mittel sein könnte, die Frauen vom Arbeitsmarkt fernzuhalten. Das Verhalten der befragten Frauen deutet jedoch übereinstimmend darauf hin, daß die Frauen ihre Berufsorientierung durch ein Erziehungsgehalt nicht aufgeben würden, wohl aber ihre Berufstätigkeit freier und stärker zugunsten der eigenen Kinder gestalten würden, z.B. durch Teilzeitarbeit, Verzicht auf unbefriedigende Berufstätigkeit, Anstreben einer besseren Qualifikation mit besserer Bezahlung und mehr beruflichen Möglichkeiten.

Sobald die Kinder im Kindergartenalter sind, wollen fast alle Frauen die finanzielle Entspannung, die sich durch das Erziehungsgehalt bieten würde, auch nutzen, um sich nebenher beruflich weiterzubilden und ihre Berufschancen zu verbessern. So wären sie dank des Erziehungsgehalts in der Lage, sich die notwendigen zeitlichen Freiräume für die Weiterbildung zu schaffen, weil sie eine qualitativ gute und zeitlich flexible Kinderbetreuung engagieren könnten. Und manchen Frauen würde das Erziehungsgehalt helfen, die berufliche Weiterbildung zu bezahlen, die sie sich wünschen, und die sie sich beim jetzigen Familieneinkommen nicht leisten können.

5.3.3.3 Selbständigkeit als Alternative

Da die Einführung eines Erziehungsgehalts das Familieneinkommen erheblich verbessert, würden einige Befragte, sowohl Männer als auch Frauen, für sich auch die Möglichkeit sehen, parallel zur Erziehungszeit eine eigene freiberufliche Tätigkeit entwickeln zu können bzw. auch aus einem abhängigen Arbeitsverhältnis heraus den Sprung in eine eigene Existenz zu wagen. "Wenn es schon Anfang des Jahres ein Erziehungsgehalt gegeben hätte, hätte ich eine Hebammenpraxis eröffnet und mich beruflich profiliert". Dadurch würde der eigene Arbeitsplatz für jemand anderen frei werden und bei Erfolg der eigenen Existenzgründung könnte auch im eigenen Unternehmen der eine oder andere Arbeitsplatz zusätzlich entstehen.

5.3.3.4 Neuer Markt für qualitativ gute Kinderbetreuung

Bei der Diskussion um mehr Teilzeitarbeit waren sich die Befragten zwar einig, daß sich hierfür auch die strukturellen Bedingungen ändern müßten, aber sie sahen durchaus auch, daß widrige Bedingungen wie unflexible Arbeitszeiten auch damit kompensiert werden können, daß man sich mit Hilfe des Erziehungsgehalts professionelle Kinderbetreuung nach Bedarf leisten kann. Erwähnt wurden hier vor allem Tagesmütter für die Kleinkinder. Es bestand aber auch der Wunsch nach qualitativ besseren und flexibleren Kindergärten oder schulergänzender Kinderbetreuung, für die durch das Erziehungsgehalt ein neuer Markt entstehen könnte.

Vor allem die Frauen würden eine professionelle Kinderbetreuung nutzen, um Beruf und Kinder besser miteinander verbinden zu können. Sie sehen darin auch eine Möglichkeit, früher und regelmäßiger wieder berufstätig sein zu können und teilweise auch zu anderen Zeiten als bisher arbeiten zu können. Aus finanziellen Gründen sind einige Frauen jetzt zu den Zeiten berufstätig, wenn der Partner zuhause ist und sich um das Kind kümmern kann, z.B. abends oder am Wochenende, was erhebliche Probleme für die Partnerschaft mit sich bringen kann. Die professionellen Betreuungsmöglichkeiten, die verstärkt nachgefragt werden würden, würden von Tagesmutter, Krippe und Kindergarten über Hausaufgabenhilfe und Babysitter am Abend reichen. Die Betreuung bei Krankheit der Kinder ("Ambulante Erziehungsdienste") soweit dann die Eltern ersetzbar sind, könnte ein weiteres nachgefragtes professionelles Angebot sein, das die Berufstätigkeit der Frau ermöglicht.

Fast alle Befragten vermuten, daß eine erhebliche Nachfrageerweiterung nach professioneller, flexibler Kinderbetreuung einsetzen würde, was gerade im ErzieherInnenbereich zu mehr Arbeitsplätzen und auch zu neuen Existenzgründungen als Tagesmütter oder "ambulante(r) ErzieherIn" führen könnte.

5.3.4 Änderungen im Konsumverhalten

Die Befragten, die die finanzielle Absicherung durch das Erziehungsgehalt nutzen würden, um ihre Arbeitszeit zu reduzieren, hätten mit dem Erziehungsgehalt nicht mehr Geld als heute auch, und damit würde auch das Konsumverhalten gleich bleiben. Die Befragten, die sich davon eine Einkommenssteigerung erwarten, würden, abgesehen von Mehrausgaben für externe Kinderbetreuung, mehr "Produkte" für Kinder nachfragen. Es wurden qualitativ gute Ernährung, Kleidung, qualitativ hochwertiges Spielzeug und Unterricht (alternative und ergänzende Schulangebote, Instrumentalunterricht etc.) sowie kulturelle Ausgaben genannt.

5.3.5 Zusammenfassung

Ca. 90 % der Befragten würden die Einführung eines Erziehungsgehalts nach dem vorgestellten Modell sehr begrüßen. Überzeugende Gründe sind für sie

- die Wertschätzung von Kindererziehung durch die Gesellschaft und ihre Anerkennung als wesentlichen Beitrag für die Gesellschaft,
- das dadurch erhöhte Selbstbewußtsein des Elternteils, der diese Aufgabe übernimmt,
- die durch das Erziehungsgehalt ermöglichte finanzielle Unabhängigkeit der hauptsächlich Erziehenden und Absicherung der Familie, sowohl für die Zeit der Kindererziehung als auch im Alter,
- die dadurch mögliche Entspannung in Partnerschaften, die heute durch finanzielle Knappheit belastet sind,
- die damit verbundene größere soziale Gerechtigkeit.

Das Erziehungsgehalt könnte folgende Einstellungs- und Verhaltensänderungen bewirken:

- das persönliche Verantwortungsgefühl für die Kindererziehung würde steigen, weil es als gesellschaftliche Leistung auch anerkannt ist. Man würde sich von der Gesellschaft für die Kindererziehung "freigestellt" fühlen.
- Bestehender Kinderwunsch, der jetzt aus finanziellen Gründen oder wegen Unsicherheit in der Partnerschaft nicht erfüllt wird, würde eher realisiert.
- Das Erziehungsverhalten wäre entspannter und bewußter, man sähe mehr zeitliche und finanzielle Möglichkeiten, sich um pädagogische Fragen zu kümmern.
- In der Familie hätte die Frau eine stärkere Stellung hinsichtlich ihres Wunsches, sich die Arbeit in Familie und Beruf partnerschaftlich zu teilen, und sie würde diese Stellung auch nutzen. Partner, die sich auch bisher in der Kindererziehung engagieren, würden dies verstärkt tun.
- Sowohl Männer als auch Frauen würden mehr Teilzeitarbeitsplätze nachfragen.
- Der Wunsch nach Wiedereinstieg in den Beruf würde sich bei manchen Frauen hinausschieben, bei manchen früher realisiert werden, weil er dann durch eine professionelle Kinderbetreuung möglich wäre. Insgesamt ist bei den Frauen eine große Berufsorientierung deutlich. Die Frauen würden sich durch die Einführung eines Erziehungsgehalts nicht vom Arbeitsmarkt verdrängen lassen. Im Gegenteil: Sie sehen im Erziehungsgehalt auch eine Chance, ihre Berufschancen zu verbessern, indem sie sich gezielt und ohne Schaden für die Familie beruflich weiterbilden können.
- Die finanzielle Teilabsicherung der Familie würde die Realisierung des Wunsches, sich beruflich auf eigene Füße zu stellen, erheblich erleichtern und Berufsbiographien bunter machen als bisher.

- Qualitative, individuelle und flexible professionelle Kinderbetreuung würde erheblich mehr als heute nachgefragt werden.
- Das Erziehungsgehalt würde teilweise zur Reduzierung der Arbeitszeit, teilweise zur Ausweitung des Konsums bzw. zur Inanspruchnahme von Dienstleistungen genutzt werden, um mehr Zeit für Kinder und Partner zu haben.

Als Ergänzung vorgeschlagen wurden pädagogische Qualifizierungsmaßnahmen als Bedingung für den Bezug des Erziehungsgehalts; zumindest sollte die Bewilligung mit einer bewußten Unterrichtung über Sinn und Zweck dieses Gehaltes verbunden sein. Die Untersuchungsergebnisse stützen unsere Annahme, daß die Einführung eines Erziehungsgehalts *neue Arrangements zwischen familiärer Erziehungsarbeit und außerhäuslicher Berufstätigkeit* ermöglichen würde.

6 | Der "Erziehungsgutschein"

In Deutschland wird verglichen mit den meisten europäischen Nachbarländern viel zu wenig in die nachwachsende Generation investiert. Noch nicht einmal die (Grund-) Schulversorgung ist umfassend und familiengerecht organisiert, während bei vielen unserer Nachbarn die Ganztagsschule die Norm darstellt. Bildung und vor allem eine qualitativ gute pädagogische Begleitung werden aber angesichts der fundamentalen Veränderungen, mit denen sich nicht nur unsere Gesellschaft in den nächsten Jahren auseinanderzusetzen hat immer wichtiger. Sozialisations- und Bildungsdefizite lassen sich mit Hilfe institutioneller Kinderbetreuung ausgleichen und allen Kindern kann eine "Startchancengleichheit" gegeben werden, die sich letztlich positiv auf die gesamte Gesellschaft auswirkt. Das Erziehungsgehalt wie die Finanzierung vorschulischer Bildungsangebote sind unter diesem Blickwinkel als ein Bestandteil der Investitionen in die nachwachsende Generation zu sehen, die der Gesellschaft nicht gleichgültig sein darf.

Die Einführung eines Erziehungsgehalts wird schon dadurch Rückwirkungen auf die Finanzierung von pädagogischen Angeboten für Kinder bis zum Schuleintrittsalter haben, weil die Eltern über mehr Einkommen verfügen. Bei unveränderten Einkommensgrenzen für die Bemessung der Elternbeiträge würde der Anteil der Elternbeiträge an den Gesamtkosten von Kindertageseinrichtungen von derzeit etwa 10-20% voraussichtlich nicht unerheblich steigen.

Die staatliche Finanzierung der öffentlichen pädagogischen Angebote für kleine Kinder erweist sich als regional extrem unausgewogen. Nachdem durch die Reform des Kinder- und Jugendhilferechts ein Rechtsanspruch auf einen Kindergartenplatz geschaffen wurde, treten die Bildungsangebote im Vorschulbereich in das Licht der Sozialpolitik. Wir gehen davon aus, daß neue Finanzierungs- und Organisationsmodelle geboten sind. Das Erziehungsgehalt soll ausdrücklich die häusliche und die außerhäusliche Erziehungsarbeit in integrativer Weise betrachten.

Das Konzept "Erziehungsgehalt 2000" beteiligt sich an der gerade beginnenden und dringend erforderlichen bundesweiten Diskussion um den sozialen und wirtschaftlichen Stellenwert der Vorschulbildung. Technisch formuliert geht es um die Frage, ob und in welchem Umfang die bisherige *Objektförderung* - das heißt die öffentliche Hand finanziert die Einrichtungen direkt - durch eine *Subjektförderung* - das heißt die öffentliche Hand gibt den Nachfragern (hier: Eltern, Kinder) das Geld oder Gutscheine - ganz oder teilweise ersetzt werden sollte.

Zum Konzept "Erziehungsgehalt 2000" gehört deshalb die Möglichkeit der Inanspruchnahme eines "Erziehungsgutscheins", der sich zunächst auf das Kindergartenalter (4 bis 7 Jahre bzw. Schuleintritt) beschränkt. Der Erziehungsgutschein soll die durchschnittlichen Kosten einer qualifizierten Halbtagsbetreuung (ca. 5 bis 6 Stunden) decken. Im Kindergartenalter würde dann ein Teil des Erziehungsgehalts I nicht in bar, sondern in Form des Erziehungsgutscheins ausgezahlt. In Kapitel 2 wurde bereits erörtert, ob ein solcher Gutschein als Option oder obligatorisch konzipiert werden sollte. Es gibt Argumente für beide Lösungen. Ein obligatorisches Angebot des Erziehungsgutscheins würde die Voraussetzung schaffen, den Rechtsanspruch auf einen qualitativ hochwertigen Kindergartenplatz tatsächlich einlösen zu können. Die Einführung eines Erziehungsgutscheins würde zudem verhindern, daß Eltern einen ökonomischen Anreiz für den Verzicht auf einen Kindergartenplatz erhalten, wie dies der Fall wäre, wenn die Eltern frei zwischen Geld- und Sachleistung im Kindergartenalter wählen könnten. Ein solcher Anreiz könnte aus Sicht der Vorschulpädagogik auf keinen Fall befürwortet werden. Zu klein sind heute die Familien, zu groß die Sozialisationsdefizite, mit denen viele Kinder heute eingeschult werden.

In diesem Kapitel sollen nun einige Daten zur Inanspruchnahme und zur Kostenstruktur der öffentlichen Kinderbetreuung präsentiert und diskutiert werden, um darauf aufbauend zu einem Urteil hinsichtlich der Sinnhaftigkeit eines Erziehungsgutscheins zu gelangen.

6.1 Was kostet die außerfamiliäre Erziehungsarbeit vor der Schule?

Aufgrund der unterschiedlichen Kostenträger und der länderspezifischen Regelungen ist es momentan nicht möglich, eine einheitliche Datengrundlage zu den Kosten der Vorschulpädagogik für das gesamte Bundesgebiet zu erhalten. Wir beschränken uns daher einerseits auf die aggregierten Daten des Statistischen Bundesamtes, andererseits auf die wenigen zur Verfügung stehenden Erhebungen, die von Wohlfahrtsverbänden und Landesministerien vorgelegt wurden. Die aktuellsten Daten entstammen der Jugendhilfestatistik 1995 des Statistischen Bundesamtes, die wiederum auf Erhebungen zum Jahresende 1994 beruhen. Wir verwenden im folgenden die neuesten Fortschreibungen, die durch das Bundesamt im Rahmen verschiedener Sonderauswertungen erstellt werden.

Im Jahr 1995 wurden im Rahmen der Jugendhilfe insgesamt 18,3 Mrd. DM für Tageseinrichtungen für Kinder ausgegeben (Stat. Bundesamt 1997a, S. 14). Anfang 1998 wurde durch eine Sonderauswertung bekannt, auf welchen Teilbetrag sich die Kosten für Kindergärten belaufen. Dabei ist auch für die Diskussion um den Erziehungsgutschein wesentlich, daß das Statistische Bundesamt "Kindergärten" als *Tageseinrichtungen für Kinder zwischen vollendetem 3. Lebensjahr und Schuleintritt, die die Kinder über einen längeren Zeitraum regelmäßig mindestens halbtags pädagogisch betreuen*", definiert. Für das Jahr 1995 wurden als Nettoausgaben für Kindergärten in diesem Sinne 15,8 Mrd. DM errechnet (Stat. Bundesamt 1998, S. 59). Die Kosten für die Betreuung schulpflichtiger Kinder in Horte werden nicht gesondert aufgeführt, liegen jedoch absolut relativ niedrig. Damit entfällt der Restbetrag von etwa 2,5 Mrd. DM auf Kinderkrippen und Kindertagesstätten für Kinder unter 3 Jahren.

Was bedeuten diese Werte für die Möglichkeit, einen Erziehungsgutschein im Kindergartenalter einzuführen?

Sofern eine vollständige Umstellung von der Objekt- auf die Subjektförderung beabsichtigt wird, könnte man schematisch davon ausgehen, daß die gesamten Nettoausgaben für Kindergärten künftig nicht mehr über die Gebietskörperschaften und Zweckverbände an die Einrichtungen fließen, sondern über einen Erziehungsgutschein des Bundesfamilienfonds direkt von den Einrichtungen abgerufen werden. Während aber in Deutschland Schulen und Universitäten weit überwiegend durch die öffentlichen Haushalte (nach dem Objektprinzip) finanziert werden, leisten Eltern für Kindergärten bereits jetzt einen nicht unerheblichen Eigenbeitrag. So erreichen die Einnahmen aus Gebühren und ˙Entgelten für alle Kindertageseinrichtungen einen Betrag von jährlich 1,6 Mrd. DM (Stat. Bundesamt 1997a, S. 15). Seit 1996 werden in allen Bundesländern ständig die Elternbeiträge in erheblichem Umfang erhöht, ohne daß die Eltern dafür irgendeine (Subjekt-)Förderung erhalten.

Um entscheiden zu können, ob und in welcher Höhe ein Erziehungsgutschein die Kindergartenkosten abdeckt, sind Informationen über die tatsächlichen Kosten eines Kindergartenplatzes nötig. Diese liegen für das gesamte Bundesgebiet noch nicht vor, da sich die Rechtsgrundlagen zwischen den Ländern unterscheiden und die Harmonisierung der Datenerhebung, die durch die Reform des Kinder- und Jugendhilfegesetzes im Jahr 1996 gefordert wird, noch nicht abgeschlossen wurde. Man kann aber anhand einzelner Bundesländer einige Aussagen über die durchschnittlichen Kosten eines Kindergartenplatzes machen. So lagen beispielsweise die Betriebskosten für einen Kindergartenplatz (Regelkindergarten) in Baden-Württemberg 1994 bei rd. 437 DM pro Platz und Monat (vgl. *Tabelle 6*). Hinzu kommen investive Kosten vor allem für Kindergartenneubauten. Diese belaufen sich zusätzlich auf etwa 15 bis 20% der Betriebskosten, je nach Bundesland, Versorgungsquote und damit Neubaubedarf (vgl. Stat. Bundesamt 1997a, S. 14f)

Tabelle 6: Betriebskosten von Kindertagesstätten und Elternbeiträge in Baden-Württemberg (Stand 1994)

	DM pro Platz und Jahr/ pro Monat	DM öffentl.Hand/ Platz/Jahr/ pro Monat	Gebühren pro Monat (Elternbeiträge)	Kostentragung
Kinderkrippe 3 Gruppen je 10 Kinder	20.465/1.705	16.985/1.415	150 - 350 DM, höchstens 650 DM, Sozialstaffelung	Land 0%, Eltern 17%[1] Träger/Kommune 83%
Regelkindergarten 3 Gruppen je 20 Kinder	5.243/437	5.243/437	85 - 90 DM, Sozialstaffelung nach Kinderzahl[2]	Land 18%, Eltern 10% Träger/Kommune 72%[3]
Ganztageskindergarten 3 Gruppen je 20 Kinder	10.484/874	7.484/624	120 - 300 DM, höchstens 650 DM, Sozialstaffelung	Land 22%, Eltern 29%[4] Träger/Kommune 49%
Tagespflege		—	410 - 675 DM, je Betreuungsdauer/Alter	

[1] bei einer Gebühr von durchschnittlich 300 DM/Monat; [2] nach Empfehlungen der Kirchen und kommunalen Einrichtungen; [3] nach Städtetag Baden-Württemberg; [4] bei einer Gebühr von durchschnittlich 250 DM/Monat

Quelle: MfFFWK Baden-Württemberg 1995; eigene Berechnungen.

Auch die Betriebskosten variieren je nach Bundesland, Art der Betreuungseinrichtung, Zahl der Betreuungspersonen und Länge der Öffnungszeiten teilweise erheblich (vgl. Tabelle 3). In einer noch nicht veröffentlichten Untersuchung der Universität Bielefeld zu den Kosten eines Kindergartenplatzes werden beispielsweise für das Jahr 1994 höhere Betriebskosten als in Baden-Württemberg beobachtet. Timmermann und Bock ermittelten als Kosten für einen Kindergartenplatz für Kinder von 3 bis 6 Jahren ohne Mittagsbetreuung (Gruppen mit 25 Kindern und 2 ErzieherInnen) durchschnittliche monatliche Betriebskosten zwischen 520 DM und 533 DM. Am kostenintensivsten sind Plätze in kleinen altersgemischten Gruppen mit Ganztagsbetreuung (drei Betreuungspersonen für 15 Kinder, von denen die Hälfte weniger als drei Jahre alt sind). Hier betrugen die monatlichen Betriebskosten im Durchschnitt 1.534 DM pro Platz (vgl. Timmermann/Bock 1996, S. 4f.).

In diesem Zusammenhang sei auch auf die Kostenschätzung im Auftrag des Sonderausschusses "Schutz des ungeborenen Lebens" verwiesen, die von folgenden Kostengrößen ausgeht: durchschnittliche Betriebskosten für einen Ganztagesplatz 750 DM /pro Monat; für einen Regelplatz durchschnittlich 440 DM/pro Monat, zuzüglich der Investitionskosten (vgl. BMfFSFJ 1995). Im Bereich der Kinderkrippen liegen die Betriebskosten noch erheblich darüber: eine Aufstellung des Landeswohlfahrtsverbandes Baden-Württemberg bezifferte 1994 die Kosten für eine Ganztages-Betreuung bei 200 Betreuungsstunden pro Monat auf bis zu 1.800 DM pro Platz (vgl. Zimmermann-Fütterer 1994, S. 461).

Die Einführung des Rechtsanspruchs auf einen Kindergartenplatz ab dem 4. Lebensjahr birgt in einem Klima finanzpolitischer Restriktion die Gefahr einer Qualitätsverschlechterung. So erleichtert ein Fehlen bundesweit einheitlicher Maßstäbe - das

Kinder- und Jugendhilfegesetz enthält bisher keine nähere Qualitätsbestimmung eines Kindergartenplatzes (Personalausstattung, Ausbildungsstand etc.) - tendenziell eine Qualitätsminderung mit dem Verweis auf niedrigere Kosten in anderen Bundesländern. So sehen einzelne Kommunen bereits eine Betreuung von 15 Stunden wöchentlich oder auch darunter als ausreichend an (vgl. Bock 1997, S. 36). Die momentan schwierige Finanzsituation der Kommunen könnte dazu führen, daß gerade an diesem Punkt Einsparungen vorgenommen werden. Eine einseitige Fixierung auf die Kosten übersieht jedoch den Nutzen der öffentlichen Kinderbetreuung für die Gesellschaft.

Ein Erziehungsgutschein im Wert von ca. 600 DM pro Monat würde, wie die ausgewerteten Untersuchungen zeigen, in jedem Fall die vollen Kosten eines Kindergartenplatzes decken. Die öffentliche Hand kommt über diese Form der Subjektförderung der Verpflichtung nach, für das öffentliche Gut der Kindererziehung auch in Kindertageseinrichtungen die Grundversorgung zu gewährleisten. Zugleich wird ein Erziehungsgutschein die freie Wahl der Eltern zwischen verschiedenen Einrichtungsformen und damit die Effektivität der außerhäuslichen Kindererziehung verbessern.

6.2 Gleicher Zugang zu Kinderbetreuungseinrichtungen

Die gravierenden Unterschiede der Versorgungsquote mit Kindergartenplätzen zwischen den Bundesländern sind Anlaß, durch ein auf Bundesebene institutionalisiertes Erziehungsgehalt und die eventuelle Schaffung eines Erziehungsgutscheins mehr Mittel für Kinder und ihre Bildung bereitzustellen. So zeigen die Ergebnisse des Mikrozensus von 1995 für Brandenburg beispielsweise eine Versorgungsquote mit Plätzen in Kindergärten von 91,4%, während sie in Bremen 51,4% beträgt (vgl. Tabelle 7). Noch gravierender sind die Unterschiede bei der Versorgungsquote mit Krippenplätzen. Hier differieren die Zahlen zwischen einem Angebots- und Versorgungsgrad von 3,8% in den alten und von durchschnittlich 40,1% in den neuen Bundesländern (vgl. Tabelle 7, Kinder unter 3 Jahren).

In Deutschland standen im Jahr 1994, dem letzten Erhebungszeitpunkt, 3,05 Mio. Plätze in Tageseinrichtungen für Kinder zur Verfügung. Davon befanden sich 2,11 Mio. Plätze in den alten Ländern, mit 0,94 Mio. aber immerhin 30,8% in den neuen Ländern (einschl. Berlin-Ost) (vgl. Stat. Bundesamt 1996, S. 805), obgleich in den neuen Ländern nur 18% der Kinder in Deutschland unter 8 Jahren leben (vgl. Tabelle 7). Der erhebliche Rückgang von Plätzen in Tageseinrichtungen in den neuen Ländern um 23% zwischen 1990/91 und 1994 geht in erster Linie auf das Konto des noch stärkeren Geburtenrückgangs und der damit fehlenden Nachfrage.

Tabelle 7: Kinder in Kinderkrippen und Kindergärten nach Ländern 1995

Land	Kinder unter 8 Jahren[1]	Kinder von 3 bis unter 8 Jahren	Darunter in Kinderkrippen oder Kindergärten					
			zusammen		unter 3		3 bis unter 8	
	1000	1000	1000	%	in 1000	in %	1000	%
Baden-Württemberg	771	424	320	41,5	13	3,6	307	72,5
Bayern	874	494	341	39,1	11	2,9	330	66,9
Berlin (ges.)	214	124	114	53,5	22	24,2	93	74,7
Berlin-West	141	76	62	43,8	11	16,7	51	66,7
Berlin-Ost	73	48	53	72,0	11	43,0	42	87,6
Brandenburg	139	101	111	79,4	18	47,4	93	91,4
Bremen	40	22	12	29,3	-	-	11	51,4
Hamburg	107	60	44	41,4	6	12,1	38	64,5
Hessen	400	225	176	43,9	8	4,6	167	74,4
Mecklenburg-Vorpommern	99	71	71	72,1	10	34,3	62	87,3
Niedersachsen	561	328	214	38,2	8	3,5	206	62,9
Nordrhein-Westfalen	1222	665	394	32,2	13	2,4	381	57,2
Rheinland-Pfalz	266	152	121	45,5	6	4,8	116	75,9
Saarland	63	36	24	38,1	-	-	24	65,6
Sachsen	247	173	177	71,8	23	31,0	155	89,2
Sachsen-Anhalt	133	91	103	77,2	23	53,4	80	88,2
Schleswig-Holstein	197	113	77	38,9	-	-	74	65,6
Thüringen	126	86	91	72,4	15	38,2	76	88,3
Deutschland	5458	3164	2390	43,8	178	7,7	2213	69,9
Früheres Bundesgebiet	4641	2594	1784	38,4	78	3,8	1706	65,8
Neue Länder und Berlin-Ost	817	570	606	74,1	99	40,1	507	88,9

[1] = Ohne Kinder die bereits die Schule besuchen

Quelle: Statistisches Bundesamt 1997, *Jugendhilfestatistik 1995*, Ergebnisse des Mikrozensus

Eine Erhöhung des Angebots in den alten Bundesländern ist dringend geboten, wenn die grundgesetzlich geforderte Vergleichbarkeit der Lebensbedingungen in der Bundesrepublik eingehalten werden soll. Ein Erziehungsgutschein für Kinder im Kindergartenalter könnte zu einer erheblichen Nachfragesteigerung führen. Derzeit besuchen nämlich, vorrangig in einigen der alten Bundesländer, zahlreiche Kinder nur für ein Jahr unmittelbar vor der Einschulung einen Kindergarten. Die Ursache dafür ist im wesentlichen ein fehlendes Angebot an geeigneten Plätzen. Von daher ist es, folgt man den amtlichen Statistiken, erstaunlich, daß die 3,05 Mio. Plätze in Tageseinrichtungen nur von 2,39 Mio. Kindern belegt wurden, damit gut 21% der angebotenen Plätze leer stehen (- dieser aggregierte Leerstand ist in den neuen Ländern mit annähernd 36%

besonders hoch). Seitens des Statistischen Bundesamtes wird dies damit erklärt, daß die Zahl der verfügbaren Plätze der Erhebung bei den Einrichtungen entstammt, während die Zahl der Kinder in den Einrichtungen dem Mikrozensus entnommen ist, insoweit hochgerechnet und daher möglicherweise fehlerhaft sei.

Bereits diese unklare Datenlage zu Angebot und Inanspruchnahme von Plätzen in Kindertagesenrichtungen macht es erforderlich, die Idee eines "Erziehungsgutscheins" zum jetzigen Zeitpunkt sehr offen zu formulieren. Ebenso unklar ist die Datenlage im Bereich der heute von den Eltern bereits aufzubringenden Kostenanteile. In Tabelle 8 haben wir die verfügbaren Informationen über die Elternbeiträge für Kindergartenplätze zusammengestellt.

Tabelle 8: Kosten (Elternbeiträge) von Kindergartenplätzen in den Bundesländern

Bundesland	monatliche Höchstbeträge (in DM)		Regelung
	halbtags	ganztags	
Baden-Württemberg	86	660	Keine Vorgaben durch die Landesregierung; empfohlen wird 15-20% der Kosten durch die Elternbeiträge zu decken
Bayern	142	190	Gebühren können nach Einkommensgruppen oder Zahl der Familienangehörigen differieren; Staffelung wird nicht vorgeschrieben
Berlin	165	560	Einkommensabhängige Staffelung
Brandenburg	324	432	Betriebskostenzuschuß durch die Eltern; Staffelung nach Einkommen der Eltern, dem Alter und der Zahl der unterhaltsberechtigten Kinder
Bremen	220 (349)[1]	460 (619)	Staffelung der Beiträge orientiert sich an Einkommen und Zahl der Familienangehörigen
Hamburg	450	750	Staffelung der Beiträge orientiert sich an Einkommen und Zahl der Familienangehörigen
Hessen	182	350	Staffelung der Beiträge nach Einkommensgruppen und Kinderzahl möglich; keine Landesregelung
Mecklenburg-Vorpommern	107	178	Landesweit einheitliche Beiträge; Eltern zahlen einen Betriebskostenbeitrag von max. 30%, der je nach Einkommen und Zahl der Familienmitglieder bezuschußt werden kann
Niedersachsen	216 (330)	433 (550)	Kommunen sind verpflichtet, von den Eltern gestaffelte Beiträge, unter Berücksichtigung von Einkommen und Zahl der Familienmitglieder, einzufordern
Nordrhein-Westfalen	290	450	Staffelung einkommensabhängig; Geschwisterkinder sind beitragsfrei
Rheinland-Pfalz	96	159	Einkommensunabhängig, aber abhängig von der Zahl der Familienangehörigen
Saarland	131	237	Eltern tragen bis zu 25% der Personalkosten;
Sachsen	90	180	Landesweit einheitliche Beiträge; Alleinerziehende erhalten auf Antrag zusätzlich 10% Ermäßigung
Sachsen-Anhalt	120	250	Pauschale Förderung vom Land pro Platz von 371,92 und der Kommune/Stadt von 285,96; Eltern und Träger teilen den Rest
Schleswig-Holstein	270	430	individuelle Beitragsermäßigungen sind möglich
Thüringen	272	340	Soziale Staffelung ist vorgeschrieben; Eltern müssen max. 50% der Betriebskosten tragen

[1] = Zahlen in Klammern Höchstbeträge für Kindergartenplätze aus der AWO-Ländersynopse

Quellen: Bussenius 1998, S. 31; AWO 1997, eigene Berechnungen.

Diese Übersicht macht deutlich, daß auch im Bereich der Kostentragung von einheitlichen Lebensbedingungen in Deutschland nicht die Rede sein kann. Es handelt sich dabei aber nicht nur um eine Verletzung der Verfassung, die erstaunlicherweise bisher noch nicht thematisiert wurde. Vor allem drücken diese erheblichen Divergenzen aus, daß die Kindergartenplätze und ihre Kosten bisher kein Terrain der Sozialpolitik geworden sind. Die Diskussion um einen Erziehungsgutschein - als Bestandteil einer Aufwertung der Erziehungsarbeit - wird dies sicherlich ändern.

6.3 Bedarfsstrukturen und Nutzen der Vorschulpädagogik

Die öffentliche Diskussion um einen Rechtsanspruch auf einen Kindergartenplatz hat gezeigt, daß gesamtgesellschaftlich ein Konsens über dessen Notwendigkeit besteht. Nicht nur die Veränderung familialer Lebensformen, sondern auch die damit verbundene Tendenz zu immer geringeren Kinderzahlen machen es erforderlich, Kindern auch außerhalb des Familienzusammenhangs soziale Erfahrungsfelder mit anderen Kindern zu eröffnen.

Die Eltern wollen überwiegend und vermehrt bei Ihren Kindern sein, sofern diese unter zwei oder drei Jahre alt sind. Ihnen geht es um die Gewährleistung primärer Sicherheitserfahrungen, um die verbindliche Nähe eines oder weniger Erwachsener als bestmögliche Voraussetzung der kindlichen Entwicklung.

Angesichts der Zunahme von Ein-Kind-Familien und der geänderten Lebensstile sehen Eltern und professionelle Pädagogen aber auch, daß Kinder zunehmend außerfamiliäre gemeinschaftliche Erfahrungsfelder benötigen. Darüber hinaus macht die Erwerbsorientierung der Eltern - praktisch vor allem ein Problem für die Mütter - die zumindest teilweise Entlastung von der Erziehungstätigkeit notwendig (vgl. Kirner 1990, Engelbrech/Jungkunst 1998). Es müssen Möglichkeiten gefunden werden, die Vereinbarkeit von Berufs- und Familienwelt - für Frauen und Männer - mit ihren je spezifischen Erfordernissen zu gewährleisten.

Der Vorschlag "Erziehungsgehalt 2000" ermöglicht beides. Im Interesse der Kinder und im Interesse der Erziehenden soll eine größtmögliche Wahlfreiheit in der Betreuungsform gewählt werden können. Da es keinen gesamtgesellschaftlichen Konsens darüber gibt, öffentliche Betreuungsangebote für Kinder im Säuglings- und Kleinkindalter (unter 3 Jahren) in großem Umfang vorzuhalten, soll durch ein Erziehungsgehalt die Entscheidung in die Hände der Eltern gelegt werden. Es bleibt darüber hinaus den politischen Entscheidungen in den Kommunen und Ländern überlassen, über ein Erziehungsgehalt hinaus investive und laufende Mittel für Kindertagesstätten mit Kindern unter 3 Jahren bereitzustellen. Insbesondere für Alleinerziehende oder Eltern in besonderen Bedarfssituationen (Ausbildung etc.) kann dies politisch und auch pädagogisch gut begründet werden.

Für Kinder im Kindergartenalter würde ein Erziehungsgutschein auf einem allgemein anerkannten Bedarf aufbauen. Die Kombination von Erziehungsgutschein und (deutlich höherem Anteil) der Barleistung des Erziehungsgehalts - im hier vorgeschlagenen Modell ca. 600 DM Erziehungsgutschein und 1.400 DM Erziehungsgehalt für das jüngste Kind - drückt aus, daß es nicht darum gehen darf, alle gesellschaftlichen Mittel auf die öffentlichen Erziehungsangebote zu konzentrieren.

6.3.1 Nutzen öffentlicher Kinderbetreuung

Über die Notwendigkeit der Investition in das Humanvermögen einer Gesellschaft hinaus geht es auch um den - empirisch zwar schwer nachweisbaren - positiven Nutzen einer qualitativ zufriedenstellenden sowie die schwerwiegenden Folgekosten einer qualitativ unzureichenden Kinderbetreuung im Vorschulalter. Anhand empirischer Studien für die USA läßt sich zeigen, daß eine institutionelle Betreuung von Kindern positive Effekte für die gesamte Gesellschaft mit sich bringt. So wird in diesen Studien beispielsweise auf eine geringere Sozialhilfeabhängigkeit der Kinder im späteren Leben und eine niedrigere Kriminalitätsrate verwiesen (vgl. Bock 1997, Kreyenfeld u.a. 1997).

Eine Aufgabe der öffentlichen Förderung von Kinderbetreuungseinrichtungen besteht zudem darin, die "Startchancengleichheit von Kindern" (vgl. Kreyenfeld/Wagner 1997, S. 12) zu ermöglichen, damit Sozialisations- und Bildungsdefizite ausgeglichen werden können. Kreyenfeld und Wagner verweisen in ihrem Beitrag auf empirische Studien, die belegen, "daß die institutionelle Betreuung von Kindern aus sozial benachteiligten Schichten positive Effekte auf ihre Entwicklung hat" und "daß der Kindergartenbesuch von Kindern aus ausländischen Haushalten die Wahrscheinlichkeit erhöht, daß diese Kinder die Realschule oder das Gymnasium besuchen. Das Ziel der Integration ausländischer Mitbürger kann also durch das ‚Instrument' Kindergartenbesuch gefördert werden" (a.a.O.). Abbildung 15 gibt einen Überblick über monetäre und nicht-monetäre Nutzen öffentlicher Kinderbetreuung.

Abbildung 15: Gesellschaftlicher Nutzen öffentlicher Kinderbetreuung

Nutznießer	monetärer Nutzen	nicht-monetärer Nutzen
die Kinder	kein direkter bzw. unmittelbarer monetärer Nutzen wegen des kumulativen Charakters von Lernen, Entwicklung und Bildung; allerdings Erhöhung der späteren Chancen auf höheres Einkommen möglich	Schutz- und Schonraum, Förderung der kognitiven, psychosozialen Entwicklung, Sozialisationsfeld zum Erwerb von Normen, Aufbau von Freundschaften, Beteiligung an Kultur, Kompensation von Erziehungsmängeln in der Familie
die Geschwisterkinder	kein monetärer Nutzen	ältere Geschwisterkinder: Ruhe, mehr Aufmerksamkeit durch Eltern; jüngere Geschwisterkinder: Anregungen durch Kindergartenkind, mehr Aufmerksamkeit durch Eltern
die Eltern/Mütter	Möglichkeit zur Berufstätigkeit, eigenes/ höheres Einkommen, Erwerb von Rentenansprüchen	Ruhe, Zufriedenheit und Selbstbewußtsein durch Erwerbsarbeit, Entlastung, Zeit für sich und eigene Interessen
Erzieherinnen/ Tagesmütter/ Babysitterinnen/ Kinderfrauen	Beruf, Erwerbstätigkeit, Einkommen	Freude, Zufriedenheit, gesellschaftliche Integration
die Träger	staatliche Zuschüsse	soziales Image, Reputation, Vermittlung sozial- und familienpolitischer Ziele
die Schulen	indirekt durch weniger "Sitzenbleiber", weniger Sonderschüler	lernfähige, motivierte Schulanfänger
die Gesellschaft	höheres Produktivitätsniveau, höheres Sozialprodukt durch Erwerbstätigkeit von Müttern und Erzieherinnen sowie später durch die Kinder	Normenstabilität, soziales Klima, politische Stabilität, vermiedene Kosten (Kriminalität)

Quelle: Bock 1997, S. 42

Diese Punkte machen deutlich, wie vielfältig die direkten und indirekten Folgewirkungen von Kinderbetreuung für eine Gesellschaft sind und wie wichtig es ist, bei der Diskussion um die entstehenden Kosten die damit verbundenen Nutzen nicht zu vernachlässigen. Es muß daher im Interesse eines jeden Einzelnen sein, daß die durch Kinderbetreuung entstehenden Kosten von der Allgemeinheit mit getragen werden.

6.3.2 Objekt- oder Subjektförderung?

Da im vorliegenden Gutachten die Einführung eines steuer*freien Erziehungsgutscheins* in Höhe von ca. 600 DM erwogen wird, sollen zusammenfassend die in der derzeitigen Diskussion um eine Subjekt- oder Objektförderung außerhäuslicher Kinderbetreuung aufgeführten Vor- und Nachteile skizziert werden. Die bislang bestehende Objektförderung gewährt den *Anbietern* von Kinderbetreuungseinrichtungen Subventionen. Die Hauptlast tragen im Moment die Kommunen. Ein entscheidender Einwand, der gegen die bestehende Objektförderung genannt wird, ist ihre zu geringe Nachfrageorientierung. Eltern als *Nachfrager* haben nur begrenzt Möglichkeiten Einfluß auf die Qualität oder auch die Quantität (z.B. Öffnungszeiten) der Einrichtungen zu nehmen. Durch die Einführung eines *Erziehungsgutscheins* (oder eines *Betreuungsgutscheins* wie ihn Kreyenfeld u.a. fordern) sollen mehr Flexibilität und größere Mitbestimmungsmöglichkeiten für Eltern geschaffen werden. Wenden wir uns zuerst den Argumenten zu, die *für* eine Umstellung auf Subjektförderung der öffentlichen Kinderbetreuung im Vorschulalter sprechen:

- eine integrierte Betrachtung der häuslichen und außerhäuslichen Erziehungsarbeit (Entwicklung des "Humanvermögens"),
- die Steigerung der Wahlfreiheit der Eltern,
- ein Beitrag zur Kostenwahrheit,
- die Flexibilisierung der Öffnungszeiten,
- eine Erhöhung der Qualitätsstandards und
- voraussichtlich eine Vergrößerung des Angebots durch mehr Wettbewerb (vgl. Dettling 1996).

Diese Argumente gehen davon aus, daß sich durch eine Subjektförderung ein "Markt für Kinderbetreuung" (vgl. Kreyenfeld u.a. 1997, S. 27) bilden kann, der sich an den Bedürfnissen der Nachfrager, also der Eltern und deren Kindern, orientiert und damit eine deutliche Verbesserung der derzeitigen Versorgungssituation erreicht werden könnte.

Am Beispiel Großbritanniens, wo unter der konservativen Regierung probeweise ein *Kinderbetreuungsgutschein* eingeführt wurde, zeigte sich indes, daß es privaten Anbietern kaum gelang, auf dem Markt Fuß zu fassen. Insoweit sind die Befürchtungen, durch ein Gutscheinsystem würde eine radikale Vermarktlichung der öffentlichen Kinderbetreuung eingeläutet, nicht unbedingt berechtigt. Die Erfahrungen mit Gutscheinsystemen machen aber deutlich, daß von staatlicher Seite erhebliche Gestaltungsaufgaben geleistet werden müssen, "wenn der Staat die Rolle des ‚öffentlichen Produzenten' verläßt und zum ‚Regulator' des Marktgeschehens wird" (Kreyenfeld 1998, S. 17). Dies sind im übrigen auch die Erfahrungen, die die Stadt Stockholm mit der Einführung eines Gutscheinsystems im Bereich der Kindergärten gemacht hat (vgl. Evers/Leichsenring 1996). Die Aufgabe, einen klugen Mix zwischen verschiedenen Steuerungsformen (Markt, Staat, gemeinnützige Täger, private Haushalte) zu erreichen, stellt sich aber nicht nur im Bereich der öffentlichen Kinderbetreuung. Ganz ähnliche Probleme bestehen in anderen Feldern sozialer und gesundheitlicher Dienstleistungen, wie zuletzt die Einführung der gesetzlichen Pflegeversicherung gezeigt hat. Auch im Pflegebereich müssen häusliche und außerhäusliche Arbeitsleistungen gleichermaßen anerkannt werden, damit die Pflegebereitschaft der Familien gestützt und nicht gefährdet wird. Die jetzigen Regelungen in Deutschland sind in dieser Hinsicht leider wenig hilfreich, wie wir in Kapitel 3 kurz erwähnt haben.

Eine Umstellung auf Subjektförderung erfordert von daher einen sorgfältigen Blick auf die möglichen Gefahren, die mit einem Systemwechsel verbunden sein können, beispielsweise

- Probleme bei der Festlegung von Qualitätsstandards und deren Kontrolle,
- ein Versagen der angenommenen Marktmechanismen (z.B. durch neue Monopolbildung privater Anbieter),
- eine Erhöhung der tatsächlichen Kosten für die Eltern (sofern der Erziehungsgutschein nicht die Kosten decken würde) oder auch
- eine Verschlechterung der Betreuungssituation vor allem in Ostdeutschland, wie bereits jetzt befürchtet wird.

Eine sehr schnelle Umstellung auf Subjektförderung kann zu erheblichen Verwerfungen und zu Allokationsproblemen mit nicht beabsichtigten Nebenfolgen führen. So ist aufgrund der momentanen Finanzsituation zu befürchten, daß die Gesellschaft in noch geringerem Maße in die Kinderbetreuung investiert und eine Umstellung auf Subjektförderung nur unter dem Gesichtspunkt von Sparüberlegungen erwogen wird, anstatt hierin die Chance für eine gebotene Qualitätsverbesserung zu erkennen (vgl. für Ostdeutschland Sturzbecher u.a. 1997).

Die Umstellung von der Objekt- auf die Subjektförderung der öffentlichen Kinderbetreuung eröffnet den Eltern nur dann mehr Nachfragemacht, wenn die finanziellen Ressourcen ausreichen und tatsächlich Wahlmöglichkeiten bestehen. Angesichts der beträchtlichen Kosten der Kinderbetreuung wäre eine radikale Umstellung von Objekt- auf Subjektförderung zum jetzigen Zeitpunkt nur möglich, wenn hierüber ein gesellschaftlicher Konsens erzielt werden kann. Zudem wären die Effekte einer Umstellung für die beiden Varianten des Erziehungsgehalts - der erwerbszeitunabhängigen wie der erwerbszeitabhängigen - sehr unterschiedlich: bei der erwerbszeitunabhängigen Variante ist eine weitgehende Umstellung aufgrund der relativ hohen Pauschalbeträge des Erziehungsgehalts durchaus möglich. Demgegenüber sind bei der erwerbszeitabhängigen Variante die Umstellungsmöglichkeiten nur bei den Kindergartenkosten gegeben.

Soll eine mittelfristige Umstellung auf Subjektförderung tatsächlich die mit ihr verbundenen Vorteile erreichen, müßten vorab in einem öffentlichen Diskurs Maßnahmen diskutiert werden, die die genannten Probleme berücksichtigen. Ein reines Scheckmodell für den Krippen- und Kindergartenbereich widerspricht in jedem Falle dem Ziel der Wahlfreiheit zwischen häuslicher und außerhäuslicher Erziehungsarbeit.

7 | Wege zur Finanzierung des Erziehungsgehalts

Mag die inhaltliche Begründung für die Einführung eines Erziehungsgehalts bis hierhin noch so überzeugend ausgefallen sein, so scheint doch der Lakmustest seiner politischen Brauchbarkeit in der Präsentation eines überzeugenden Finanzierungskonzeptes zu liegen. Selbst wenn alle politischen Lager davon überzeugt sein sollten, daß ein Erziehungsgehalt ein geeignetes Instrument zur wirtschaftlichen Besserstellung der Familien und zur Aufwertung der zukunftsnotwendigen Erziehungsarbeit darstellt, so hätte es vorläufig geringe Realisierungschancen, wenn dessen Einführung zu einem relevanten Anstieg der Steuer- und Abgabenbelastung aller Bürger führen würde. Ein großer Teil der Berechnungen, die im folgenden präsentiert werden, sind vom Deutschen Institut für Wirtschaftsforschung (DIW) Berlin durchgeführt worden (vgl. DIW 1998). Das Berliner Wirtschaftsforschungsinstitut hat im Rahmen eines Unterauftrages einerseits Berechnungen zu den Kosten des Erziehungsgehalts in seinen beiden Hauptvarianten (erwerbszeitunabhängig/erwerbszeitabhängig) und andererseits zu Kernelementen seiner Finanzierung vorgenommen. Diese betreffen die auf dem Erziehungsgehalt liegende Einkommenssteuer, staatliche Einsparbeträge beim Erziehungsgeld, bei der Sozialhilfe, Arbeitslosenhilfe und beim Wohngeld sowie zusätzliche Einnahmen bei der Mehrwert-, Lohn- und Einkommenssteuer aufgrund Erziehungsgehalt-bedingter Nachfragesteigerungen und der von diesen ausgelösten expansiven Effekte auf die Gesamtwirtschaft. Weitere Berechnungen beziehen sich auf Einsparmöglichkeiten in der Arbeitslosenversicherung durch positive Arbeitsmarkteffekte und auf Einsparpotentiale durch die Abschaffung des Ehegattensplittings für bestimmte Gruppen.

Die Berechnungen und Abschätzungen zur Höhe der Erziehungsgehaltszahlungen in seinen beiden Varianten basieren auf Daten des Sozio-ökonomischen Panels (SOEP). Das SOEP wird durch das DIW seit 1984 (seit 1990 auch in den neuen Bundesländern) jährlich als repräsentative Wiederholungsbefragung bei über 13.000 erwachsenen Personen in Privathaushalten durchgeführt (vgl. Projektgruppe Panel 1995). Ausgewertet wurde für das vorliegende Gutachten die Befragung, die im Jahr 1996 erhoben wurde.

Unter Finanzierungsgesichtspunkten gehen wir davon aus, daß das Erziehungsgehalt in einem Mehrphasen-Konzept eingeführt werden muß. In der 1. Phase sollte ein deutlicher Fortschritt gegenüber dem heutigen Status quo erreicht werden. Das wäre der Fall, wenn eine Finanzierung des Erziehungsgehalts für Familien mit Kindern im Alter von 0 bis 3 Jahren sichergestellt werden könnte. Nach der Verwirklichung dieser ersten Phase wären alle politischen Anstrengungen darauf zu richten, Schritt für Schritt das Erziehungsgehalt auf Familien mit Kindern im 4., dann 5. und schließlich 6. Lebensjahr bis zur Erreichung des Schuleintrittsalters auszudehnen. Erst wenn dies bei entsprechender politischer Priorität für Mittelverlagerungen zugunsten von Familien in Erziehungsverantwortung gelungen ist, ginge es dann um die weitere Umsetzung des

Konzeptes in Richtung Erziehungsgehalt II, dessen Kern eine Mindesteinkommenssicherung für die primäre Erziehungsperson darstellt. Es sind diverse Kombinationsmöglichkeiten zwischen Erziehungsgehalt I und II denkbar. Eine Option läge auch - bei extremen zukünftigen Finanzierungsengpässen - in einer Vorverlagerung von Erziehungsgehalt II auf Eltern mit Kindern ab dem 4. Lebensjahr, um diesen Eltern zumindest vorläufig eine (bedarfsabhängige) Mindesteinkommenssicherung anbieten zu können.

7.1 Kerndaten zur Struktur privater Haushalte, zur Einkommenssituation und Erwerbsorientierung

In Tabelle 9 ist die Struktur der Haushalte mit Kindern im Alter von 0 bis 18 Jahren nach der Lebensführung der Erziehenden (verheiratet, zusammenlebend und alleinerziehend) und dem Alter der Kinder wiedergegeben. Dazu kommen noch die Haushalte, in denen keine Kinder (mehr) leben. Von den 36,2 Mio. privaten Haushalten mit Frauen oder Kindern haben 71,4% keine Kinder (mehr) im Haushalt. Nicht erfaßt sind Haushalte von alleinlebenden Männern, da diese in der Regel keine Kinder erzogen haben und deshalb auch nicht für eine Grundsicherung für Erziehende in Frage kommen. In nur knapp 30% der erfaßten Haushalte leben Kinder (insgesamt 16,2 Mio.) unter 18 Jahren. In 80% der Haushalte sind die Eltern verheiratet, in einem Achtel der Haushalte mit Kindern ist die Erziehende eine alleinerziehende Frau, in weniger als 1% ist der Erziehende ein alleinerziehender Mann.

Tabelle 9: Haushaltsstruktur 1996 nach Anzahl der Kinder

Haushaltstyp	Hochgerechnet in 1000 (1)	Anteil von allen Haushalten in vH (2)	Durchschnittliche Anzahl der Kinder bis 18 Jahre im Haushalt (3)	Anzahl der Kinder bis 18 Jahren in 1000 (4)	Alter der Frau bei Geburt des jüngsten Kindes (5)	Alter der Frau (6)
A. Haushalte mit Kindern im Alter von 0 bis 18	10.375	28,6	1,6	16.187	28,3	36,1
A.1. Verheiratete	8.307	22,9	1,6	13.408	28,7	36,4
nur Kinder 0 bis 7	3.019	8,3	1,5	4.363	28,2	31,2
Kinder 0 bis 7 und von 8 bis 18	1.486	4,1	2,6	3.829	30,5	35,2
nur Kinder 8 bis 18	3.803	10,5	1,4	5.216	28,4	40,9
A.2. Zusammenlebende	657	1,8	1,4	948	25,8	32,2
A.3 Alleinerziehende Frauen	1.313	3,6	1,3	1.715	27,4	36,8
Kinder 0 bis 7	363	1,0	1,2	430	23,9	27,7
Kinder 0 bis 7 und von 8 bis 18	78	0,2	2,7	208	30,0	34,7
Kinder 8 bis 18	872	2,4	1,2	1.077	28,6	40,8
B. Haushalte ohne Kinder unter 18	25.855	71,4	-	-	29,1	57,7
B.1. Mütter ≤ 60 J., Kinder älter als 18	5.794	16,0	-	-	26,3	52,5
B.2. Frauen ohne Kinder[1]	5.160	14,2	-	-	-	34,5
B.3. Frau ≥ 60 J. o. HH ohne Frauen	14.901	41,1	-	-	31,0	72,6
Insgesamt	36.230	100,0	1,6	16.187	28,7	50,7

[1] und Frau ist 60 Jahre oder jünger.   Datenbasis: SOEP 1996, eigene Berechnungen.
Quelle: DIW 1998

Die Haushalte der alleinerziehenden Männer wurden in die weiteren Auswertungen nicht einbezogen, da die geringe Fallzahl eine weitere Berücksichtigung nicht zuließ. Ebenfalls wegen der geringen Fallzahl wurden die zusammenlebenden und die verheirateten Erziehenden zusammengefaßt, denn eine Erfassung der Erwerbsarbeitszeiten setzt eine ausreichend große Fallzahl voraus.

Tabelle 10: Erwerbszeitstruktur der Mütter

Haushaltstyp	Zahl der Haushalte in 1000 [2]	nicht erwerbstätig	darunter arbeitslos	abhängige Beschäftigung [3]						Selbständige
				insgesamt	1 bis u. 6 Std.	6 bis u. 12,5 Std.	12,5 bis u. 20 Std.	20 bis u. 35 Std.	35 u. mehr Std.	
	(1)	(2)	(3)	(4)	(5)	(6)	(7)	(8)	(9)	(10)
Verheiratete und Zusammenlebende				-v.H.-						
Kinder 0 bis 7	3.327	62,8	6,3	32,5	(0,7)	(3,1)	11,6	7,7	9,5	(4,7)
Kinder 0 bis 7 und von 8 bis 18	1.583	51,5	(5,9)	44,6	(2,8)	(8,2)	(8,5)	13,1	12,0	(3,8)
nur Kinder 8 bis 18	4.055	30,6	8,3	61,0	(0,6)	7,7	10,9	16,4	25,4	8,4
Alleinerziehende Frauen										
Kinder 0 bis 7	363	(56,4)	(24,0)	43,5	-	(5,5)	(3,5)	(12,0)	(22,5)	-
Kinder 0 bis 7 und von 8 bis 18	78	(44,9)	(7,7)	(37,9)	(0,4)	(9,6)	(14,2)	-	(13,7)	(17,2)
nur Kinder 8 bis 18	872	26,4	(9,5)	67,0	(0,7)	(1,1)	(6,9)	(19,1)	39,0	(6,6)

[1] Anteile bezogen auf die jeweiligen Haushalte, Spalte (1) [2] Hochgerechnet [3] Tatsächliche Erwerbsarbeitszeit je Woche ( ) Fallzahl unter 30
Datenbasis SOEP 1996, eigene Berechnungen.

Quelle: DIW 1998

In Tabelle 10 werden die Haushalte mit Kindern nach der Erwerbsbeteiligung der in dem Haushalt lebenden Frauen und Männer erfaßt. Knapp 45% der Frauen in diesen Haushalten sind nicht erwerbstätig, bei den Männern sind es nur 7%. Selbständig sind sowohl bei den Männern als auch bei den Frauen rund 6%. Abhängig beschäftigt sind knapp 90% der Männer und knapp 50% der Frauen, wobei die Erwerbsbeteiligung der Frauen sich von der der Männer sehr stark unterscheidet. Männer sind überwiegend vollzeitbeschäftigt, die Verteilung der Erwerbszeiten der kindererziehenden Frauen ist aus Tabelle 10 zu ersehen. Das Ausmaß des Erwerbszeiteinsatzes hängt vor allem vom Alter des/der Kind(es)er und davon ab, ob die Mutter mit einem Partner zusammenlebt oder alleinerziehend ist (vgl. Abbildung 16).

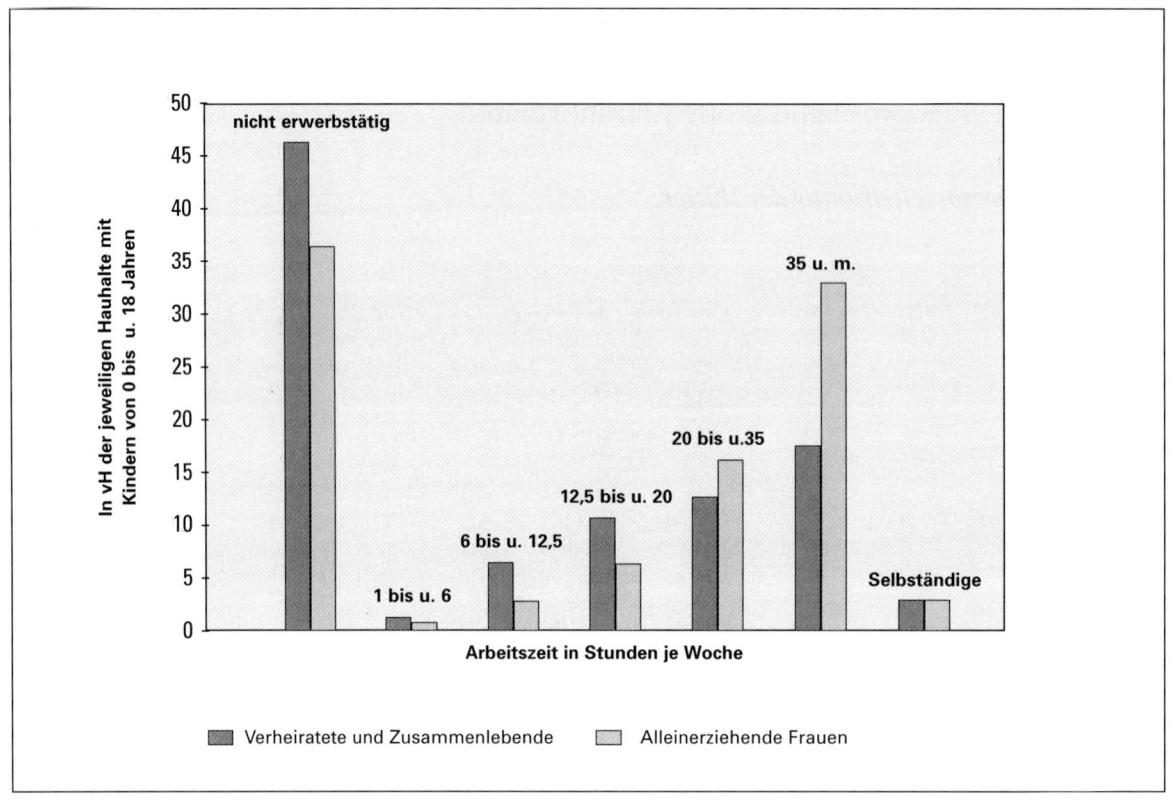

Abbildung 16: Erwerbsstruktur von Müttern mit Kindern im Alter von 0 bis 18 Jahren

Quelle: DIW 1998

Eine Erfassung der wöchentlichen Arbeitszeit oberhalb von sechs Stunden im zwei-Stunden-Abstand war wegen der geringen Fallzahlen nicht möglich. Statt einer zwei-Stunden-Kategorisierung wurde eine Abstufung in Form von fünf Arbeitszeitklassen gewählt. Selbst bei dieser Klassenbegrenzung liegt die Fallzahl in einigen Fällen noch unter 30.

Für die Berechnung des Erziehungsgehalts II, d.h. unter Anrechnung der Höhe der sonstigen Einkünfte, wurden für die oben angegebenen Haushaltstypen die Einkommen je erwerbstätiger Frau, Mann und je Haushalt ermittelt. Ebenfalls erfaßt wurden die Vermögens- und Transfereinkommen je Haushalt (vgl. Tabelle 11).

Tabelle 11: Erwerbs- und Transfereinkommen der Haushalte (1996)

Haushaltstyp	Bruttoerwerbseinkommen		Bruttoeinkommen aus Vermögen Haushalt		Transfereinkommen								Nettohaushaltseinkommen Haushalt
					nach AFG		Sozialhilfe		Kindergeld		Wohngeld etc.		
	Frau[1]	Mann[1]						Haushalt					
	Durchschnitt -DM-	Durchschnitt -DM-	Durchschnitt -DM-	Betroffen in vH	Durchschnitt -DM-	Betroffen in vH	Durchschnitt -DM-	Betroffen in vH	Durchschnitt -DM-	Betroffen in vH	Durchschnitt -DM-	Betroffen in vH	Durchschnitt -DM-
Haushalte mit Kindern von 0-18	2.567	5.458	222	84,3	1.243	4,4	669	3,7	342	94,7	595	17,3	4.440
Verheiratete/Zusammenlebende	2.523	5.458	238	87,2	1.272	4,0	728	1,4	349	95,6	579	12,7	4.679
Kinder 0 bis 7	2.506	5.372	204	87,4	1.399	3,4	(664)	1,4	275	98,6	588	19,4	4.162
Kinder 0 bis 7 und von 8 bis 18	2.215	5.492	126	86,3	(1.282)	4,2	(730)	3,2	567	96,5	632	16,7	4.888
Kinder 8 bis 18	2.608	5.512	310	87,3	1.202	4,5	(833)	0,6	331	92,8	490	5,7	5.016
Alleinerziehende Frauen	2.824	-	107	64,4	(1.127)	7,1	641	20,1	300	88,9	641	49,2	2.730
Kinder 0 bis 7	(2116)	-	54	54,3	(1.275)	14,9	(631)	30,9	240	83,1	705	62,2	2.511
Kinder 0 bis 7 und von 8 bis 18	(1523)	-	(19)	66,3	(532)	7,6	(834)	34,6	(638)	94,2	(1.179)	62,5	(2.780)
Kinder 8 bis 18	3.105	-	138	68,5	(1.062)	3,7	(609)	14,2	277	90,9	534	42,5	2.831
Haushalte ohne Kindern u. 18	3.424	4.922	242	80,1	1.478	5,3	560	1,4	206	4,1	550	8,8	3.258
Mütter≤60j., Kinder älter als 18 [2]	2.395	5.375	293	86,0	1.651	10,8	(517)	1,0	212	15,0	539	8,4	4.240
Frauen ohne Kinder [2]	3.755	5.035	296	81,6	1.285	6,3	(495)	1,2	-	-	644	7,7	3.713
Frau ≥60J. o. HH ohne Frauen	(3059)	4.510	204	77,2	1.251	2,8	(589)	1,5	231	1,3	527	9,3	2.705

[1] Nur Erwerbstätige)   [2] und Frau ist 60 Jahre oder jünger
Datenbasis SOEP 1996, eigene Berechnungen.

Quelle: DIW 1998

7.2 Mittelaufwand für das Erziehungsgehalt

7.2.1 Erziehungsgehalt I: Erwerbszeitunabhängige Variante (1. Phase)

Die für die 1. Phase der Einführung des Erziehungsgehalts für Familien mit Kindern von 0 bis 3 Jahren benötigten Mittel liegen bei ca. 57 Mrd. DM (vgl. Tabelle 12).

Tabelle 12: Bruttofinanzierungsaufwand für das Erziehungsgehalt I, 1. Phase für Familien mit Kindern v. 0 bis 3 Jahren bei sukzessiver Einführung und bei 2.000 DM Auszahlbetrag für das jüngste Kind

Jahr	Betrag in Mrd. DM (kumulativ)
erstes	10,3
zweites	29,4
drittes	48,4
viertes	57,1

Quelle: DIW 1998

Begünstigte sind nach den Berechnungen des DIW 2,14 Mio. Haushalte, in denen ein Kind lebt, das das 3. Lebensjahr noch nicht vollendet hat. 1,96 Mio. Haushalte betreffen zusammenlebende bzw. verheiratete Eltern, in 176.000 Haushalten wird ein Kind von einer alleinstehenden Mutter erzogen. Bezieht man diese 3-Jahres-Zahlen auf ein Jahr, dann entsprechen diese einer Zahl von gut 780.000 Geburten pro Jahr.

Bei sukzessiver Einführung, d.h. bei Einführung nur für Neugeborene z.B. ab dem 1.1.2000, steigen die hierfür erforderlichen Staatsausgaben - bei Konstanz der Geburtenhäufigkeit - in mehreren großen Schritten bis auf die Höchstsumme von 57 Mrd. DM am Anfang des 4. Jahres nach Einführung an. Erst ab Januar des 4. Jahres - also 36 Monate nach Beginn der ersten Zahlungen - erreichen die Erziehungsgehalt-Zahlungen ihre volle Höhe. Bei sukzessiver Einführung wird der Staat vor allem im ersten Jahr entlastet, da z.B. 12 Monatszahlungen nur für Kinder fällig werden, die im Januar geboren sind.

Für einen Geburtsjahrgang fallen Erziehungsgehalt-Zahlungen in Höhe von ca. 19 Mrd. DM an. Dabei wurde vom DIW von durchschnittlich 780.000 Geburten pro Jahr ausgegangen. Es orientierte sich dabei an einem 3-Jahres-Durchschnittswert der Jahre 1993-1995. Ein Blick auf Tabelle 13 zeigt, daß die Geburtenzahlen seit 1995 wieder zunehmen. Die Zahl für 1996 und 1997 liegen erst seit kurzem vor und standen dem DIW zum Zeitpunkt der Berechnungen noch nicht zur Verfügung.

Tabelle 13: Geburten in Deutschland in den Jahren 1989-1997

	Westdeutschland	Ostdeutschland	Gesamtdeutschland
1989	681 500	198 922	880 422
1990	727 199	178 476	905 675
1991	722 250	107 769	830 019
1992	720 794	88 320	809 114
1993	717 915	80 532	798 447
1994	690 905	78 698	769 603
1995	681 374	83 847	765 221
1996	702 688	93 325	796 013
1997	711 586[1]	98 485[1]	810 070[1]

[1] vorläufige Daten

Quelle: DIW 1998, Statistisches Bundesamt

Der leichte Geburtenanstieg ist vor allem auf eine Erholung der Geburtenzahlen in den neuen Bundesländern zurückzuführen, die nach dem dramatischen Einbruch nach der deutschen Vereinigung nicht ganz überraschend kommt. Mit einer weiteren leichten Steigerung der Geburtenzahlen ist auch in den kommenden Jahren aufgrund einer Fortsetzung der Normalisierungstendenzen in Ostdeutschland zu rechnen.

Pro 10.000 Geburten belaufen sich die jährlichen Erziehungsgehalt-Zahlungen in der hier betrachteten Variante und ohne Berücksichtigung etwaiger zweiter Kinder (1.000 DM) und des Alleinerziehendenzuschlags auf 240 Mio. DM. Sollte sich die jährliche Geburtenzahl Anfang des kommenden Jahrhunderts auf z.B. 820.000 Geburten pro Jahr einpendeln, müßten bei dem hier angenommenen Anstieg von 40.000 Geburten zusätzliche Mittel in Höhe von einer dreiviertel bis einer knappen Mrd. DM pro Jahr aufgebracht werden.

In der zweiten Phase der Einführung des Erziehungsgehalts in der erwerbszeitunabhängigen Variante soll es gelingen, die Laufzeit des Erziehungsgehalts möglicherweise in Jahresschritten bis hin zu Familien mit einem jüngsten Kind im Schuleintrittsalter auszudehnen. Es geht um zwei Jahresschritte und einen weiteren 1½ Jahresschritt, nämlich für Familien mit (jüngstem) Kind ab dem 6. Lebensjahr bis hin zum Schuleintritt, der im Durchschnitt für alle Kinder bei 6,5 Jahren liegt.

Umgerechnet auf Jahressummen der Erziehungsgehalt-Zahlungen müssen für den ersten und zweiten Jahresschritt (4. und 5. Lebensjahr) jeweils etwa 18-19 Mrd. DM aufgebracht werden. Für den dritten, allerdings 1½ Jahre umfassenden Schritt wären ca. 28 Mrd. DM zu veranschlagen. Die tatsächlichen Erziehungsgehalt-Zahlungen würden mit Sicherheit unterhalb dieser schematischen Ansätze liegen. Sie berücksichtigen nämlich nicht, daß mit wachsender Laufzeit des Erziehungsgehalts die Wahrscheinlichkeit wächst, daß Familien zweite oder gar dritte Kinder mit dem jeweils reduzierten Zusatzbetragsanspruch in Höhe von nur noch 1.000 DM haben. Hier wären also Korrekturen nach unten vorzunehmen.

Die staatlichen Aufwendungen für das Erziehungsgehalt in der zweiten Phase würden sich grob gerechnet auf ca. 60 Mrd. DM belaufen. Der Gesamtausgaberahmen für Phase 1 und 2 wäre also bei einer Größenordnung von ca. 115 Mrd. DM anzusiedeln. Es ist unter Finanzierungsaspekten sehr fraglich, ob ein erwerbszeitunabhängiges Erziehungsgehalt für eine Laufzeit von fast 7 Jahren konzipiert werden sollte. Uns scheint, mit solch doch relativ hoch bemessenen Beträgen sollte in den ersten Lebensjahren des Kindes "geklotzt" werden, in denen Eltern Entscheidendes für das spätere Gedeihen ihrer Kinder leisten, wo sie mehr Zeit bei und mit ihren Kindern verbringen wollen und wo sie auch von ihrer im Durchschnitt unbefriedigenden Einkommenssituation her den größten Bedarf für staatlich organisierte Zuwendungen ("Leistungsentgelte") haben.

Die wachsenden (objektiven) Schwierigkeiten der Aufbringung der jeweils weiteren ca. 17-19 Mrd. DM für jedes weitere Laufzeitjahr könnten sich als echte Umsetzungsbarriere erweisen. Zu fragen wäre nämlich, ob die dadurch erzielbaren Zusatznutzen für die Gesellschaft weiterhin die Zielverluste in anderen staatlichen Leistungsbereichen aufwiegen oder gar übertreffen könnten, die durch die Konzentration der Mittel für einen Ausbau des Erziehungsgehalts zu gewärtigen wären. Man kann also - gerade vor dem Hintergrund der weiter wachsenden Konkurrenz um die knappen staatlichen Mittel - nicht ausschließen, daß die erste Phase des "Klotzens" mit einem relativ hoch bemessenen allgemeinen Erziehungsgehalt in eine weitere Phase übergeht, in der unter Umständen dem Gedanken einer Mindesteinkommenssicherung, also einem einkommensabhängigen Erziehungsgehalt, Priorität eingeräumt wird, oder einem geminderten, aber weiterhin universellen Erziehungsgehalt, wie es etwa in dem sächsischen Erziehungsgehalt-Vorschlag von Familienminister Geisler vorgesehen ist (vgl. Geisler 1998).

7.2.2 Erziehungsgehalt I: Erwerbszeitabhängige Variante (1. und 2. Phase) - Höhe des Bruttofinanzaufwands

Das Erziehungsgehalt I ist ursprünglich erwerbszeitabhängig konzipiert worden (vgl. Leipert/Opielka 1997, Opielka 1997a). Die erwerbszeitunabhängige Variante haben wir erst später - vor allem unter dem Eindruck vieler Gespräche mit in dieser Sache engagierten Frauen und Männern - in das Modell integriert. Heute betrachten wir sie - vor allem in der 1. Phase für Familien mit Kindern von 0 bis 3 Jahren - als das primäre und den heutigen Problemlagen besser angepaßte Konzept eines Erziehungsgehalts, ohne die erwerbszeitabhängige Variante zu verwerfen (siehe die entsprechenden Passagen an mehreren Stellen dieser Studie).

In der erwerbszeitabhängigen Variante bemessen sich die Bruttokosten für das Erziehungsgehalt I in Abhängigkeit vom Arbeitseinsatz der Erziehungspersonen. Für die Haushalte, in denen sowohl Kinder der Altersgruppe 0 bis unter 8 Jahren als auch Kinder der Altersgruppe 8 bis unter 18 Jahren leben, lagen keine Angaben zur Höhe des Haushaltseinkommens vor. Entsprechend war es nicht möglich, bei dieser Haushaltsgruppe den Anspruch auf das einkommensabhängige Erziehungsgehalt II mit dem durch das Erziehungsgehalt I aufgestockten Haushaltseinkommen abzugleichen. Um dennoch Anhaltspunkte für die ungefähre Höhe des Erziehungsgehaltsanspruchs für diese zahlenmäßig nicht unbedeutende Haushaltsgruppe (vgl. Tabelle 9) zu gewinnen, wurde folgende überschlägige Kalkulation angestellt: Für die Kinder der Altersgruppe von 8 bis unter 18 Jahren wurde der Zusatzbetrag entsprechend dem Erziehungsgehalt II (600 DM) für weitere Kinder angenommen.

Diese Rechnung überschätzt freilich die tatsächlichen Bruttokosten des Erziehungsgehalts für diese Haushaltsgruppe. Denn hier wird jedes weitere Kind über 8 Jahren mit 600 DM gezählt. Diese 600 DM werden aber im Rahmen des Erziehungsgehalts II nur einkommensabhängig gezahlt. Diese Zahlungen sind bei Ehepaaren mit Kindern äußerst selten, wie weiter unten ausgeführt wird (vgl. DIW 1998, Tabelle 4).

Für die Berechnung der Bruttokosten der vollständigen Einführung des Erziehungsgehalts I für alle sieben Altersjahrgänge (Kinder von 0 bis 7 Jahren) legte das DIW zudem die im Schnitt relativ hohen Geburtenzahlen der Jahre 1989 bis 1995 zugrunde (vgl. Tabelle 13), in denen die hohen Geburtenziffern der ehemaligen DDR enthalten sind.

Insgesamt ergeben sich unter diesen Annahmen für den Status einer vollständigen Einführung des Erziehungsgehalts I Bruttokosten von 123,4 Mrd. DM für Ehepaare/Zusammenlebende und von 9,5 Mrd. DM für Alleinerziehende, insgesamt also von 132,9 Mrd. DM (inklusive der eben genannten Teilgruppe von Kindern im Alter von 8 bis 18 Jahren). *Davon entfallen mehr als 2/3 auf nicht erwerbstätige Erziehungspersonen. Auch bei einer erwerbszeitabhängigen Variante hätte wegen fehlender Erwerbstätigkeit deshalb ein hoher Anteil der Erziehenden (vor allem Mütter) einen vollen Anspruch auf das Erziehungsgehalt.* Bezogen auf die jährlichen Bruttokosten für einen Altersjahrgang unterscheiden sich schon deshalb die - von uns favorisierte - erwerbszeitunabhängige und die hier erörterte erwerbszeitabhängige Variante nicht so stark, wie man hätte vermuten können.

Die durchschnittliche Belastung durch einen Altersjahrgang liegt auch bei der erwerbszeitabhängigen Variante bei knapp 19 Mrd. DM. Da das Erziehungsgehalt I nur bis zum Schuleintritt der Kinder gezahlt werden soll, ergibt sich bei der 7-Jahres-Rechnung eine Überschätzung in Höhe einer halben Jahressumme. Den Minderausgaben in Höhe von durchschnittlich 8,5 Mrd. DM stehen bei Einführung des einkommensabhängigen Erziehungsgehalt II geringe Mehrausgaben gegenüber den vom DIW ermittelten Bruttokosten für das Erziehungsgehalt II gegenüber. Entsprechend vermindern sich die Gesamtausgaben für das Erziehungsgehalt I bei Berücksichtigung einer halben Jahresbelastung für das 7. Lebensjahr auf 123,4 Mrd. DM.

7.2.3 Erziehungsgehalt II und die Grundsicherung für Personen, die Kinder erzogen haben

7.2.3.1 Erziehungsgehalt II für Kinder von 8 bis 18 Jahren (Phase 3)

Die Ausgaben für das einkommensabhängige Erziehungsgehalt II belaufen sich für Ehepaare/Zusammenlebende auf 1,1 Mrd. DM und 9,6 Mrd. DM für Alleinerziehende, also insgesamt auf 10,7 Mrd. DM (vgl. DIW 1998). Das einkommensabhängige Erziehungsgehalt II dient dezidiert der Mindesteinkommenssicherung der Erziehungspersonen.

Primär profitieren davon alleinerziehende Mütter, von denen gegenwärtig viele bekanntlich sozialhilfeabhängig sind (vgl. Tabelle 11). Dagegen liegen die Ausgaben für Paarhaushalte nur bei 1/10 der für das Erziehungsgehalt II ermittelten Bruttokosten, was zeigt, daß diese Familien überwiegend in der Lage sind, ihren Mindesteinkommensbedarf durch eigenes Einkommen zu decken. Viele Alleinerziehende können jetzt ihr Mindesteinkommen durch den Anspruch auf ein Leistungsentgelt "Erziehungsgehalt" sichern und sind nicht mehr primär auf die Sozialleistungsquelle "Sozialhilfe" angewiesen, die sie zum Teil zu entwürdigenden Offenlegungen ihrer Lebensführung und ihrer Vermögensverhältnisse zwingt.

Das Erziehungsgehalt II wird unter Anrechnung der Bruttoerwerbseinkommen in Form einer "negativen Einkommenssteuer" gezahlt. Der Anrechnungssatz beträgt 50%. Bereits ein Bruttoerwerbseinkommen von 3.500 DM pro Monat führt (bei einem Kind) dazu, daß das Erziehungsgehalt aufgrund der Anrechnung des um die Sozialversicherungsbeiträge (Arbeitnehmeranteil) gekürzten Bruttoerwerbseinkommen gänzlich entfällt (zur Anrechnungstechnik vgl. DIW 1996a).

Der größte Teil der Paarhaushalte erhält bei der vorgesehenen Anrechnung kein Erziehungsgehalt II. Allein die Haushalte mit einem Erwerbseinkommensbezieher mit unterdurchschnittlichen Bruttoerwerbseinkommen und zwei und mehr Kindern beziehen ein - gekürztes - Erziehungsgehalt. Ein ungekürztes Erziehungsgehalt wird den Haushalten zugerechnet, die laufende Unterstützung durch die Sozialhilfe erhalten. Haushalte mit alleinerziehenden Müttern kommen sowohl bei einem als auch bei zwei Kindern in den Genuß des Erziehungsgehalts. Dies liegt an den durchschnittlich geringeren Erwerbseinkünften. Alleinerziehende Mütter, die nicht erwerbstätig sind, werden in der Regel Anspruch auf ein ungekürztes Erziehungsgehalt II erhalten.

7.2.3.2 Erziehungsgehalt II als Grundsicherung für Erziehende (ab dem 18. Lebensjahr des jüngsten Kindes)

Als Grundsicherung für Personen, die Kinder erzogen haben, wird die Zahlung eines Grundbetrages in Höhe von 1.400 DM pro Monat an die oder den Erziehenden nach

Mittelaufwand für das Erziehungsgehalt

Vollendung des 18. Lebensjahres des jüngsten Kindes bis zum Rentenzugang bezeichnet. Dieser Grundbetrag ist ebenfalls als negative Einkommenssteuer konzipiert, das heißt sonstige Einkommen werden mit einem Anrechnungssatz (z.B. 50%) berücksichtigt. Im Jahr 1996 gab es 5,8 Mio. Frauen, die jünger als 60 Jahre waren und deren jüngstes Kind älter als 18 Jahre war. Diese Frauen waren bei der Geburt ihres jüngsten Kindes im Schnitt 26,3 Jahre alt, das heißt sie würden ab dem Alter von 44,3 Jahren Anspruch auf den Grundbetrag haben. Bei einem hier unterstellten durchschnittlichen Rentenzugangsalter von 60 Jahren würde dieser Grundbetrag demnach für knapp 16 Jahre geleistet werden müssen.

Nach der in Tabelle 10 wiedergegebenen Erwerbsbeteiligung haben Mütter mit Kindern im Alter von 8 bis 18 Jahren eine Erwerbsbeteiligung von 70%. Es wird angenommen, daß Frauen diesen Grad der Erwerbsbeteiligung - angesichts des relativ niedrigen Alters nach Ende der aktiven Erziehungsphase - eher noch ausweiten, wenn die Kinder aus dem Haus sind.

Bei der Berechnung der Höhe des Erziehungsgehalts II für Kinder von 8 bis 18 Jahren hat sich gezeigt, daß aufgrund der Anrechnung des Erwerbseinkommens verheiratete (bzw. mit einem Partner zusammenlebende) erwerbstätige Mütter nur in Ausnahmefällen in den Genuß eines Erziehungsgehalts kommen, da das gesamte Haushaltseinkommen für die Anspruchsbemessung zugrunde gelegt wird. Dies wird auch für die langfristige Grundsicherung gelten.

Alleinerziehende (erwerbstätige) Mütter mit Kindern von 8 bis 18 Jahren beziehen dagegen fast immer das Erziehungsgehalt II, wenngleich aufgrund der Anrechnung von Erwerbseinkommen vielfach nur in Teilbeträgen. Wie Tabelle 2 zeigt, ist der Anteil der Nichterwerbstätigen in dieser Gruppe mit 26,4% geringer als bei verheirateten Müttern (30,6%), der Anteil der Vollzeiterwerbstätigen ist sogar signifikant höher (39% gegenüber 25,4%). Das spricht dafür, daß bei alleinerziehenden Müttern mit Kindern über 18 Jahren die Erwerbsquote nochmals höher sein wird als bei verheirateten Müttern, zumal weitere Partnereinkommen im Haushalt nicht verfügbar sind.

Als Grundsicherung für Erziehende wird für alleinerziehende Mütter deshalb nur ein Durchschnittszahlbetrag in Höhe von etwa 25% des Grundbetrages angesetzt (- das DIW geht demgegenüber von 50% aus, da es - unserer Auffassung nach nicht realitätsnah - eine kontinuierlich niedrige Erwerbsquote alleinerziehender Mütter mit erwachsenen Kindern unterstellt). Einen vollen Grundbetrag erhalten die nichterwerbstätigen Alleinerziehenden - darunter die Sozialhilfe Empfangenden.

Von den verheirateten Erziehenden, die nicht erwerbstätig sind, wird nur ein geringer Anteil (ca. 10%) eine Grundsicherung beziehen. Aufgrund der Einkünfte des zweiten Erziehenden (Ehepartners) bzw. der eigenen Einkünfte wird für diese Teilgruppe ein Betrag in Höhe von 50% des Grundbetrages angesetzt. Insgesamt sind unter den hier getroffenen Annahmen für die langfristige Grundsicherung Erziehender mit erwachsenen Kindern Bruttozahlungen in Höhe von etwa 1,8 Mrd. für Alleinerziehende und 5,5 Mrd. für Verheiratete, insgesamt 7,3 Mrd. DM zu leisten.

7.3 Besteuerung des Erziehungsgehalts

Das Erziehungsgehalt ist zu versteuern. Die durch den Bezug des Erziehungsgehalts ausgelöste zusätzliche Steuerlast hängt von der Höhe des Bruttoerwerbseinkommens und dem Familienstatus ab. Bei Ehepaarhaushalten wird die Höhe des erzielten Erwerbseinkommens dadurch beeinflußt, ob der Mann, die Frau oder beide Partner am Erwerbsprozeß beteiligt sind.

Die Pflicht zur Versteuerung des Erziehungsgehalts hat zur Folge, daß auch bei einer Universalleistung Gesichtspunkten der sozialen Gerechtigkeit Rechnung getragen werden kann. Die Nettowirkung des Erziehungsgehalts hängt nun ganz von der Höhe des insgesamt erzielten Haushaltseinkommens ab. Sie verringert sich bei steigendem Haushaltseinkommen.

Die Berücksichtigung von Gesichtspunkten der sozialen Gerechtigkeit wird heute in Zeiten allgemeiner Mittelknappheit aus Gründen der erforderlichen Zielgenauigkeit staatlicher Maßnahmen verlangt. Dieses Kriterium wird auf elegante Art ohne zusätzlichen bürokratischen Kontroll- und Überwachungsaufwand durch die Besteuerungspflicht des Erziehungsgehalts erreicht, mit dem Nebeneffekt, die Nettoausgabenlast des Staates für diese Maßnahme um knapp 30% zu senken.

Die Steuerbelastung des Erziehungsgehalts ergibt sich aus dem bei zusätzlichen Haushaltseinkommen geltenden Grenzsteuersatz. Was die Diskriminierung der Frauenerwerbseinkommen bei Ehepaaren mit starken Einkommensunterschieden zwischen Ehemann und Ehefrau durch die Besteuerung in der Steuerklasse V angeht, haben wir in Kapitel 2 das Notwendige gesagt.

Das DIW ermittelte 28% als durchschnittliche zusätzliche Steuerbelastung der Erziehungsgehalt-Zahlungen. Paar-Haushalte, in denen nur Frauen Erwerbseinkommen beziehen, erfahren im Durchschnitt nur eine zusätzliche steuerliche Belastung in Höhe von 20% des Erziehungsgehalts. Der Anteil dieses Haushaltstyps liegt allerdings bei maximal 7% der Paar-Haushalte. Die zusätzliche Steuerbelastung der alleinerziehenden Frauen liegt bei durchschnittlich 28%.

Alleinerziehende Mütter, die nicht erwerbstätig sind, können für den Bezug des Erziehungsgehalts das steuerliche Existenzminimum geltend machen. Infolgedessen werden sie keine oder nur eine geringe Lohn- und Einkommenssteuer zu zahlen haben. Für etwa die Hälfte (bzw. bei der langfristigen Grundsicherung für etwa 25%) der alleinerziehenden Mütter wurde daher keine Steuerzahlung angenommen. Für den Rest der Zahlungen an Alleinerziehende wurde eine Steuerquote von 30% errechnet.

Für das Modell eines erwerbszeitunabhängigen Erziehungsgehalts für Familien mit Kindern von 0 bis 3 Jahren, für dessen unmittelbare politische Umsetzung wir hier im Sinne eines ersten wichtigen Schrittes auf dem Weg zu einer breiten Einführung des Erziehungsgehalts eintreten, müssen bei einem Bruttoaufwand von 57 Mrd. DM etwa 16 Mrd. Lohnsteuern bezahlt werden. Faktisch ist also ein Finanzierungskonzept für 41 Mrd. DM vorzulegen (vgl. Tabelle 15).

Das DIW ermittelte ferner die Lohn- und Einkommensteuereinnahmen bei einer Kompletteinführung unseres ursprünglichen Konzeptes "erwerbszeitabhängiges Erziehungsgehalt I für Familien mit Kindern von 0-7 Jahren, einkommensabhängiges Erziehungsgehalt II für Familien mit Kindern von 8-18 Jahren und Grundsicherung für Erziehungspersonen mit einem jüngsten Kind über 18 Jahren" (vgl. Leipert/Opielka 1997). Bei Ausgaben für das erwerbszeitabhängige Erziehungsgehalt I in Höhe von knapp 133 Mrd. DM (incl. des 2. Halbjahres im 7. Lebensjahr, das nicht finanziert werden muß) belaufen sich die zu erwartenden zusätzlichen Lohn- und Ein-kommensteuereinnahmen auf 37,2 Mrd. DM. Die entsprechenden Zahlen für das Erziehungsgehalt II und die Grundsicherung für Erziehungspersonen liegen bei jeweils 1,7 Mrd. DM. Für die langfristige Grundsicherung für Erziehende verbleiben nach Berücksichtigung der Lohn- und Einkommenssteuer-Einnahmen Nettokosten in Höhe von etwa 5,6 Mrd. DM. Die Relation zwischen induzierten Steuereinnahmen und Bruttoeinnahmen der Familien ist bei beiden Varianten (erwerbszeitunabhängig und 0 bis 3 sowie erwerbszeitabhängig und 0-7 Jahre) nahezu gleich. Sie liegen bei 28%.

7.4 Finanzierungsstrategie für das Erziehungsgehalt

7.4.1 Konzentration auf die 1. Phase: Familien mit Kindern von 0 bis 3 Jahren

Im folgenden wird ein Konzept zur Finanzierung des Erziehungsgehalts vorgelegt. Dabei konzentrieren wir uns auf ein Finanzierungskonzept für ein erwerbszeitunabhängiges Erziehungsgehalt, das im 1. Schritt für Familien mit Kindern von 0 bis 3 Jahren eingeführt wird (siehe hierzu die zusammenfassende Tabelle 15).
Bei der Konzentration auf die 1. Phase eines Erziehungsgehalts leiten uns vor allem zwei Gesichtspunkte. Politik vollzieht sich wesentlich inkrementalistisch, d.h. die in der Tagespolitik stehenden Parlamentarier, Gesetzgeber, Politiker der Exekutive und Ministerialbeamten stoßen in der Regel Konzepte ab, die einen neuen Wurf oder als utopisch apostrophierte Änderungen intendieren. Die Einführung der 1. Phase wäre ein großer Schritt über die heutige Erziehungsgeldregelung hinaus, aber sie wäre doch noch als (freilich wesentliche) Weiterentwicklung des Gegebenen erkennbar.
Die Enge der finanziellen Spielräume des Staates für neue ausgabenwirksame Maßnahmen, von der heute und in Zukunft auszugehen ist, ist für uns ein weiteres Motiv für die Konzentration auf den 1. Schritt. Der Umstand, daß wir der Entwicklung eines Finanzierungskonzeptes einen hohen Stellenwert eingeräumt haben, ist auf die Erfahrung zurückzuführen, daß Politiker heute so sehr mit der Knappheit staatlicher Mittel und entsprechenden Kürzungsdebatten beschäftigt sind, daß sie oft auch überfällige politische Maßnahmen ernsthaft erst bei Vorlage eines realistischen Finanzierungskonzeptes prüfen.
In Kapitel 7.5.5 und 7.7 werden wir auch die Berechnungen des DIW zu den

Einspareffekten einer umfassenden Einführung des Erziehungsgehalts I und II präsentieren. Hier zeigt sich, daß die Beschäftigungsreaktionen der vom Erziehungsgehalt Begünstigten und die dadurch ausgelösten staatlichen Einspareffekte wissenschaftlich fundiert erst quantifizierbar sind, wenn von einer umfassenden Einführung des Erziehungsgehalts ausgegangen wird.

7.4.2 Roter Faden der Finanzierungsstrategie

Unser Finanzierungskonzept wird hier in *vier Schritten* entfaltet. Wir gehen zunächst auf die Einsparungen (bzw. Einnahmesteigerungen) in den Staatshaushalten ein, die bei der Einführung des Erziehungsgehalts mehr oder weniger automatisch eintreten. Diese betreffen das Erziehungsgeld, die Sozialhilfe, die Arbeitslosenhilfe, das Wohngeld, die Ausbildungsbeihilfe und die Gebühren für die Inanspruchnahme von Plätzen in Kinderbetreuungseinrichtungen.

Im nächsten Schritt befassen wir uns mit den positiven Folgen für die Staatseinnahmen, die durch die expansiven Wirkungen der Steigerung der Binnennachfrage, die durch das Erziehungsgehalt ermöglicht wird, ausgelöst werden. Ein weiterer finanzierungsrelevanter Wirkungszusammenhang betrifft die Beschäftigungsreaktionen der Personen, die Anspruch auf das Erziehungsgehalt haben. Diese können gewisse Entlastungen in der Kasse der Bundesanstalt für Arbeit zur Folge haben.

Wir können nicht von einer vollständigen Selbstfinanzierung der 1. Phase des Erziehungsgehalts ausgehen. Dies ist der Grund, warum wir uns im 3. Abschnitt mit sogenannten "*gestalteten* Einsparungen" und in einem weiteren Teilkapitel mit Steuererhöhungen als weiterer Finanzierungsoption befassen.

Unter gestalteten Einsparungen verstehen wir die Mobilisierung staatlicher Mittel - hier zugunsten der Finanzierung des Erziehungsgehalts - durch *Gesetzesänderungen*, die zu einer Verringerung staatlicher Einkommenstransfers oder Steuervorteile bei bestimmten Gruppen führen. Hierbei denken wir an eine Reduzierung der Einkommensvorteile aus dem Ehegattensplitting und langfristig auch an eine Neuordnung der Hinterbliebenenversorgung, die politisch ohnehin ansteht. Im aktuellen Finanzierungskonzept sehen wir jedoch, was den zweiten Punkt angeht, noch keine entsprechenden Einsparbeträge vor. Einsparpotential ist ferner aktualisierbar bei einer Schwerpunktverlagerung der Finanzierung der familienergänzenden externen Kinderbetreuung von der Objekt- zu Subjektförderung.

Was die Option "Steuererhöhungen" angeht, so denken wir einmal an einen höheren Beitrag der Alterseinkommen an der Finanzierung der (Erziehungs- und Betreuungs-) Kosten der Kindererziehung, ferner an eine Erhöhung der Einnahmen aus der Erbschaftssteuer durch die Erhebung eines Familienzuschlags. Auf die ältere Generation entfällt seit einiger Zeit ein wachsender Anteil an den Privatvermögen in Deutschland. Dieser Trend wird auch in den kommenden Jahren anhalten. Auch die Abschaffung der Vermögenssteuer wurde vielfach kritisiert, nicht nur durch die SPD, die Grünen und die Kirchen.

Eine weitere langfristige Option liegt schließlich in der Erhebung eines Familienzuschlags (1, 2 oder 3%) auf die Lohn- und Einkommensteuer. Die Einführung eines derartigen Familienzuschlags könnte nahtlos an das Auslaufen des Solidaritätszuschlags zugunsten der neuen Bundesländer anschließen.

7.5 Automatische Einsparungen in den Haushalten der Gebietskörperschaften

7.5.1 Wegfall des Erziehungsgeldes (Bund und Länder)

Das Erziehungsgeld entfällt vollständig, da das Erziehungsgehalt die Funktion, die das Erziehungsgeld der Intention nach hat, konsequent und substantiell übernimmt. Bei anderen Einkommenstransfers werden automatisch Einsparungen wirksam.

Die Erziehungsgeldzahlungen lagen 1996 bei 6,95 Mrd. DM, die nunmehr durch den Übergang auf ein Erziehungsgehalt im Bundeshaushalt eingespart werden.

Sollte das Erziehungsgehalt sukzessiv eingeführt werden, das heißt nur für Familien, die nach einem Einführungszeitpunkt, z.B. dem 1.1.2000, ein Kind bekommen, läge die Einsparung beim Erziehungsgeld bei knapp 70% des Gesamtbetrages. Nur gut 30% der Erziehungsgeldzahlungen entfallen auf Familien mit Kindern im 2. Lebensjahr. Der volle Einsparbetrag vom Erziehungsgeld stünde dann also bei Beginn des 3. Jahres nach dem Inkrafttreten der neuen Erziehungsgehalt-Regelung zur Verfügung.

Der Wegfall des Erziehungsgeldes stellt die EmpfängerInnen von Sozialhilfe relativ weniger gut als andere BezieherInnen des Erziehungsgehalts. Je nach Haushaltseinkommen müssen diese schon heute auf das einkommensabhängige Erziehungsgeld ab dem 7. Monat ganz verzichten oder zumindest Abstriche vom Höchstbetrag von 600 DM in Kauf nehmen. Beim Austausch des Erziehungsgeldes durch das Erziehungsgehalt kürzt sich für die Bezieher von Sozialhilfe der Betrag des Erziehungsgehalts um das früher erhaltene Erziehungsgeld. Dabei muß freilich bedacht werden, daß dies nur für die ersten 2 Jahre zutrifft, und daß der relativen Schlechterstellung der SozialhilfeempfängerInnen im dritten Jahr eine Besserstellung gegenüber heute durch die Weiterzahlung des vollen Erziehungsgehalts gegenüber steht.

Inwieweit es überhaupt zur absoluten Schlechterstellung bei einigen EmpfängerInnen der Sozialhilfe kommt, ist noch näher zu prüfen. Der Alleinerziehenden-Zuschlag von 300 DM für das jüngste Kind macht allein schon 50% des Erziehungsgeldes aus. In dem Maße, in dem es gelingt, das erwerbszeitunabhängige Erziehungsgehalt über die 1. Phase hinaus auf das 4. und 5. Jahr auszudehnen, steigt die Wahrscheinlichkeit, daß Mütter oder Väter wegen weiterer Kinder gleichzeitig Anspruch auf ein Erziehungsgehalt für 2 oder mehr Kinder haben.

Ein Erziehungsgehalt von 3.450 DM (bei 2 Kindern unter 7 Jahren) übertrifft für SozialhilfebezieherInnen auch nach Steuern leicht den heute für sie erreichbaren Zuwendungsbetrag - ganz zu schweigen vom Prestigegewinn, den der Übergang von der Sozialhilfe zum Erziehungsgehalt mit sich bringt.

Fünf Bundesländer (bis zum 31.3.98 auch Rheinland-Pfalz) zahlen im dritten Lebensjahr der Kinder ein Landeserziehungsgeld (vgl. Tabelle 14). In unserem Einstiegsmodell für die ersten drei Lebensjahre (1. Phase des Erziehungsgehalts) würden die Landeserziehungsgeldleistungen überflüssig. Die Ausgaben würden als automatische Einsparungen anfallen (bei sukzessiver Einführung nach Ablauf des dritten Jahres). Das Einsparpotential beträgt insgesamt etwa 630 Mio. DM pro Jahr.

Tabelle 14: Landeserziehungsgeldleistungen der Bundesländer

Land	Höhe (in DM)	Dauer (in Monate)	Ausgaben 1997 (in Mio. DM)	Haushaltsansatz 1998 (in Mio. DM)
Baden-Württemberg	400	12	114	123
Bayern	500	12	226	340
Mecklenburg-Vorpommern	600	6	42	29
Sachsen	600	12	85	104
Thüringen	600	6	34	34
Ausgaben insgesamt:			**501**	**630**

Quelle: Sozialministerium Freistaat Sachsen

7.5.2 Einsparungen bei Sozialhilfe, Arbeitslosenhilfe und Wohngeld

7.5.2.1 Sozialhilfe

Weitere automatische Einsparungen fallen bei der Sozial- und Arbeitslosenhilfe sowie dem Wohngeld an. Es ist eines der Ziele des Erziehungsgehalts, Eltern aus der Abhängigkeit von Sozialhilfe herauszuholen und ihnen mit der Zahlung eines Gehalts als Entgelt für die von ihnen erbrachte Erziehungsleistung eine gesellschaftlich höher bewertete Alternative zu bieten.

1995 wurden 15,8 Mrd. DM laufende Leistungen zum Lebensunterhalt nach dem Bundessozialhilfegesetz gezahlt (vgl. Stat. Bundesamt 1995, FS 13, R. 2, S. 110). Für das Jahr 1996 werden die Ausgaben auf 17 Mrd. DM geschätzt.

Von den insgesamt 1,28 Mill. Haushalten, die laufende Hilfeleistungen der Sozialhilfe erhielten, entfallen 37% auf Haushalte mit Kindern unter 18 Jahren (hinzu kommen

70.000 Bedarfsgemeinschaften mit Jugendlichen unter 18 Jahren, die ohne Erziehende leben). Da die Bedarfssätze für Haushalte mit Kindern doppelt so hoch sind wie die der Haushalte ohne Kinder (ebd., S. 41), wird der Ausgabenanteil der Haushalte mit Kindern unter 18 Jahren auf 70% an den Sozialhilfeausgaben für die laufende Hilfe geschätzt. Dies sind 11,9 Mrd. DM.

Von den am Stichtag erfaßten Sozialhilfeempfängern, die jünger als 19 Jahre sind, sind ein Fünftel im Alter von 0 bis 3 Jahren (ebd., S. 15). Ein Fünftel der oben errechneten Einsparungen in Höhe von 11,9 Mrd. DM sind 2,4 Mrd. DM.

7.5.2.2 Arbeitslosenhilfe

Arbeitslosenhilfe wird nur an Arbeitslose gezahlt, die ihre wirtschaftliche Bedürftigkeit nachweisen können. In der Abhängigkeit vom Nachweis der Bedürftigkeit ist sie strukturell mit der Sozialhilfe vergleichbar. Empfänger von Arbeitslosenhilfe, die zugleich Kinder erziehen, können nunmehr die bisher bezogene Arbeitslosenhilfe in weitem Umfang durch die Inanspruchnahme des Erziehungsgehalts ersetzen.

1996 wurden 24,3 Mrd. DM als Arbeitslosenhilfe gezahlt. Nach der Statistik der Bundesanstalt für Arbeit (vgl. Bundesanstalt für Arbeit 1996) erhalten im Westen zwei Drittel und im Osten die Hälfte der Leistungsempfänger Arbeitslosenhilfe auf der Basis eines reduzierten Leistungssatzes, d.h. der Arbeitslose oder dessen Ehepartner haben kein steuerlich zu berücksichtigendes Kind im Haushalt. Für Gesamtdeutschland ergibt sich eine Quote von gut 60%.

Allein für die restlichen 40% kann sich eine Kürzung der Arbeitslosenhilfe aufgrund des Bezuges des Erziehungsgehalts ergeben. Wird auch in diesem Fall eine Reduktion um 70% (wie bei der Sozialhilfe) angesetzt, dann führt die Zahlung des Erziehungsgehalts zu Einsparungen in Höhe von 6,8 Mrd. DM bei der Arbeitslosenhilfe.

Zur Ermittlung des entsprechenden Einsparbetrages bei Einführung unseres Kernkonzeptes (1. Phase für Familien mit Kindern von 0 bis 3 Jahren) wird mangels besserer Daten die aus der Sozialhilfestatistik abgeleitete Quote übernommen. Ein Fünftel der oben errechneten 6,8 Mrd. DM machen 1,4 Mrd. DM aus.

7.5.2.3 Wohngeld

Durch das Erziehungsgehalt steigen die Einkommen der Familien, womit sich ihr Anspruch auf das einkommensabhängige Wohngeld mindert. Im Jahre 1996 wurden 5,43 Mrd. DM Wohngeld gezahlt (vgl. Stat. Bundesamt 1996a, S. 254). In etwa 45% der Fälle wird Wohngeld von Alleinstehenden beantragt. Der diesen zustehende Betrag liegt unterhalb des Betrages, den Mehrpersonenhaushalte erhalten. Daher wird unterstellt, daß die Alleinstehenden 40% des Transfers "Wohngeld" erhalten. Von den restlichen 60% des gesamten Wohngeldes wird eine Einsparung in Höhe von 70% angesetzt, also von 2,3 Mrd. DM. Für diesen hohen Einsparsatz spricht der hohe Anteil der

Empfängerhaushalte mit pauschaliertem Wohngeld bei den Mehrpersonenhaushalten (vgl. Stat. Bundesamt 1997/8). Diese Haushalte erhalten Sozialhilfe. Das heißt, zusätzliche Einkommen - in Form des Erziehungsgehalts - führen zu vollständigem oder sehr starken Reduktionen des Anspruchs auf Wohngeld.

Wird das Erziehungsgehalt nur an Familien mit Kindern von 0 bis 3 Jahren ausgezahlt, wird der Einspareffekt beim Wohngeld auf 0,9 Mrd. DM geschätzt. Ausgangspunkt ist der oben erwähnte Anteil der Mehrpersonenhaushalte und der Anteil des pauschalierten Wohngelds an den gesamten Wohngeldzahlungen. Wohngeldzahlungen können nach der amtlichen Statistik nicht nach dem Alter der Kinder in den Wohngeldempfängerhaushalten gegliedert werden. Hilfsweise wird auf die Altersstruktur der Sozialhilfeempfänger zurückgegriffen. Bei dem hohen Anteil der Wohngeldempfänger nach pauschaliertem Verfahren lassen sich aus der Struktur der Sozialhilfeempfänger Anteilswerte für die Altersstruktur der Wohngeldempfänger ableiten. Von den Kindern im Alter von 0-7 Jahren entfallen 40% auf die Altersklasse 0 bis 3 Jahre (vgl. Stat. Bundesamt 1997, FS 13, R.2, S. 15). Wird dieser Anteil auf die oben errechneten Einsparungen übertragen, dann ergeben sich Einsparungen beim Wohngeld in Höhe von 0,9 Mrd. DM.

7.5.2.4 Ausbildungsbeihilfen (Bafög)

Das Ausmaß der Einsparungen bei der Ausbildungsbeihilfe wird vom DIW als gering eingeschätzt. Ausbildungsbeihilfen werden vor allem für Studierende gezahlt. Diese haben in der Regel die Altersgrenze überschritten. Auswirkungen des Erziehungsgehalts können somit (außer bei der Grundsicherung für Personen mit Kindern über 18 Jahren) nur in Mehrkinderhaushalten eintreten. Darüber hinaus dämpfen die Anrechnungsmodalitäten des Bafög (zweistufiger Freibetrag) mögliche Kürzungen. 1996 wurden nur 1,7 Mrd. DM als Ausbildungsbeihilfe gezahlt. Hier wird ein Kürzungspotential von 0,2 Mrd. (12%) angesetzt.

Naturgemäß erhalten Familien für Kinder von 0 bis 3 Jahren keine Ausbildungsbeihilfen. Entsprechend ergibt sich hier auch kein Spielraum für Einsparungen von Staatsausgaben.

7.5.3 Einsparungen durch höhere Elternbeiträge für Kindertagesstätten

Mit der Einführung des Erziehungsgehalts soll gleichzeitig der Sektor der familienergänzenden Kinderbetreuung in professionellen Einrichtungen gestärkt und dynamisiert werden. Durch die eventuelle Integration eines Erziehungsgutscheins in das Konzept des Erziehungsgehalts wird der Übergang von der Objekt- zur Subjektfinanzierung in diesem Bereich in Gang gebracht. Die Eltern sollen hierdurch mehr Einflußmöglichkeiten bei der Gestaltung der zeitlichen und qualitativen Rahmenbedingungen der außerhäuslichen Betreuungsangebote entsprechend ihrer jeweiligen familiären Bedürfnisse gewinnen. Für ihre Kinder im Kindergartenalter würden die Eltern bei einem "Erziehungsgutschein" (neben dem Baranteil des Erziehungsgehalts) die Betreuungsleistung mit dem Erziehungsgutschein bezahlen.

Wir hatten weiter vorne betont, daß bei einem Modell eines erwerbszeitabhängigen Erziehungsgehalts in der 1. Phase, die Kinder von 0 bis 3 Jahre betrifft, an einen umfassenden Umstieg von der Objekt- zur Subjektfinanzierung nicht zu denken ist. Ehepaare, bei denen beide Elternteile voll erwerbstätig sind, würden hier nur den Sockelbetrag von 600 DM (max. 800 DM bei 40%) für das jüngste Kind erhalten.

Die echten Betriebskosten für einen Kinderkrippenplatz sind jedoch deutlich höher. Von daher schlagen wir vor, in diesem Modell lediglich die einkommensbedingt steigenden Gebühreneinnahmen als staatliches Einsparpotential (~ staatliche Einnahmesteigerungen) zu berücksichtigen. Das Erziehungsgehalt führt bei Familien zu Einkommenssteigerungen, entsprechend müssen sie nach der Gebührentabelle der Kindertagesstätten höhere Elternbeiträge zahlen bzw. können die derzeit regional sehr ungleichen Beitragssätze angepaßt werden (vgl. Tabelle 8).

Im erwerbszeitunabhängigen Modell des Erziehungsgehalts, das wir hier in den Vordergrund stellen, sieht die Sache etwas anders aus. Die Eltern erhalten in jedem Fall für ihr jüngstes Kind 2.000 DM brutto. In diesem Konzept für die ersten 3 Lebensjahre eines Kindes ist es gerechtfertigt, unmittelbar mit dem Umstieg von der Objekt- zur Subjektförderung zu beginnen. Andernfalls kämen wir hier zu absurden Über-Förderungen bei manchen Familien, die in Zeiten extremer Mittelknappheit unter keinen Umständen tragbar wären. Bei einem Erziehungsgehalt von 2.000 DM und Beibehaltung der hohen staatlichen Zuschüsse für den Kindertagesstättenbereich könnten manche Eltern neben zwei Vollzeitgehältern ein Erziehungsgehalt plus einem hochsubventionierten Krippenplatz in Anspruch nehmen.

Ein Umstieg von der Objekt- zu Subjektförderung im Krippenbereich würde vor allem die neuen Bundesländer betreffen (vgl. Kapitel 6). Denn in den alten Bundesländern steht für weniger als 5% aller Kinder im Alter von 0 bis 3 Jahren ein Krippenplatz zur Verfügung. Der Erziehungsgehalt-Vorschlag des sächsischen Familien- und Sozialministers Geisler sieht einen derartigen Umstieg der Finanzierung für den Krippen- und Kindergartenbereich vor. Wir schlagen vor, möglichst bald eine Art Runden Tisch zu bilden, an dem alle in diesem Bereich involvierten "Parteien" vertreten sein müßten. Dieser sollte dann ein tragfähiges Konzept für den hier vorgeschlagenen sukzessiven Umstieg der Objekt- zur Subjektförderung entwickeln.

Aufgrund der merklich höheren Elternbeiträge im Kindertagesstättenbereich durch das Erziehungsgehalt gehen wir davon aus, daß - unter der Annahme einer unveränderten Zahl von Plätzen - die staatlichen Ausgaben für Kindertagesstätten um bis zu 50% reduziert werden können. Dies bedeutet Einsparungen in Höhe von ca. 1,2 Mrd. DM. In dem Maße, in dem das Erziehungsgehalt auf das 4., 5. und schließlich 6. Lebensjahr eines Kindes ausgedehnt wird, würden die staatlichen Einsparbeträge bei Kindertageseinrichtungen stark anwachsen. Dies gilt nicht nur für das erwerbszeitunabhängige Modell, sondern auch für die erwerbszeitabhängige Variante. Ein Erziehungsgutschein in Höhe von 600 DM deckt die durchschnittlichen Betriebskosten eines Halbtags-Kindergartenplatzes ab. Selbst Vollzeit erwerbstätige Eltern können mit dem Sockelbetrag von 600 DM (oder 800 DM) diesen Gutschein finanzieren.

Die Umschichtung staatlicher Mittel vom Kindertagesstättenbereich erleichtert die Finanzierung eines Erziehungsgehalts wesentlich. Die Ausgaben der Gebietskörperschaften für Tageseinrichtungen für Kinder lagen 1995 bei 18,3 Mrd. DM (vgl. Kapitel 6). Einen Teil dieser Ausgaben wird der Staat auch in Zukunft tätigen. Einerseits ist der Staat weiterhin bei Investitionszuschüssen für den Bau und Ausbau von Kindertages-Einrichtungen gefragt. Zum anderen ist es sinnvoll, wenn berechtigte Mehrkosten von der öffentlichen Hand getragen werden.

7.5.4 Weitere Einsparungen der staatlichen Haushalte

Es bedarf keiner prophetischer Gaben um vorauszusagen, daß vom Erziehungsgehalt positive Wirkungen auf die Staatsausgaben im Bereich der Jugendkriminalität, der Finanzierung der Heimunterbringung Jugendlicher und der Jugendhilfe ausgehen werden. Der Zusammenhang zwischen fehlender Zeit der Eltern für ihre Kinder und der wachsenden Verwahrlosung von Jugendlichen wird heute in der mittlerweile gesellschaftsweiten Debatte über Ursachen und Abhilfemöglichkeiten der Jugendkriminalität oft beschworen. Wenn Eltern wieder mehr Zeit für ihre Kinder haben und Kinder wieder mehr sozialen Halt in ihrer Familie finden, erwarten viele Experten einen Rückgang der jugendlichen Delinquenz, auch wenn hier - schon aufgrund des Einflußfaktors fehlender Arbeits- und Lehrplätze - keinesfalls von einem monokausalen Zusammenhang ausgegangen werden kann. In der Folge wird der Staat finanzielle Entlastungen in den oben genannten Aufgabenbereichen konstatieren. Sie allerdings beziffern zu wollen, würde tatsächlich an Prophetie grenzen.

In Tabelle 15 wird die Finanzierungsrechnung für die erste Phase der Einführung des Erziehungsgehalts an Familien mit Kindern zwischen 0 und 3 Jahren zusammengefaßt.

Tabelle 15: Finanzierungsrechnung für ein erwerbszeitunabhängiges Erziehungsgehalt -
1. Phase: für Familien mit Kindern von 0 bis 3 Jahren,
2.000 DM für das jüngste Kind (in Mrd. DM) (1996)

Ausgaben	Bruttokosten	57,0
Einnahmen	Lohn- und Einkommenssteuer	16,0
	Veränderung der steuerlichen Veranlagung	22,0
	Steuern aufgrund multiplikativer Prozesse	1,7
Einsparungen	Erziehungsgeld (Bund)	7,0
	Erziehungsgeld (Länder)	0,6[1]
	Sozialhilfe	2,4
	Arbeitslosenhilfe	1,4
	Wohngeld	0,9
	Zuschüsse zum Betrieb von Kindertagesstätten	1,25[2]
Nettokosten		3,7
	Finanzierungsalternativen der Nettokosten	
	(a) Einsparung bei Familienzuschlägen im öffentlichen Dienst	3,7
	(b) 1% Familienzuschlag auf die Lohn-/Einkommenssteuer	3,7
Zu finanzierender Restbetrag		0

[1] Haushaltsansatz 1998
[2] aufgrund höherer Elternbeiträge; entspricht ca. 50% der derzeitigen staatlichen Zuschüsse

Quelle: DIW 1998 und eigene Berechnungen

7.5.5 Einsparpotentiale bei Ausdehnung des Erziehungsgehalts über das 3. Lebensjahr eines Kindes hinaus

Es gilt in den kommenden Jahren politisch für eine Verlängerung der Bezugsdauer des Erziehungsgehalts auf das 4., 5. und 6. Lebensjahr eines Kindes bis zur Erreichung des Schuleintritts zu streiten. Tritt diese in Kraft, eröffnen sich unmittelbar neue Einsparspielräume für die öffentliche Hand. Bei vollumfänglicher Einführung des Erziehungsgehalts liegen die Einsparbeträge bei der Sozialhilfe bei 11,9 Mrd. DM, bei der Arbeitslosenhilfe bei 6,8 Mrd. DM, beim Wohngeld bei 2,3 Mrd. DM und bei der Ausbildungsbeihilfe bei ca. 0,2 Mrd. DM (vgl. DIW 1998, S. 28). Darüber hinaus kann sich dann auch die Umschichtung von der Objekt- zur Subjektfinanzierung im Kindertagesstättenbereich auf die finanziell gewichtigen staatlichen Ausgaben für den Betrieb von Kindergärten erstrecken.

7.6 Staatliche Einnahmesteigerungen aufgrund der expansiven Wirkungen des Erziehungsgehalts

7.6.1 Höhere Konsumneigung von Familien mit Kindern

Familien mit Kindern geben im Durchschnitt einen höheren Anteil ihres verfügbaren Einkommens für Konsumzwecke aus als gut verdienende kinderlose Singles und Paare. Dies hat das DIW in einer Untersuchung für den Deutschen Arbeitskreis für Familienhilfe e.V. im Jahre 1996 auf der Basis von SOEP-Daten nachgewiesen (Kirner/Schwarze 1996). Die durchschnittliche Konsumquote von Alleinerziehenden mit kleinen Kindern liegt nahe bei eins. Ehepaare mit Kindern von 0 bis 3 und 3-6 Jahren liegen nur geringfügig darunter. Dagegen beläuft sich die durchschnittliche Konsumquote von kinderlosen Erwerbstätigen angesichts deutlich höherer Pro-Kopf-Einkommen etwa auf 0,8. Sicherlich hängt die Nachfragewirkung der durch das Erziehungsgehalt bedingten Einkommenssteigerungen von der marginalen Konsumquote der Familien ab.

Angesichts der allgemein beklagten Pro-Kopf-Niedrigeinkommen, über die Familien mit jungen Kindern heute allgemein verfügen, ist jedoch davon auszugehen, daß die Familien die gestiegene Kaufkraft auch überwiegend in zusätzliche Käufe umsetzen werden. Damit kann also nicht nur von einer hohen durchschnittlichen, sondern auch von einer hohen marginalen Konsumquote der großen Mehrzahl der Familien, die das Erziehungsgehalt beziehen, gesprochen werden.

Diese Mehrnachfrage nach Gütern und Dienstleistungen führt grosso modo nicht zu zusätzlichen Mehrwertsteuereinnahmen. Unser Finanzierungskonzept für die 1. Phase des Erziehungsgehalts beruht ja wesentlich auf Umschichtungen von Mitteln, die vorher auch ausgegeben wurden und in den anderen Verwendungen mehrwertsteuerpflichtig waren. Zusätzliche Mehrwertsteuereinnahmen ergeben sich erst durch die expansiven Wirkungen der Mehrnachfrage der Familien.

7.6.2 Expansive Wirkungen der Mehrnachfrage

Die Mehrnachfrage nach Gütern und Dienstleistungen regt insgesamt den volkswirtschaftlichen Wirtschaftskreislauf an. Die expansive Wirkung einer Veränderung eines Nachfrageaggregats - hier des privaten Konsums - wird in der Wirtschaftsforschung anhand des (Konsum-)Multiplikators ermittelt. Die Verausgabung der zusätzlichen Kaufkraft initiiert einen expansiven Prozeß weiter steigender Konsumausgaben.

Die expansive Wirkung zusätzlicher Konsumnachfrage der privaten Haushalte ergibt sich daraus, daß eine steigende Güternachfrage zusätzliche Produktionsanstrengungen in der Konsumgüterindustrie erfordert und dort im Maße der Beschäftigungsintensität zusätzlicher Produktion zu positiven Beschäftigungs- und Einkommenseffekten führt. Dies ermöglicht wiederum zusätzliche Konsumgüterkäufe. Die expansive Wirkung wird von Runde zu Runde geringer. Der durch den Konsummultiplikator beschriebene Gesamteffekt setzt aber insgesamt voraus, daß die ursprüngliche Kaufkraftsteigerung dauerhaft aufrechterhalten wird, das Erziehungsgehalt also keine Eintagsfliege bleibt.

Die durch den Konsummultiplikator beschriebene expansive Wirkung der ursprünglichen Konsumsteigerung würde noch verstärkt, wenn durch die Produktionssteigerung bzw. höhere Kapazitätsauslastung in der Konsumgüterindustrie Erweiterungsinvestitionen in den Unternehmen angeregt würden (Akzeleratoreffekt).

In dem Maße, in dem die durch die expansiven Wirkungen der Nachfrageerhöhung neu geschaffenen Arbeitsplätze von bisherigen Leistungsempfängern der Arbeitslosenversicherung eingenommen werden, sind in diesem Bereich gewisse Einsparungen bei den Auszahlungen von Arbeitslosengeld oder -hilfe zu verzeichnen. Quantitative Angaben hierzu können leider aufgrund vielfältiger Unsicherheiten nicht gemacht werden.

7.6.3 Ausmaß der expansiven Wirkungen abhängig von der Art der Finanzierung der Nachfrageerhöhung

Das Ausmaß der expansiven Wirkungen, die durch den Nachfragestoß des Erziehungsgehalts ausgelöst werden, hängt entscheidend von der Art der Finanzierung des Erziehungsgehalts ab. Nach unseren Vorstellungen soll es in der ersten Phase weitgehend durch Umschichtungen im Rahmen der öffentlichen Haushalte finanziert werden. Bei einer Beschneidung der Einkommensvorteile durch das Ehegattensplitting wären bei bestimmten Haushaltsgruppen dann geringere verfügbare Einkommen zu verzeichnen. Entsprechend müßten diese Haushalte, die zur Finanzierung beitragen, ihre Ausgaben reduzieren. Dieser Kürzung der Endnachfrage steht die zusätzliche Nachfrage der Empfänger des Erziehungsgehalts gegenüber. Etwaige negative Folgen für die volkswirtschaftliche Nachfrage lassen sich dann als *kontraktive* Wirkungen einer bestimmten Finanzierungsart des Erziehungsgehalts beschreiben.

Eine kontraktive Wirkung von Null ergäbe sich nur bei einer Finanzierung durch einen Bundesbankkredit oder durch einen Kapitalimport. Bei jeder anderen Form der Finanzierung sind außer den unbestreitbar expansiven Wirkungen einer Kaufkraftsteigerung in den Händen der Familien auch etwaige Entzugswirkungen der gewählten Finanzierungsform zu beachten, was den Expansionseffekt des Erziehungsgehalts dämpft.

Zusätzliche Beschäftigte und/oder höhere Einkommen in den begünstigten Konsumgüterbranchen führen wiederum zu zusätzlichen Lohn- und Mehrwertsteuereinnahmen. Haben die Empfängerhaushalte eine höhere Konsumquote als die Haushalte, die wegen der Finanzierung ihre Ausgaben einschränken müssen, dann wirkt diese Differenz der marginalen Konsumquoten expansiv. Bei einer Differenz der marginalen Konsumquoten von 0,2, von der das DIW ausgeht (vgl. auch die frühere Studie von Kirner/Schwarze 1996), ergeben sich zusätzliche expansive Effekte mit einem Multiplikator von 0,25. Gerechnet wird hierbei mit der Formel:

$$\text{Höhe des Konsum-Multiplikators} = \frac{1}{1 - \text{Differenz der marginalen Konsumquoten}} = \frac{1}{1 - 0{,}2} = \frac{1}{0{,}8} = 1{,}25$$

Die initiale Nachfragesteigerung ist geringer als 41 Mrd. DM (57 - 16 Mrd. DM Steuereinnahmen). Als kontraktive Größe sind die Einsparbeträge bei Erziehungsgeld, Sozialhilfe, Arbeitslosenhilfe und Wohngeld gegenzurechnen. Um die expansive Wirkung zu ermitteln, muß ein entsprechend geminderter Betrag mit dem Multiplikator 0,25 multipliziert werden. Zur Ermittlung der zusätzlichen Steuereinnahmen infolge der Expansion der volkswirtschaftlichen Produktion muß die expansive Wirkung mit der durchschnittlichen Steuerquote von 23% (Anteil der Steuern am Bruttoinlandsprodukt) multipliziert werden. Die zusätzlichen Staatseinnahmen, die sich überwiegend aus zusätzlichen Lohn- und Mehrwertsteuereinnahmen zusammensetzen, beziffert das DIW für unser Kernmodell (1. Phase) auf ca. 1,7 Mrd. DM (vgl. Tabelle 15). Rechnet man mit dem initiierten Mehrprodukt einer vollumfänglichen Einführung eines Erziehungsgehalts (erwerbszeitabhängig), liegen die zusätzlichen expansionsbedingten Staatseinnahmen nach den vorsichtigen DIW-Berechnungen bei 4,8 Mrd. DM. Die relativen niedrigen Werte für diese Größe weisen darauf hin, daß das DIW hier extrem vorsichtig kalkuliert hat, um keinesfalls der Überschätzung der Multiplikatorwirkungen geziehen zu werden, die heute von der in den Wirtschaftswissenschaften dominanten angebotstheoretischen Schule oft ganz unterschlagen werden. Es scheint daher nicht unberechtigt zu sein anzunehmen, daß die effektiv wirksamen expansiven Anstöße des Erziehungsgehalts eher über den vom DIW ermittelten Mindestwerten liegen werden.

7.7 Beschäftigungsreaktion des Erziehungsgehalts: Wanderungsbewegungen zwischen familiärem Arbeitssektor und dem Erwerbsarbeitsmarkt

Es ist klar, daß das Erziehungsgehalt eine Beschäftigungsreaktion auslösen wird (vgl. Kapitel 4). Unter einer finanzierungsrelevanten Beschäftigungsreaktion verstehen wir die Besetzung eines aufgrund der neuen Option des Erziehungsgehalts freiwerdenden Arbeitsplatzes durch eine(n) Arbeitslose(n), die(der) bisher Mittel vom Arbeitsamt bezogen hat.

Selbst wenn Arbeitsplätze aufgrund der neuen (Sicherungs-)Option des Erziehungsgehalts (zeitweise) freigemacht werden bzw. die Erwerbsarbeitszeit reduziert wird, ist damit heute nicht notwendigerweise eine Entlastung für den Erwerbsarbeitsmarkt verbunden. Im Jahrzehnt der personellen Verschlankung der Unternehmen und anhaltender, auch den Dienstleistungssektor erfassender Rationalisierungsprozesse nutzen heute viele Unternehmen das Freiwerden eines Arbeitsplatzes dazu, ihn endgültig wegfallen zu lassen.

Der Einsparbeitrag der durch das Erziehungsgehalt induzierten Beschäftigungsreaktion in unserem Kernmodell des erwerbszeitunabhängigen Erziehungsgehalts für Kinder von 0 bis 3 Jahren läßt sich kaum beziffern. Es ist anzunehmen, daß er nicht sehr gewichtig sein wird. Eine Fülle empirischer Untersuchungen bestätigen den Befund, daß ein großer Teil der Mütter mit Kindern von 0 bis 3 Jahren schon heute zu Hause bleibt oder eine Halbtagstätigkeit wahrnimmt. Der Anteil der Vollzeiterwerbstätigen in dieser Gruppe ist sehr gering. Von daher ist auch das Potential für eine Beschäftigungsreaktion äußerst klein.

Dies mag anders sein, wenn wir eine sofortige Einführung unserer langfristigen Konzeption unterstellen (Erziehungsgehalt I und II sowie Grundsicherung danach). Für diesen Fall hat das DIW Untersuchungen zu potentiellen Beschäftigungsreaktionen der durch das Erziehungsgehalt Begünstigten angestellt (vgl. Kapitel 4.3.2). In diesem Konzept besteht ein ökonomischer Anreiz, die Erwerbstätigkeit zu reduzieren, da in diesem Fall das Erziehungsgehalt steigen würde. Damit wird die Möglichkeit geschaffen, daß stattdessen Arbeitslose eingestellt werden.

Die Einstellung bisher Arbeitsloser führt zu Einsparungen bei öffentlichen Transferzahlungen wie dem Arbeitslosengeld, der Arbeitslosenhilfe oder der Sozialhilfe, sofern ein Anspruch auf derartige Transfers bestand. Da die Neueinstellungen nicht aufgrund einer Beschäftigungsausweitung, sondern als Ersatzeinstellungen erfolgen, ergeben sich keine Mehreinnahmen bei der Lohn-/Einkommenssteuer und den Sozialversicherungsbeiträgen.

Wenn wir die vorsichtigen Ergebnisse des DIW (vgl. Kapitel 4.3.2) zugrundelegen, ergibt sich im Zuge des Ersatzes freiwerdender Arbeitsplätze maximal ein Arbeitsvolumen von 50.000 Vollzeit-Personen, das auf Arbeitslose umgeschichtet werden könnte. Nimmt man an, daß 60% Empfänger von Leistungen der Bundesanstalt für

Arbeit sind, dann ergeben sich auf Jahresbasis Einsparungen in Höhe von 850 Mio. DM. Im Falle unseres Kernmodells eines erwerbszeitunabhängigen Erziehungsgehalts für Familien mit Kindern von 0 bis 3 Jahren dürfte der ausgelöste Beschäftigungseffekt sehr gering sein, da die Mütter der Kinder dieser Altersgruppe bis zu 2 Jahre Erziehungsgeld beziehen und in vielen Fällen den maximal möglichen Erziehungsurlaub von 3 Jahren in Anspruch nehmen.

Die Berechnungen zur Höhe der Kosten des Erziehungsgehalts II weisen darauf hin, daß die 50%-ige Anrechnung des Einkommens dazu führt, daß der Kreis der Bezieher dieses Erziehungsgehalts relativ klein ist. Die Anrechnung des Einkommens dürfte verhindern, daß ein größerer Teil der Erziehenden seinen Arbeitseinsatz reduziert, um wegen des dann erzielten geringeren Einkommens in die Berechtigung des Bezuges des Erziehungsgehalts zu kommen. Die Reduktion des Erwerbseinkommens beträgt mindestens das Doppelte des zu erzielenden Erziehungsgehalts. Aufgrund dieser Überlegungen wird kein Beschäftigungseffekt unterstellt. Gleiches gilt für diejenigen, die für eine Grundsicherung in Frage kommen, nachdem ihr jüngstes Kind das 18. Lebensjahr vollendet hat.

Deutliche Einsparungen bei den Leistungen der Bundesanstalt für Arbeit sowie zusätzliche Steuer- und Sozialversicherungseinnahmen könnten sich jedoch aus den *indirekten* Beschäftigungseffekten eines Erziehungsgehalts ergeben. Wie wir im Kapitel 4 erörtert haben, besteht ein erhebliches Beschäftigungspotential bei haushaltsnahen Dienstleistungen, sowohl bei einer Expansion der öffentlichen Kinderbetreuungseinrichtungen wie bei privat organisierter Kinderbetreuung (z.B. Tageseltern). Diese Beschäftigungspotentiale würden durch die Einführung eines Erziehungsgehalts mit Sicherheit in erheblichem Umfang erschlossen. Wir haben allerdings im Rahmen unserer Finanzierungsrechnung auf eine Quantifizierung der Effekte einer solchen Entwicklung auf die öffentlichen Haushalte verzichtet, da sie derzeit noch spekulativ sind.

Durch Umschichtungen und induzierte zusätzliche Steuereinnahmen läßt sich in unserem Kernmodell des Erziehungsgehalts knapp 2/5 des Nettofinanzaufwands aufbringen (15,3 Mrd. DM von 41 Mrd. DM). Dennoch bleibt ein erhebliches Restfinanzvolumen zu mobilisieren. Hier setzen wir zunächst an Einsparoptionen an, die gesetzliche Veränderungen voraussetzen. An oberster Stelle steht dabei unser Vorschlag für eine Beschneidung der Einkommensvorteile aus dem Ehegattensplitting für bestimmte Haushaltsgruppen.

7.8 Gestaltete Einsparungen: Einschränkung von Einkommensvorteilen

7.8.1 Einschränkung der Einkommensvorteile aus dem Ehegattensplitting

Das Ehegattensplitting entstammt einer Zeit, in der das Familienmodell des Ehemanns als Familienernährer und der Ehefrau als Hausfrau und Erzieherin der Kinder noch dominant war. Mit den Einkommensvorteilen aus dem Ehegattensplitting, die insbesondere in (gut verdienenden) Einverdienerfamilien ins Gewicht fallen, will der Staat eine gewisse finanzielle Kompensation dafür leisten, daß die Ehefrau sich ausschließlich (oder primär) der unbezahlten Erziehungs- und Hausarbeit widmet.

7.8.1.1 Umfang und wirtschaftliche Bedeutung des Splittingvorteils

Das Ehegattensplitting belastet den Staat mit rechnerischen Steuermindereinnahmen in erheblichem Umfang. Die letzte präzise Veröffentlichung der Bundesregierung zu diesen Mindereinnahmen erfolgte im Sozialbericht 1993 unter den "Leistungen für Familien". Im Jahr 1992 lagen die Mindereinnahmen noch bei 29,7 Mrd. DM (Sozialbericht 1993, S. 175). Dieser dem Sozialbudget entnommene Wert ergibt sich rechnerisch als Unterschied zwischen der Ehegattenbesteuerung nach geltendem Recht und einer Besteuerung, die sich ergeben würde, wenn der soziale und wirtschaftliche Tatbestand "Ehe" steuerlich nicht berücksichtigt würde. Es mag Zufall sein, daß die Bundesregierung seitdem von einer Veröffentlichung dieser "Leistung" absah, gerade auch während der intensiven Steuerreformdiskussion in der zweiten Hälfte der 90er Jahre. Dankenswerterweise stellte uns Anfang 1998 das Bundesministerium der Finanzen neue Modellrechnungen zu den Steuermindereinnahmen aus dem Ehegattensplitting für die Jahre 1996 bis 2001 zur Verfügung, die zudem die Werte für die neuen Bundesländer separat ausweisen (vgl. Tabelle 16). Im Ende März 1998 veröffentlichten "Sozialbericht 1997" wurden die Eckwerte des Splittingvorteils wieder genannt, allerdings ohne den Begriff des "Ehegattensplitting" zu erwähnen und in einer das tatsächliche Volumen verschleiernden Addition mit anderen Steuerentlastungen für Familien (Bundesministerium für Arbeit und Sozialordnung 1998, S. 338f., v.a. Fn 2).

Das Erziehungsgehalt ist als ein wesentlicher Schritt zu einer selbständigen wirtschaftlichen Sicherung von Frauen durch die materielle Anerkennung der Erziehungsarbeit zu werten. Soweit Frauen die Erziehungsarbeit primär verrichten, erzielen sie für ihre Familienarbeit nunmehr eine direkte wirtschaftliche Sicherung. Die indirekte Honorierung ihrer Arbeit durch die Aufstockung des Ernährereinkommens ist dann entbehrlich. Das Ehegattensplitting erhöht in der Regel das verfügbare Einkommen des Mannes, von dem die Ehefrau nur indirekt partizipiert. Die direkte Honorierung der Arbeit durch das Erziehungsgehalt macht die betroffenen Frauen wirtschaftlich wesentlich unabhängiger und verändert ihr wirtschaftliches Gewicht in der Familie zu ihren Gunsten. Funktionell wird also das Ehegattensplitting in einem bestimmten Bereich überflüssig, da die dadurch bewirkte wirtschaftliche Förderung der Familien nunmehr besser (und direkter) durch das Erziehungsgehalt erreicht wird.

Die aus der Abschaffung des Ehegattensplitting freiwerdenden Mittel stehen nicht zu 100% etwa für Zwecke der Finanzierung des Erziehungsgehalts zur Verfügung. Ein gewisser Teil wird weiter benötigt, um die Steuerfreistellung des Existenzminimums bei Ehepaaren zu finanzieren, die implizit durch die Einkommensvorteile des Ehegattensplittings bei Ehepaaren gegeben war. Zudem dürfen Ehepaare nicht schlechter gestellt werden als Geschiedene, die das sogenannte Realsplitting in Anspruch nehmen können, nach dem Unterhaltszahlungen (bis 27.000 DM pro Jahr) als Sonderausgaben abzugsfähig sind und die korrespondierenden Einnahmen beim Empfänger zu versteuern sind. Dies fällt vor allem bei Ehepaaren ohne Kinder ins Gewicht, bei denen die Ehefrau nicht erwerbstätig oder nur geringfügig erwerbstätig ist, also ein Einkommen unter der Grenze des steuerlichen Existenzminimums erzielt. Da generell bei Ehepaaren ein doppeltes Existenzminimum von der Besteuerung freigestellt ist, würden Ehepaare steuerlich von dieser Vorschrift profitieren, bei denen die Frau Hausfrau ist.

Die darüber hinausgehenden Einkommensvorteile des Ehegattensplitting, die heute insbesondere bei der Gruppe der Ehepaare ohne Kinder massiver Kritik ausgesetzt sind, fallen jedoch bei Abschaffung des Ehegattensplitting weitestgehend weg. Leider liegen keine Simulationsrechnungen über die Wirkungen einer Beseitigung der derzeitigen Splittingregelung vor. Es ist davon auszugehen, daß die zusätzlichen Steuereinnahmen erheblich sind. Dafür sprechen nachdrücklich die in Tabelle 8 sichtbaren Daten, vor allem der Vergleich zwischen den alten und den neuen Bundesländern.

Tabelle 16: Steuermindereinnahmen aus dem Ehegattensplitting in den Jahren 1996 bis 2001

	alte und neue Bundesländer zusammen (in Mio. DM)	darunter für neue Bundesländer (in Mio. DM)
1994	31.100	-
1995	32.400	1.600
1996	41.100	2.700
1997	41.500	2.700
1998	43.100	2.800
1999	45.900	2.900
2000	47.300	3.000
2001	48.700	3.200

Quelle: Bundesministerium der Finanzen 1998

Der Vorteil aus dem Splittingverfahren kommt vor allem den gehobenen und höchsten Einkommensgruppen zugute. Anders ist das rasante Wachstum des Splittingvorteils in den alten Bundesländern nicht zu erklären. Vor allem aber kann sonst kaum erklärt werden, warum sich die sonstigen steuerlichen Mindereinnahmen aus dem Familienleistungsausgleich (Kinderfreibeträge und Kindergeld) in den neuen Bundesländern auf etwa 1/6 der Werte der alten Bundesländer belaufen, die Vorteile aus dem Ehegattensplitting jedoch nur auf 1/16.

7.8.1.2 Einsparungen zur Finanzierung des Erziehungsgehalts

Da die Einschränkung der Einkommensvorteile aus dem Ehegattensplitting einen bedeutenden Teil der Finanzierung des Erziehungsgehalts ausmacht, wurden durch das DIW differenzierte Schätzungen des Mehraufkommens vorgenommen. Dabei wurde ein mehrstufiges Vorgehen angesetzt:

- Für die Zeit des Bezugs eines Erziehungsgehalts wird die steuerliche Veranlagung nach dem Splittingverfahren eingeschränkt bzw. aufgehoben.
- Für die Zeit, in der das/die Kind(er) zwischen 3 und 18 Jahre alt sind (oder in der Ausbildung sind und unterhalten werden), gilt das Splittingverfahren (evtl. auf einen Festbetrag beschränkt) weiter.
- Sind keine Kinder (mehr) im Haushalt, dann wird die Möglichkeit der steuerlichen Veranlagung nach dem Splittingverfahren eingeschränkt oder aufgehoben.

Wie bereits angeführt, hat die Veränderung der steuerlichen Behandlung der Erwerbseinkommen weitreichende Folgen. Die Erwerbsbeteiligung vor allem der Frauen (evtl. auch der Männer) wird sich an die veränderte Nettoeinkommenssituation anpassen. Denn mit Abschaffung des Splittingvorteils und der Steuerklasse V für den geringverdienenden Ehepartner würde auch der Abschreckungseffekt verschwinden, der von den massiven Eingangssteuersätzen für die zweite Erwerbsperson in der Ehe ausgeht. Die im folgenden angegebenen steuerlichen Mehreinnahmen können insoweit nur als grobe Abschätzungen verstanden werden.

Die Modellrechnungen des DIW zur Modifikation der Besteuerung weisen Steuermehreinnahmen in Höhe von 33,3 Mrd. DM aus, wenn die steuerliche Veranlagung mit dem Splittingverfahren bei der Einkommensteuer beseitigt wird. Berücksichtigt ist dabei, daß beide Ehepartner den jeweils geltenden Grundbetrag erhalten. Der den Alleinerziehenden zustehende Haushaltsfreibetrag wurde beibehalten. Eine Aufhebung würde das Steueraufkommen um weitere 1,9 Mrd. DM erhöhen.

Von den Ehepaaren haben 45% Kinder unter 18 Jahren und vier Fünftel dieser Ehepaare haben Kinder im Alter von 3 bis 18 Jahren (vgl. BMFSFJ 1997, S. 39ff.). Teilt man den errechneten Splittingvorteil proportional auf die einzelnen Ehepaartypen auf, dann bleiben nur 35% des Splittingvorteils bestehen. In Höhe von knapp 22 Mrd. DM fallen Steuermehreinnahmen an, die zur Finanzierung des Erziehungsgehalts verwendet werden können.

Ehepaare mit Kindern über 18 Jahre, die noch im elterlichen Haushalt wohnen, werden mit ca. 11 Mrd. DM stärker herangezogen; Ehepaare mit Kindern über 18 Jahren, die nicht mehr im Haushalt wohnen, mit etwa 7 Mrd. DM und Ehepaare ohne Kinder mit etwa 4 Mrd. DM. Die stärkere Belastung von Eltern erwachsener Kinder, würde im Rahmen einer Reform der Ausbildungsförderung zu berücksichtigen sein. Die Kosten einer solchen Reform würden aber weitem nicht an die hier als Mehreinnahmen veranschlagten Beträge heranreichen.

Die Aufhebung des Ehegattensplitting-Verfahrens würde vor allem in den gehobenen Einkommensgruppen auch bei Berücksichtigung des Erziehungsgehalts die Nettogewinne aus allen mit der Umsetzung des Erziehungsgehalts verbundenen Maßnahmen stark reduzieren. Bei den höchsten Einkommen (über 20.000 DM pro Monat) kann es sogar sein, daß sich die Abschaffung des Splittingvorteils und die Zahlung eines Erziehungsgehalts für ein Kind (2.000 DM) annähernd aufwiegen. Diesem Effekt steht jedoch positiv die erhöhte Zielgenauigkeit der staatlichen Umverteilung und die hohe Selbstfinanzierungsquote des hier vorgeschlagenen Finanzierungsmodells zur Seite.

Es müßte ein gesellschaftlicher Konsens dahingehend erzielt werden können, daß die erheblichen Mindereinnahmen aus dem Ehegattensplitting künftig gezielt den Familien zugute kommen, die in besonderer Weise durch die Erziehungsarbeit gefährdet sind, den jungen Familien mit kleinen Kindern.

7.8.2 Familienzuschläge des öffentlichen Dienstes

Im Laufe der Studie ist vielfach angeklungen, daß Kinderlose sich aufgrund ihrer Vorteile aus den Leistungen der Familien bei der Kindererziehung stärker bei der Finanzierung von materiellen Zuwendungen für die Familien beteiligen sollten. Eine Möglichkeit dazu bestünde in der Reduzierung und Abschaffung der Familienzuschläge des öffentlichen Dienstes, soweit diese heute an Ehepaare ohne Kinder gezahlt werden, und die Verwendung der freiwerdenden Mittel zugunsten des Erziehungsgehalts.

Weiterer Einsparungsspielraum bestünde bei Ehepaaren, die früher Kinder erzogen haben und heute bereits eine gewisse Altersgrenze, z.B. 50 oder 55 Jahre, überschritten haben. Diese verfügen aufgrund ihres fortgeschrittenen Alters über höhere Einkommen als junge Familien, die oft schon während der Phase des Berufseinstiegs ein Kind bekommen, und könnten von daher relativ leicht auf diese Familienzuschläge verzichten.

Die Familienzuschläge des öffentlichen Dienstes lagen im Jahr 1995 bei 13,04 Mrd. DM (Statistisches Jahrbuch 1997b, S. 464). Aufgrund der Personalstandsstatistik des Statistischen Bundesamtes (FS 16, R 6, 1996, S. 131ff.) läßt sich für das Jahr 1996 allein für die alten Bundesländer (die Daten der neuen Länder sind noch nicht aufbereitet) ein Betrag in Höhe von etwa 3,75 Mrd. DM nachweisen, der als Ortszuschlag 2 allein aufgrund des Sachverhalts "verheiratet" gezahlt wird. Im Zusammenhang mit einer Umwidmung des Ehegattensplitting zugunsten eines Erziehungsgehalts stehen auch diese Zahlungen zur Disposition.

7.8.3 Reform der Hinterbliebenenversorgung

Eine direkte Entlastung der Ausgaben für Hinterbliebenenrenten ergibt sich durch das Ziel der langfristigen Existenzsicherung der Erziehungspersonen im Rahmen der Grundsicherung nach Abschluß der Erziehungsphase.
Weitere Entlastungen der Kassen der Rentenversicherung und des Staates müssen durch eine Reform der Hinterbliebenenversorgung erreicht werden. Das traditionelle Familienmodell, in dem die nicht-erwerbstätige Ehefrau die Kinder erzog und das zu einer (indirekten) sozialen Absicherung der Ehefrau im Alter über die Witwenrente führte, ist schon lange nicht mehr vorherrschend. Die Erwerbsbeteiligung der Frauen ist in den vergangenen Jahrzehnten stark gestiegen und wird auch in den kommenden Jahren weiter steigen. Die eigenständige wirtschaftliche Absicherung der Frauen durch Erwerbsarbeit löst das Modell der indirekten sozialen Absicherung über den Status als (unterhaltberechtigte) Ehefrau und Erzieherin der Kinder immer mehr ab.
Das Erziehungsgehalt schafft nunmehr auch eine eigenständige wirtschaftliche Absicherung der Erziehungspersonen, heute noch überwiegend Frauen, die in der Familie primär die Aufgabe der Kindererziehung und die damit verbundene Familienarbeit übernehmen. Die Grundsicherung sichert zumindest dauerhaft das Existenzminimum von Erziehungspersonen. Eine Aufstockung dieser Summe im Alter ergibt sich aus den Ansprüchen auf eine Altersrente, die aus der Anrechnung von Kindererziehungszeiten und erwerbsbedingten Anwartschaften entstehen. Diese Altersrente steigt, wenn die Übernahme der Kindererziehung in Zukunft zu höheren Rentenansprüchen führt. Wir haben in unserem Konzept vorgeschlagen, die Zahl der anerkannten Kindererziehungsjahre sukzessive auf die Laufzeit von Erziehungsgehalt I, also auf 6 1/2 Jahre, anzuheben.
In Europa sind viele Länder bei der hier anstehenden Reform schon weiter als Deutschland. In Dänemark, das ein steuerfinanziertes Volksrentensystem hat, wurden die Hinterbliebenenrenten bereits 1984 abgeschafft. Statt dessen können Männer und Frauen ab 50 eine vorgezogene Altersrente erhalten, wenn dies aufgrund ihrer finanziellen Lage oder ihres Gesundheitszustandes gerechtfertigt ist. In Schweden und den Niederlanden werden Leistungen nur noch dann an Hinterbliebene gezahlt, wenn sie wegen der Betreuung von Kindern, ihres vorgerückten Alters oder eigener Erwerbsunfähigkeit nicht mehr in der Lage sind, ihren Unterhalt selbst zu bestreiten (vgl. Handelsblatt vom 9.12.97).
Die Neuordnung der Hinterbliebenenversorgung kann freilich nicht sofort als Plus bei den Finanzierungsquellen eines Erziehungsgehalts eingesetzt werden. Sie bringt nur in

der langen Frist Einsparungen in der Rentenkasse, da von erheblichen Übergangsfristen auszugehen ist.

7.9 Ansatzpunkte zusätzlicher Einnahmengewinnung

7.9.1 Zugrundeliegende Prinzipien

Eine Umschichtung von Mitteln aus dem Ehegattensplitting zur Finanzierung des Erziehungsgehalts in Höhe von 22 Mrd. DM deckt einen hohen Anteil des ermittelten Fehlbetrages. Es bleibt noch ein Restposten in Höhe von etwa 3,7 Mrd. DM zu finanzieren. Eine Finanzierungsalternative der Nettokosten des Erziehungsgehalts in der 1. Phase sehen wir in Einsparungen überkommener Ortszuschläge des öffentlichen Dienstes. Hier und vor allem bei einer Ausweitung des Erziehungsgehalts über die 1. Phase hinaus muß aber auch das Instrument von Steuererhöhungen zur Finanzierung herangezogen werden. Zusätzliche Einnahmen könnten vor allem durch eine höhere Besteuerung der Alterseinkommen, durch eine Verschärfung der Erbschaftssteuer, die Wiedereinführung der Vermögenssteuer sowie durch einen Familienzuschlag auf die Lohn- und Einkommenssteuer erzielt werden.

Was sind die Beweggründe, die zur Auswahl dieser Hebel für zusätzliche Staatseinnahmen geführt haben?

Das Ziel, staatliche Einsparungen durch Einschränkungen der Einkommensvorteile aus dem Ehegattensplitting zu erzielen, folgt der Logik der funktionalen Überlegenheit des Erziehungsgehalts für die Erziehungsperson(en) in der Familie gegenüber den Wirkungen des Ehegattensplitting. Der Vorteil des Erziehungsgehalts ist es, daß es der (primären) Erziehungsperson eine direkte wirtschaftliche Sicherung vermittelt. Das Ehegattensplitting kann - mit anderen Worten - in einem bestimmten Bereich wegfallen, da das Erziehungsgehalt das überlegene Instrument zur Erreichung des Ziels der wirtschaftlichen Sicherung der (nicht oder nur geringfügig erwerbstätigen) Erziehungsperson ist.

Die Entscheidung für die oben genannten Steuern zur Erzielung zusätzlicher Staatseinnahmen folgt der Logik eines Abbaus intergenerationaler Ungerechtigkeiten - vor allem gegenüber den noch ungeborenen Generationen - und einer Neuaustarierung der Steuer- und Abgabenbelastung zwischen den heute lebenden Generationen zulasten der älteren Generation, der Erblasser und der Vermögenden. *Oberstes Prinzip staatlicher Finanzierungsstrategien muß heute die Abwehr zusätzlicher (Netto-)Steuer- und Abgabenbelastungen zukünftiger Generationen durch heutige Finanzierungsentscheidungen des Staates sein.*

Generationenbilanzen, die erst seit kurzem vorliegen, zeigen, daß die noch ungeborenen Generationen aufgrund des explosiven Wachstums der Staatsverschuldung und des schon absehbaren sich verschärfenden demographischen Ungleichgewichts zu ihren Lebzeiten mit einer deutlich höheren (Netto-)Steuer- und Abgabenbelastung rechnen müssen wie die heutige ältere Generation (vgl. vor allem die Arbeiten von Raffelhüschen, z.B. Raffelhüschen/Walliser 1997). Das Ziel des Abbaus intergenerationaler Ungleichheiten mit einer deutlich höheren (Netto)Steuerbelastung einzelner Generationen wird in einem solchen langfristigen Krisenhorizont zum vielleicht wichtigsten Ziel künftiger Staatstätigkeit.

Die Generationenbilanzen zeigen, daß gegenwärtig jeder später geborene Jahrgang über seinen Lebenszyklus stärker mit (Netto-)Steuern/Abgaben belastet wird als der jeweils ein Jahr vorher geborene. Dies bestätigt eine Auffassung, die sich in Politik und Öffentlichkeit in den vergangenen Jahren ohnehin verstärkt durchgesetzt hat: Auch zwischen den heute lebenden Generationen hat sich die Schieflage ständig weiter verschärft. Waren früher ältere Menschen (primäre) Kandidaten für den Bezug von Sozialhilfe, so sind es heute immer mehr Kinder, Jugendliche, Alleinerziehende und Familien mit mehreren Kindern. Familienarmut grassiert. Ein großer Teil der Pensionäre und Rentner lebt dagegen gut und verfügt über beachtliche Vermögen. Die Vermögenswerte, die in den kommenden Jahren vererbt werden, sind gigantisch.

Bei der Finanzierung des Erziehungsgehalts geht es also auch um einen intergenerationalen Transfer von den Älteren und Vermögenderen zu den Familien und deren Kindern. Da wir angesichts der in den letzten Jahrzehnten immer noch weiter gestiegenen Lebenserwartung zunehmend zu einer Vier-Generationen-Gesellschaft werden, profitieren Eltern mit jungen Kindern immer seltener direkt von der anlaufenden Welle großer Erbschaften, obwohl gerade sie entsprechende Zuwendungen bitter nötig hätten. Als Erbengeneration kristallisieren sich immer stärker deren Eltern heraus, die oft erst in einem Alter jenseits der Mitte 50 vom elterlichen Erbe profitieren.

Eine wirtschaftliche Besserstellung durch die Strukturmaßnahme des Erziehungsgehalts entspannt das familiäre Leben wesentlich. Es würde nicht verwundern, wenn die Zahl der Geburten wieder etwas zunehmen würde, da bekanntlich heute viele Kinderwünsche - wie viele Umfragen zeigen - in den betroffenen Altersjahrgängen aufgrund der ungünstigen wirtschaftlichen Situation vieler Familien nicht realisiert werden.

Die mit dem Erziehungsgehalt angestrebte strukturelle Verbesserung der wirtschaftlichen Lage der Familien wird durch ihre vielfältigen positiven Zukunftswirkungen zweifellos die in mehrfacher Hinsicht bestehende Schieflage zwischen Jung und Alt entspannen. Die Erreichung dieses Ziels rechtfertigt aus unserer Sicht eine stärkere steuerliche Belastung der Alterseinkommen sowie von Vermögen und Erbschaften.

Zusätzliche Einnahmen und Einsparungen fallen auf unterschiedlichen Ebenen der Gebietskörperschaften an, was entsprechende Umschichtungen in den Finanzausgleichssystemen zwischen Bund, Ländern und Gemeinden erfordert. Hier ist die Kooperationsbereitschaft der Verfassungsorgane des föderalen Bundesstaates gefordert. Wir schlagen vor, zur Lösung dieser Fragen eine Bund-Länder-Gemeinden-Arbeitsgruppe einzurichten.

7.9.2 Stärkere Besteuerung der Alterseinkommen

Eine verstärkte Besteuerung der Alterseinkommen wird in Bonn sowohl im Rahmen des vorläufig gescheiterten Steuerreformkonzeptes der Bundesregierung als auch von anderen politischen Kräften, wie z.B. den Grünen, angestrebt. Es geht hier nicht darum, die schwer erarbeiteten Renten der Masse der Kleinrentner zu senken - eine Behauptung, die sich populistisch gut verkaufen ließe. Im Gegenteil sollten Alterseinkommen stärker zur Besteuerung herangezogen werden, die in weiten Bereichen doch beachtlich hoch sind. Die Besteuerung eines höheren Anteil an den Einkommen der Rentner würde es auch ermöglichen, die immer wichtiger werdenden sonstigen Einkünfte (u.a. aus Kapitaleinkommen) zu besteuern. Sicherzustellen ist allerdings, daß eine Besteuerung von Alterseinkünften nicht zu Mehrbelastungen für untere Einkommen führt. Unser Grundansatz ist es, die Privilegierung der älteren Generation durch die Politik der Vergangenheit zugunsten einer stärkeren zukunftsnotwendigen Förderung der Elterngeneration und deren Kinder abzubauen.

Alterseinkommen müssen heute in weitem Umfang nicht besteuert werden. Während Pensionen besteuert werden, ist dies bei Renten nur im Umfang des sogenannten Ertragsanteils der Fall. Der Unterschied, der in der Besteuerung zwischen Pensionen und Renten gemacht wird, wird im allgemeinen damit begründet, daß Einkommen grundsätzlich nur einmal besteuert werden sollen. Während für Beamtenpensionen aus versteuertem Einkommen vorher keine Beiträge eingezahlt worden sind, ist dies bei in die Rentenversicherung eingezahlten Beiträgen partiell der Fall.

Die stärkere Heranziehung der Renten zur Einkommensbesteuerung kommt der finanzwissenschaftlichen Forderung nach einer Gleichbehandlung aller Einkunftsarten entgegen. Die heutigen Regelungen begünstigen die Rentner in zweierlei Hinsicht. Sie profitieren einmal von einem großzügigen Altersentlastungs-Freibetrag (sofern sie noch erwerbstätig sind) und zum anderen von einer Freistellung weiter Teile der Renten von der Besteuerung. Die geltenden hohen Freibeträge haben zur Folge, daß derzeit fast alle Ruheständler vom Zugriff des Finanzamtes verschont bleiben. So bleiben gegenwärtig tatsächlich Sozialrenten bis zur Höhe von 68.774 DM für Alleinstehende, bei Ehepaaren sogar bis zu 120.492 DM jährlich steuerfrei.

Der Ertragsanteil richtet sich nach dem Renteneintritt. Wer mit 50 in den Ruhestand wechselt, muß 42% seiner Rente versteuern, bei Renteneintritt mit 65 Jahren sind es lediglich 27%. Der Rest bleibt heute unversteuert. Die Begründung dafür, daß Einkommen nur einmal besteuert werden sollen, ist allerdings nicht haltbar. An den Beitragszahlungen zur Rentenversicherung beteiligen sich bei Arbeitnehmern, also der Masse der Beschäftigten, Arbeitnehmer und Arbeitgeber hälftig zu jeweils 50%. Der Arbeitgeberanteil wird bisher jedoch nicht versteuert. Die Arbeitgeber können ihn als Teil der Lohnkosten absetzen.

Da es sich um unversteuerte Einkünfte handelt, müßte der auf den Arbeitgeberanteil zurückgehende Anteil an den Altersrenten systematisch dann besteuert werden, wenn er im Alter anfällt. Aber auch der Arbeitnehmeranteil wird bekanntlich nicht voll versteuert. Ein relevanter Teil der Arbeinehmerbeiträge zur Kranken- und Rentenversicherung kann als Freibeträge im Rahmen der Sonderausgaben abgesetzt werden. In einer Untersuchung kommt das Bundesfinanzministerium zum Resultat, daß die Sozialbeiträge von Arbeitnehmern und Arbeitgebern sogar zum überwiegenden Teil steuerfrei sind. Bei Durchschnittsverdienern seien derzeit rd. 70% abzugsfähig. Bei Arbeitnehmern mit geringem Einkommen und bei verheirateten Alleinverdienern sind, so der Bericht, häufig 100% abziehbar. Damit würden Pläne, die Renten über den Ertragsanteil hinaus zu versteuern, nicht auf eine Doppelbesteuerung hinauslaufen.

Nach Vorschlägen der Steuerkommission des Bundesfinanzministeriums soll zukünftig - bei deutlicher Senkung der Freibeträge - die Hälfte der Rente der Steuerpflicht unterworfen werden. Steuerfrei würden dann noch Renten in Höhe von 2.600 DM im Monat für Ledige und 5.200 DM für Verheiratete bleiben. Nur wer darüber hinaus Einkünfte etwa aus Vermietung oder Zinseinkünfte erzielt, bliebe nicht verschont. Mit dem neuen Prinzip würde man sich einer Gleichbehandlung von Renten, Pensionen und Lohneinkünften etwas annähern, die Renten blieben aber auch weiterhin noch besser gestellt.

Die 50%-Grenze im Vorschlag der Bundesregierung ist völlig willkürlich gegriffen. Weit radikaler und konsequenter ist der Vorschlag im Steuerreformkonzept der Grünen, Renten, Lohnersatz- und andere Sozialleistungen zu besteuern, gleichzeitig aber auch Veräußerungsgewinne. Im Gegenzug soll die Vorsorge für das Alter und andere Risiken bis zur Beitragshöhe der Sozialversicherung, gegenwärtig rd. 3.000 DM im Monat, steuerfrei bleiben. Für eine lange Übergangsperiode soll allerdings berücksichtigt werden, daß Aufwendungen für die Altersrente teilweise aus versteuertem Einkommen getätigt worden sind. Eine Umstellung der Rentenbesteuerung in dieser Richtung wird auch von Teilen der SPD gefordert.

7.9.3 Erhöhung der Einnahmen aus der Erbschaftssteuer

Die Erbschaftssteuer ist gerade zum 1.1.1996 verschärft worden. Die Einnahmen beliefen sich in den letzten Jahren auf bescheidene 3,5 Mrd. DM.
Durch die neue Regelung sollen die Einnahmen um mindestens 50% auf 5,5 Mrd. und mehr ansteigen. Das reicht aus unserer Sicht nicht aus. Mehreinnahmen könnten durch eine Art Familienzuschlag auf die Erbschaftssteuer erzielt werden.
Die Erbschaftsteuer ist an sich eine effiziente Steuer. Erbschaften müssen deklariert werden. Es besteht kein Anreiz zum Verbergen der Werte. Es ist freilich zu bedenken, daß mit Mehreinnahmen erst mit einer Verzögerung von mehreren Jahren zu rechnen ist.

7.9.4 Wiedereinführung der Vermögenssteuer

Nach dem Urteil des BVG ist eine Wiedereinführung einer Vermögenssteuer nicht auf Dauer verboten. Es müssen lediglich bestimmte Bedingungen erfüllt werden. Eine Vermögenssteuer würde gut in ein Programm größerer (Generationen-)Gerechtigkeit der Besteuerung passen. Ihre Wiedereinführung wird im übrigen von der SPD und den Grünen gefordert. Denkbar wäre auch eine (Solidar-)Abgabe auf große Vermögen, wie sie von beiden eben genannten Parteien und seit Jahren besonders vehement von Münchens Ex-Bürgermeister Kronawitter gefordert wird.

7.9.5 Familienzuschlag auf die Lohn- und Einkommenssteuer

Eine weitere Option besteht in der Einführung eines Familienzuschlags auf die Lohn- und Einkommenssteuer. Damit würden generell die Leistungsfähigen (progressiv) stärker zur Finanzierung herangezogen. Der Solidaritätszuschlag wird in den kommenden Jahren auslaufen. Von daher bestünde die Möglichkeit, nahtlos mit einem "Familiensoli" anzuschließen. Der Solidaritätszuschlag von 7,5% der Lohn- und Einkommenssteuer erbrachte Gesamtsteuereinnahmen in Höhe von 26,1 Mrd. DM (Stand 1996). Auf einen Prozentpunkt entfallen also ca. 3,5 Mrd. DM. Da eine Umschichtung von Mitteln zugunsten von Familien langfristig notwendig erscheint, wäre ein Familiensoli auch zunächst unbegrenzt einzuführen.

7.10 Abschließendes Resümee zur Finanzierung des Erziehungsgehalts

Die Finanzierungsrechnung für unser Kernmodell eines Erziehungsgehalts für Familien mit Kindern im Alter von 0 bis 3 Jahren hat ein ermutigendes Ergebnis erbracht. Der Bruttoaufwand läßt sich über die Besteuerungspflicht sowie über Umschichtungen aufgrund automatischer und "gestalteter" Einspareffekte mit Ausnahme eines geringen Fehlbetrages in Höhe von ca. 3,7 Mrd. DM gegenfinanzieren (vgl. Tabelle 15).
Diese Restgröße kann aus unserer Sicht entweder durch die Einschränkung der Familienzuschläge im öffentlichen Dienst, und zwar für Ehepaare ohne Kinder (3,7 Mrd. DM von insgesamt 13,04 Mrd. DM) finanziert werden oder durch den Einstieg in einen Familienzuschlag auf die Lohn- und Einkommenssteuer, und zwar in Höhe von einem Prozentpunkt auf die Lohn- und Einkommenssteuer-Einnahmen.
Die Finanzierungsrechnung für drei Jahrgänge von Kindern hat gezeigt, daß unser Modell gerade auch unter diesem Gesichtspunkt, der in der Öffentlichkeit beinahe eine übergroße, wenn nicht erschlagende Rolle spielt, auf solidem Boden steht. Der Einnahmenanteil, der auf Steuersatzsteigerungen zurückgeht, liegt bei maximal 7%.
Der Nachteil der Solidität der Finanzierungsrechnung ist ihr hoher Umschichtungsanteil. Das heißt: ein relativ hoher Anteil des Erziehungsgehalts wird gerade auch von den Eltern finanziert, die direkt vom Erziehungsgehalt profitieren. Wie aber oben

schon betont, ist es für diese Eltern, die bisher von Sozialhilfe, Arbeitslosenhilfe und Wohngeld abhängig waren, ein großer Schritt nach vorn im Selbstbewußtsein und in der Fremdeinschätzung, wenn sie jetzt wirtschaftlich aufgrund einer Entgeltzahlung auf eigenen Füßen stehen, die ihre aktuellen Leistungen in der Familie für ihre Kinder honoriert.

Die Erziehungsgehalts-Diskussion ist freilich mit dieser Finanzierungsrechnung (vgl. Tabelle 15) nicht am Ende. Es geht darum, in Zukunft politische Unterstützung und Finanzierungswege für eine Ausweitung des Erziehungsgehalts auf die zweite Phase (4. bis 7. Lebensjahr der Kinder) und in weiterer Zukunft auf die dritte Phase (Erziehungsgehalt II) zu finden. Pro Altersjahrgang steigt der Finanzierungsaufwand für das Erziehungsgehalt I aufgrund der geringeren Zahlbeträge für zweite und weitere Kinder um 16 bis 18 Mrd. DM (dreieinhalb Jahre bis zum Schuleintrittsalter). Dagegen ist der Bruttofinanzaufwand für das rein einkommensabhängige Erziehungsgehalt II überraschend gering. Er liegt für Familien mit Kindern von 8 bis 18 Jahren bei 10,7 Mrd. DM (vgl. Kapitel 7.2.3), netto (nach Steuern) bei 9 Mrd. DM. 90% dieses Betrages würden dabei unter den heutigen Bedingungen Alleinerziehenden zufließen. Eine Reihe von Finanzierungsoptionen für die zweite (und dritte) Phase des Erziehungsgehalts sind schon genannt worden. Mit einer steigenden Anzahl von Altersjahrgängen steigt auch das Umschichtungspotential aus Einsparungen bei der Sozialhilfe, Arbeitslosenhilfe und Wohngeld. Das DIW beziffert die totalen Einsparungen in diesen Bereichen bei Umsetzung des Gesamtmodells auf 21 Mrd. DM. Der Umstieg von der Objekt- zur Subjektförderung im Bereich der Kindertageseinrichtungen ist finanziell im Kindergartenbereich viel ergiebiger als im Krippenbereich. Die staatlichen Ausgaben für Kindergärten belaufen sich (Stand 1994) auf etwa 15,8 Mrd. DM jährlich, bei weniger als 2,5 Mrd. DM für den Krippenbereich. Pro Kindergartenplatz, der mit einem Erziehungsgutschein bezahlt würde, ergäbe sich ein jährlicher Umschichtungsbetrag von 7.200 DM (12 x 600 DM).

Was den Bereich der gestalteten Einsparungen betrifft, haben wir bisher durch die Reduzierung der staatlichen Leistungen aus dem Ehegattensplitting einen Umschichtungsbetrag von 22 Mrd. DM in unsere Finanzierungsrechnung eingesetzt. Je weiter das Erziehungsgehalt auf Eltern mit Kindern, die älter als drei Jahre sind, ausgedehnt wird, kann sich natürlich auch die Beschneidung der Einkommensvorteile aus dem Ehegattensplitting auf Eltern mit vier-, fünf- und sechsjährigen Kindern erstrecken. Um es nochmals zu betonen: durch die direkte Honorierung der Erziehungsleistung mit einem Erziehungsgehalt besteht kein Anlaß mehr zu zusätzlichen steuerlichen Maßnahmen, die die wirtschaftliche Belastung von Familien durch die Erziehungsarbeit (vor allem der Mütter) teilweise ausgleichen.

Was die Finanzierungsoption "Steuersatzsteigerungen" angeht, so haben wir die Prinzipien schon beschrieben, an denen man sich aus unserer Sicht orientieren sollte. Quer durch alle Parteien (vielleicht noch am wenigsten in der SPD) steigt die Zustimmung dazu, daß die Einnahmequellen der verstärkten Besteuerung der Alterseinkommen, einer Verschärfung der Erbschaftssteuer und der Wiedereinführung einer (veränderten) Vermögenssteuer in den kommenden Jahren ernsthaft mobilisiert werden sollten.

So systematisch richtig die damit in Gang gebrachte intergenerationale Umverteilung von Alt zu Jung wäre, so gering sind freilich die absoluten Dimensionen zusätzlicher Staatseinnahmen, die bei diesen drei Quellen zu erzielen wären. Das Bundesfinanzministerium rechnete bei dem Vorschlag für eine - allerdings bescheidene - Verstärkung der Besteuerung der Renten im Rahmen des Steuerreformvorschlages 1997 nur mit 1,5 Mrd. DM jährlicher Mehreinnahmen. Hier ist mehr mobilisierbar. Aber die Bäume wachsen hier nicht in den Himmel.

Die jährlichen Einnahmen bei der Erbschaftssteuer lagen zuletzt bei 3,5 bis 4 Mrd. DM. Eine Verdoppelung der diesbezüglichen Einnahmen würde gerade maximal 4 Mrd. DM erbringen. Die Vermögenssteuer brachte zuletzt 9 Mrd. DM in die Kassen der Länder. Auch mit diesem Pfund, so es für das Erziehungsgehalt in Zukunft genutzt werden sollte, läßt sich also nicht wuchern.

Bei der Suche nach gewichtigen Finanzierungsquellen kommt man immer auf eine Gegenüberstellung Mehrwertsteuer versus Lohn- und Einkommenssteuer. Ein Prozentpunkt der Mehrwertsteuer bringt 15 bis 16 Mrd. DM pro Jahr in die Kassen der öffentlichen Hand. Heute, am Tag, an dem diese Zeilen geschrieben werden, tritt die aktuelle Mehrwertsteuererhöhung von 15 auf 16% in Kraft, die Ende 1997 beschlossen worden ist. Die Finanzierung einer Familienleistung durch eine Erhöhung der Mehrwertsteuer ist die denkbar schlechteste Alternative. Bekanntlich tragen Familien, die gezwungen sind, ihr zum Teil schmales Einkommen (nahezu) vollkommen für Konsumzwecke zu verausgaben, die Hauptlast der Mehrwertsteuer. Nur wenn es gelänge, in Zukunft die Mehrwertsteuer weiter zu differenzieren - vgl. zum Beispiel die Debatte um einen dritten Mehrwertsteuersatz für Energie oder um den Ausbau von (differentiellen) Konsumsteuern - käme sie überhaupt als prüfenswerte Finanzierungsoption für das Erziehungsgehalt in Frage.

Es bleibt unser Vorschlag eines Familienzuschlags zur Lohn- und Einkommenssteuer. Dabei würde es sich um eine beitragsähnliche Steuer handeln, die aber von den Einnahmepotentialen des progressiven Verlaufs der Lohn- und Einkommenssteuer profitiert. Unter Gerechtigkeitsgesichtspunkten ist sie daher einem proportionalen Beitrag oder einer proportionalen Steuer überlegen. Ein konstanter Anteil an der Lohn- und Einkommenssteuer als "Familiensoli" der Gesellschaft am Anfang eines neuen Jahrhunderts realisiert das Ziel der Umverteilung von oben nach unten (durch den progressiven Verlauf der Einkommenssteuer). Dadurch werden gutverdienende Ehepaare und Alleinstehende stärker zur Finanzierung herangezogen. Und wir wissen, daß Kinderlose bei diesen Gruppen überrepräsentiert sind. So dient ein "Familiensoli" zugleich dem Ziel einer ausgewogeneren Kostentragung der wirtschaftlichen Belastungen der Kindererziehung und Betreuung durch alle Einkommensbezieher.

8 | Politische Schlußfolgerungen

Eltern sind politisch schlecht organisiert. Die besonders verletzliche Kleinkindphase ist zeitlich befristet, vor allem bei Ein-Kind-Familien. Auch die Organisation der Anbieter von Kinderbetreuungsleistungen war bislang prekär. Insoweit ist die gegenwärtige Politisierung durch die Diskussion um ein Erziehungsgehalt sowie zur Frage einer Umstellung von der Objekt- auf die Subjektfinanzierung der Vorschulpädagogik durch einen Erziehungsgutschein auch ein Beitrag zur Stärkung des Politikfelds Erziehungsarbeit.

Das Erziehungsgehalt wird jedoch kein Selbstläufer, auch wenn es in der Bevölkerung, wie wir in Kapitel 5 gezeigt haben, auf allerhöchste Zustimmung stößt. Leider genügt es nicht, wenn sich die weit überwiegende Mehrheit der Bevölkerung in Umfragen für eine finanzielle Aufwertung der Erziehungsarbeit durch ein Erziehungsgehalt ausspricht. Politische Einstellungen allein machen noch keine Politik. Die heutige Gesellschaft ist eine Interessen- und Mediendemokratie. Deshalb müssen sich Interessen organisieren und in der Öffentlichkeit präsent sein.

Auch wenn die Interessen von Kindern und ihren Erziehungspersonen als allgemeine Interessen gelten und die familiäre Erziehungsarbeit zunehmend als ein "öffentliches Gut" betrachtet wird, ist damit dessen monetäre Absicherung noch längst nicht sicher. Dagegen stehen nämlich andere, gut organisierte und mächtige Interessengruppen: vor allem die gut verdienenden Gruppe der Menschen ohne Erziehungsverantwortung und - bedauerlicherweise - auch die ältere Generation. Beide Gruppen machen unterdessen rein rechnerisch bei weitem die Mehrheit der Wählerschaft aus, denn die Kinder selbst treten bei politischen Entscheidungen nicht auf. Sie haben in unserer Wählerdemokratie keinen Platz.

Wäre es deshalb richtig, die Interessen der Familien an einem Erziehungsgehalt als Sonderinteresse einer einzelnen Gruppe zu begreifen und in den politischen Raum zu tragen? Vermutlich gibt es dazu keine Alternative! Denn auch ein öffentliches Gut vertritt sich nicht von selbst. Mütter und Väter müssen ihre Bescheidenheit ablegen. Ihre Erziehungsarbeit verdient über die moralische Anerkennung hinaus eine wirksame finanzielle Abgeltung. Die Forderung nach einem Erziehungsgehalt kann sich zum Kristallisationspunkt einer zukunftsorientierten Politik entwickeln, die Gruppeninteressen im Lichte des Interesses der ganzen Gesellschaft würdigt.

Familien nehmen ihre heutigen gravierenden wirtschaftlichen Probleme noch nicht als Probleme einer Sondergruppe wahr, die wirksam in den politischen Prozeß eingebracht werden müssen. Das familiäre Lebensmuster mit Kindern war so allgemein, daß es heute in den Köpfen die Politisierung des Themas behindert. Viele Familien glauben vielleicht noch, daß es nur eines wesentlichen Abbaus der Arbeitslosigkeit bedarf, um die wirtschaftliche Lage der Familien entscheidend zu stabilisieren. Aber dies trifft, wie unsere Studie gezeigt hat, nicht zu, auch wenn der Rückgang der Arbeitslosigkeit

nicht zuletzt den Familien sehr nützen würde.
Von daher ist es nötig, daß Familien und ihre Verbände offensiver und auch fordernder in der Politik auftreten. Denn dort gilt es, für politische Reformen wie auch für Verfassungsreformen zu streiten, die die Stellung von Familien und ihrer Kinder in den Entscheidungsstrukturen der parlamentarischen Demokratie verbessern.

9 Literatur

Anders, Klaus, 1993, *Über den Wert von Hausarbeit*, in: *Kind und Vater*, Heft 29/1993

Arbeiterwohlfahrt Bundesverband e.V. Bonn (AWO) (Hrsg.), 1997, *Tageseinrichtungen für Kinder. Ländersynopse zu Richtlinien und Bestimmungen*, Schriftenreihe Theorie und Praxis, Bonn

Bauer, Tobias/Baumann, Beat/Spycher, Stefan, 1998, *Die Schweiz braucht einen neuen Gesellschaftsvertrag. Ein Reformvorschlag für die Einführung einer Kinderrente und von Betreuungsabgaben*, Bern: BASS (Büro für arbeits- und sozialpolitische Studien)

Beck, Ulrich, 1997, *Demokratisierung der Familie*, in: ders. (Hrsg.), *Kinder der Freiheit*, Frankfurt: Suhrkamp, S. 195-216

ders., 1997a, *Die Seele der Demokratie. Wie wir Bürgerarbeit statt Arbeitslosigkeit finanzieren können*, in: Die ZEIT, Nr. 49 vom 28.11.97, S. 7f.

Benard, Cheryl/Schlaffer, Edit, 1997, *Pantoffelheldinnen und Schürzenjäger: Gedanken zur Hausarbeit*, in: *Die Frau in unserer Zeit*, Heft 2/97, S. 1-7

Blanke, Karen/Ehling, Manfred/Schwarz, Norbert, 1996, *Zeit im Blickfeld. Ergebnisse einer repräsentativen Zeitbudgeterhebung*. Schriftenreihe des Bundesministeriums für Familie, Senioren, Frauen und Jugend, Band 121, Stuttgart u.a.: Kohlhammer

Bock, Kathrin, 1997, *Sind Kinder unser höchstes Gut? Kosten und Nutzen der Elementarerziehung*, in: *Welt des Kindes*, Heft 2/97, S. 36-42

Bundesministerium für Arbeit und Sozialordnung (Hrsg.), 1994, *Sozialbericht 1993*, Bonn

dass., 1996, *Statistisches Taschenbuch 1996*, Bonn

dass., 1997, *Statistisches Taschenbuch 1997*, Bonn

dass., o.J. (1998), *Sozialbericht 1997*, Bonn

Bundesminister für Jugend, Familie, Frauen und Gesundheit, 1986, *Bundeserziehungsgeldgesetz*, Bonn 1986.

Bundesministerium für Familien, Senioren, Frauen und Jugend (Hrsg.), 1995, *Stellungnahme: "Rechtsanspruch auf einen Kindergartenplatz - Fortschreibung der Kostenschätzung". (Fortschreibung der finanziellen Folgen der Verbesserung der Tagesbetreuung von Kindern im Auftrag des Sonderausschusses "Schutz des ungeborenen Lebens" aus dem Jahre 1992)*, Ms., Bonn

dass. (Hrsg.), 1996, *Gleichberechtigung von Frauen und Männern: Wirklichkeit und Einstellung in der Bevölkerung 1996*, Stuttgart/Berlin/Köln: Kohlhammer

dass. (Hrsg.), 1997, *Die Familie im Spiegel der amtlichen Statistik*, Bonn

Bundesministerium für Finanzen (BMF) (Hrsg.), 1996, *Probleme der Integration von Einkommensbesteuerung und steuerfinanzierten Sozialleistungen. Gutachten der Expertenkommission "Alternative Steuer-Transfer-Systeme"*. Heft 59, Bonn: Stollfuß

Bussenius, Corinna, 1998, *Kindergärten in Deutschland. Die große Lüge*, in: *Familie & Co.*, 1, S. 26-31

Dettling, Warnfried, 1996, *Politik und Lebenswelt. Vom Wohlfahrtsstaat zur Wohlfahrtsgesellschaft*, Gütersloh: Verlag Bertelsmann Stiftung

Deutsch-Stix, Gertrud/Janik, Helga Maria, 1993, *Hauptberuflich Vater: Paare brechen mit Traditionen*, Wien: Verlag für Gesellschaftskritik

Deutscher Bundestag, 1994, *Fünfter Familienbericht. BT-Drucksache 12/7560*, Bonn

Deutsches Institut für Wirtschaftsforschung (DIW) (Bearb.: Kirner, Ellen/Schwarze, Johannes), 1996, *Zur Einkommenssituation und Einkommensverwendung von Familien mit jüngeren Kindern*, Berlin: DIW dass. (Bearb.: Meinhardt, Volker/Svindland, Dagmar/Teichmann, Dieter/Wagner, Gert), 1996a, *Fiskalische Auswirkungen der Einführung eines Bürgergeldes. Gutachten im Auftrag des Bundesministers der Finanzen*, Berlin: DIW

dass. (Bearb.: Meinhardt, Volker/Schwarze, Johannes), 1998, *Kosten und Einspareffekte des Konzeptes "Erziehungsgehalt 2000". Gutachten im Auftrag des Deutschen Arbeitskreises für Familienhilfe e.V.*, Ms., Berlin: DIW

Endler, Michael/Beckmann, Petra, 1997, *Arbeitszeitmodelle in der Partnerschaft von heute und partnerschaftliche Arbeitszeitmodelle von morgen*, in: IAB-Werkstattbericht 14/1997, Nürnberg

Engelbrech, Gerhard/Gruber, Hannelore/Jungkunst, Maria, 1997, *Erwerbsorientierung ost- und westdeutscher Frauen unter veränderten gesellschaftlichen Rahmenbedingungen*, in: *Mitteilungen aus der Arbeitsmarkt- und Berufsforschung*, 30. Jg., H. 1, 1997, S. 150-169

ders., 1997a, *Erziehungsurlaub - und was dann?*, IAB Kurzbericht Nr. 8, Nürnberg

ders./Jungkunst, Maria, 1998, *Erwerbsbeteiligung von Frauen und Kinderbetreuung in ost- und westdeutschen Familien*, IAB Werkstattbericht Nr. 2, Nürnberg

Engelen-Kefer, Ursula, 1997, *Sozialhilfe in Deutschland*, in: *Soziale Sicherheit*, 10, S. 332-334

Esche, Andreas, 1998, *Ein neuer Ausgleich von Eigenverantwortung und Solidarität. Internationale Beispiele zur Sozial- und Tarifpolitik*, in: *Aus Politik und Zeitgeschichte*, B 11/98, S. 3-11

Eurostat, Statistisches Amt der Europäischen Gemeinschaften (Hrsg.), 1993, *Kompendium der Europäischen Sozialschutzstatistik, Band 4: Familie*, Brüssel

dass., 1995, *Kompendium der Europäischen Sozialschutzstatistik, Band 8: Allgemeine Bedürftigkeit*, Brüssel,

dass., 1996, *Eurostat Jahrbuch '96. Europa im Blick der Statistik*, Brüssel

Evers, Adalbert/Leichsenring, Kai, 1996, *Reduktion oder Redefinition politischer Verantwortung? Modernisierung sozialer Dienste in Delft und Stockholm*, Wien

Friedrich-Ebert-Stiftung (Hrsg.), 1997, *Zusätzliche Arbeitsplätze in privaten Haushalten durch Dienstleistungsschecks und -agenturen*, Diskurse zur Gleichstellungspolitik, H. 5, Bonn

Geisler, Hans, 1998, *Diskussionspapier zum Modell eines Erziehungsgehalts*, Ms., Dresden: Sächsisches Staatsministerium für Soziales, Gesundheit und Familie

Giarini, Orio/Liedtke, Patrick, 1998, *Wie wir arbeiten werden: der neue Bericht an den Club of Rome*, Hamburg: Hoffmann und Campe

Grote, Andreas, 1997, *Eine Hoffnung zerbricht. Der Dienstleistungssektor kann den Stellenabbau in der Industrie nicht ausgleichen*, in: *Rheinischer Merkur*, Nr. 41 vom 10.10.97

Hatzold, Otfried/Leipert, Christian, 1996, *Erziehungsgehalt. Wirtschaftliche und soziale Wirkungen bezahlter Erziehungsarbeit der Eltern*, Freiburg: Deutscher Arbeitskreis für Familienhilfe e.V.

Heidelberger Büro für Familienfragen und Sozialpolitik (Hrsg.), 1996, *Wissenschaftliches Kolloquium "Erziehungsgehalt" am 21./22. Juni 1996 in Bonn*, Heidelberg

Holst, Elke/Schupp, Jürgen, 1994, *Ist Teilzeitarbeit der richtige Weg? Arbeitszeitpräferenzen in West- und Ostdeutschland*, in: *Wochenbericht des DIW*, 35/1994, S. 618ff.

dies., 1997, *Situation und Erwartungen auf dem Arbeitsmarkt*, in: Statistisches Bundesamt (Hrsg.), 1997, S. 489-501

Hurrelmann, Klaus, 1998, *"Erziehungskurse für Mütter und Väter". Gespräch*, in: *Familie & Co*, 4, S. 66-69

IES - Institut für Entwicklungsplanung und Strukturforschung, 1990, *Lebenssituation alleinstehender Erziehungsgeldempfänger. 2 Bde.*, IES-Berichte 221.90, Hannover

Institut für Demoskopie Allensbach, 1994, *Einstellungen der Bevölkerung zur Errichtung eines Kinder- und Familienfonds. Ergebnisse einer repräsentativen Bevölkerungsumfrage. September 1994*, Allensbach

Kaufmann, Franz-Xaver, 1994, *Staat und Wohlfahrtsproduktion*, in: Derlien, Hans-Ulrich u.a. (Hrsg.), *Systemrationalität und Partialinteresse. Festschrift für Renate Mayntz*, Baden-Baden: Nomos, S. 357-380

ders., 1995, *Zukunft der Familie im vereinten Deutschland. Gesellschaftliche und politische Perspektiven*, München: Beck

Kirner, Ellen, 1990, *Konsequenzen der gesellschaftlichen Organisation von Kinderbetreuung und Erwerbsarbeit für sozial- und familienpolitische Regelungen im Transfersystem*, in: *Sozialer Fortschritt*, 7, S. 145-149

dies., 1994, *Sozialleistungen, Einkommensausgleich und erziehungsbedingte Teilzeitarbeit*, in: Bäcker, Gerhard/Stolz-Willig, Brigitte (Hrsg.), *Kind, Beruf, soziale Sicherung. Zukunftsaufgabe des Sozialstaats*, Köln: Bund, S. 72-102

Klauder, Wolfgang, 1994, *Wie familienfreundlich ist unser Arbeitsmarkt?*, in: *Mitteilungen der Landesversicherungsanstalt Oberfranken und Mittelfranken*, Heft 12, S. 558-571

Költzsch Ruch, Kerstin, 1997, *Familienkompetenzen - Rüstzeug für den Arbeitsmarkt. Eine arbeitspsychologische Untersuchung zum Qualifizierungspotential der Familien- und Hausarbeit für die Berufswelt*, Worb: Projekt Sonnhalde Worb

Kommission für Zukunftsfragen der Freistaaten Bayern und Sachsen, 1997, *Erwerbstätigkeit und Arbeitslosigkeit in Deutschland. Entwicklung, Ursachen und Maßnahmen. Teil III: Maßnahmen zur Verbesserung der Beschäftigungslage*, Bonn

Krebs, Angelika, 1996, *Vom Aufmöbeln müder Männer und Kurrieren kotzender Kinder. Eine begriffliche Analyse der ökonomischen Ausbeutung privater weiblicher Fürsorge*, in: *Rechtsphilosophische Hefte*, Jg. 5, S. 141-159

Kress, Ulrike, 1994, *Die negative Einkommensteuer: Arbeitsmarktwirkungen und sozialpolitische Bedeutung. Ein Literaturbericht*, in: *Mitteilungen aus der Arbeitsmarkt- und Berufsforschung*, 3, S. 246-254

Kreyenfeld, Michaela u.a., 1997, *Ein Neues Organisationsmodell in der Kinderbetreuung: Kinderkasse, Betreuungsgutscheine, Qualitätskommissionen*, Diskussionspapiere aus der Fakultät für Sozialwissenschaft. Ruhr-Universität Bochum, 97-105, Bochum

dies./Wagner, Gert, 1997, *Qualitätssicherung in der Kinderbetreuung im Rahmen neuer Steuerungsmodelle*, Dokumentationsband des Workshops "Qualitätssicherung in der Kinderbetreuung", Bochum

dies., 1998, *Neue Wege in der Finanzierung sozialer Dienste: Kinderbetreuungsgutscheine in Großbritannien*, Diskusssionspapier Nr. 98 - 1, Diskussionspapiere aus der Fakultät für Sozialwissenschaft. Ruhr-Universität Bochum

Lampert, Heinz, 1992, *Der Beitrag von Familien mit Kindern zur Humanvermögensbildung*, in: Schriften des Deutschen Vereins für Öffentliche und Private Fürsorge, Sozialpolitik und Wissenschaft, Allg. Schrift 26, 1992, S. 130-141

ders., 1996, *Priorität für die Familie. Plädoyer für eine rationale Familienpolitik*, Berlin: Duncker & Humblot

Leipert, Christian, 1989, *Die heimlichen Kosten des Fortschritts. Wie Umweltzerstörung zum Wirtschaftswachstum beiträgt*, Frankfurt: Fischer

ders., o.J. (1994), *Aufwertung der Erziehungsarbeit. Ein Vorschlag zur Schaffung eines KINDER- UND FAMILIENFONDS*, Kirchzarten: Deutscher Arbeitskreis für Familienhilfe e.V.

ders./Opielka, Michael, 1997, *Erziehungsgehalt 2000. Konzeption*, Ms., Bonn: Institut für Sozialökologie

Ministerium für Familie, Frauen, Weiterbildung und Kunst Baden-Württemberg (MfFFWK), 1995, *Regelkindergarten bis Ganztageskindergarten auf der Basis von Berechnungen des Landeswohlfahrtsverbandes Württemberg-Hohenzollern, Kernzeiten und Hort an der Schule auf der Basis von Untersuchungen des Ministeriums für Kultus und Sport, 17.1.1994*, in: dass. (Hrsg.), *Bericht über die Situation der Kinder in Baden-Württemberg*, Stuttgart

Mitschke, Joachim, 1994, *Integration von Steuer- und Sozialleistungssystem - Chancen und Hürden*, in: *Steuern und Wirtschaft*, 2, S. 153-162

Nachtkamp, Hans-Heinrich, 1995, *Plädoyer für ein Erziehungsentgelt*, in: *Der Pilger*, 21.1.1995

ders., 1996, *Gerechte Bezahlung statt "Almosen"*, in: *Rheinpfalz*, 3.2.1996

Netzler, Andreas, 1995, *Wertäquivalenz familialer Leistungen und Risiken: Sozialpolitische Situation, Perspektiven und Konsequenzen*, Forschungsbericht Nr. 1, Bamberg: Staatsinstitut für Familienforschung an der Universität Bamberg

Östereichisches Institut für Familienforschung, 1997, *Die Machbarkeitsstudie des Kinderbetreuungsschecks*, Ms., Wien

Opielka, Michael, 1997, *Familienpolitik im Wohlfahrtsstaat*, in: *Zeitschrift für Sozialreform*, 5, S. 337-364

ders., 1997a, *Bezahlte Elternschaft*, in: *Zeitschrift für Sozialreform*, 11/12, S. 891-924

ders. (Hrsg.), 1998, *Grundrente in Deutschland*, Opladen: Leske + Budrich (i.E.)

ders., 1998a, *Die solidarische Gesellschaft*, Opladen: Leske + Budrich (i.E.)

Ostner, Ilona, 1995, *Arm ohne Ehemann?*, in: *Aus Politik und Zeitgeschichte*, B 36-37/95, S. 3ff.

Pfau-Effinger, Birgit/Geissler, Birgit, 1992, *Institutionelle und sozio-kulturelle Kontextbedingungen der Entscheidung verheirateter Frauen für Teilzeitarbeit. Ein Beitrag zur Soziologie des Erwerbsverhaltens*, in: *Mitteilungen aus der Arbeitsmarkt- und Berufsforschung*, 3, S. 358-370

Polster, Andreas, 1998, *Kindererziehungszeiten besser bewertet*, in: *Deutsche Rentenversicherung*, 1-2, S. 71-78

Projektgruppe Panel, 1995, *Das Sozio-oekonomische Panel (SOEP) im Jahre 1994*, in: *Vierteljahreshefte zur Wirtschaftsforschung*, 1, S. 5-15

Raffelhüschen, Bernd/Walliser, Jan, 1997, *Was hinterlassen wir zukünftigen Generationen? Ergebnisse der Generationenbilanzierung*, in: Knappe, Eckhard/Winkler, Albrecht (Hrsg.), *Sozialstaat im Umbruch*, Frankfurt/New York: Campus, S. 65-89

Ringen, Stein, 1997, *Citizens, Families, and Reform*, Oxford: Oxford University Press

Rosenkranz, Doris/Rost, Harald/Schröther, Andrea, 1996, *Väter und Erziehungsurlaub (Zwischenbericht über die qualitative Teilstudie)*, ifb-Materialien Nr. 7-96, Bamberg

Rost, Harald/Schneider, Norbert F., 1994, *Familiengründung und Auswirkungen der Elternschaft*, in: *Österreichische Zeitschrift für Soziologie*, Heft 2, S. 34-57

Sächsisches Staatsministerium für Soziales, Gesundheit und Familie (Hrsg.), 1997, *Sächsischer Familienbericht*, Dresden

Schäfer, Dieter, 1988, *Haushaltsproduktion in gesamtwirtschaftlicher Betrachtung*, in: *Wirtschaft und Statistik*, 5, S. 309-318

ders./Schwarz, Norbert, 1996, *Der Wert der unbezahlten Arbeit der privaten Haushalte - Das Satellitensystem Haushaltsproduktion*, in: Blanke u.a. 1996, S. 15-69

Schettkat, Ronald, 1985, *The Size of Household Production. Methodological Problems and Estimates of the Federal Republic of Germany in the Period 1964 to 1980*, in: Review of Income and Wealth, series 31, S. 309-321

Schneewind, Klaus A. u.a., 1992, *Optionen der Lebensgestaltung junger Ehen und Kinderwunsch*, Schriftenreihe des Bundesministeriums für Familie und Senioren, Band 9, Stuttgart: Kohlhammer ders. u.a., 1996, *Optionen der Lebensgestaltung junger Ehen und Kinderwunsch. Endbericht,* Schriftenreihe des Bundesministeriums für Familie und Senioren, Frauen und Jugend, Band 128.1, Stuttgart: Kohlhammer

Schwarz, Norbert, 1996, *Zeit für Kinder,* in: Blanke u.a. 1996, S. 92-128

ders., 1996a, *Zeit für unbezahlte Arbeit,* in: Blanke u.a. 1996, S. 70-91

Schwarze, Johannes, 1996, *Die Geringfügigkeitsregelung und das Arbeitsangebot verheirateter Frauen - Theoretische Überlegungen, ein ökonometrisches Modell und die Simulation von Reformvorschlägen,* Ms., Ruhr-Universität Bochum/DIW Berlin

Spieß, C. Katharina/Wagner, Gert, 1997, *Außerhäusige Kinderbetreuung in Deutschland - Institutionenanalyse des Status Quo und ein Reformvorschlag,* Diskussionspapiere aus der Fakultät für Sozialwissenschaft. Ruhr-Universität Bochum, 97-02, Bochum

Statistisches Bundesamt (Hrsg.), 1992, *Die Zeitverwendung der Bevölkerung. Methode und erste Ergebnisse der Zeitbudgeterhebung 1991/2,* Tabellenband I, Wiesbaden

dass., 1996, *Tageseinrichtungen für Kinder am 31. Dezember 1994,* in: *Wirtschaft und Statistik,* 12, S. 798-807

dass. (Hrsg.), 1996a, *Volkswirtschaftliche Gesamtrechnung 1996,* Wiesbaden

dass. (Hrsg.), 1997, *Datenreport 1997. Zahlen und Fakten über die Bundesrepublik Deutschland,* Bonn: Bundeszentrale für politische Bildung

dass. (Hrsg.), 1997a, *Statistik der Jugendhilfe, Teil IV. Ausgaben und Einnahmen 1995, korrigiertes Ergebnis,* Wiesbaden

dass. (Hrsg.), 1997b, *Statistisches Jahrbuch 1997 für die Bundesrepublik Deutschland,* Stuttgart: Metzler-Poeschel

dass., 1997/8, *Wohngeld im früheren Bundesgebiet 1995/Wohngeld in den neuen Bundesländern und Berlin-Ost,* in: *Wirtschaft und Statistik,* 12/1997 und 1/1998

dass. (Hrsg.), 1998, *Ausgaben und Einnahmen der öffentlichen Haushalte,* Fachserie 14, R 3.1, Wiesbaden

Strøm, Steina/Wagenhals, Gerhard, 1991, *Female Labour Supply in the Federal Republic,* in: *Jahrbuch für Nationalökonomie und Statistik,* Bd. 208, H. 6, S. 575-595

Sturzbecher, Dietmar/Großmann, Heidrun/Bredow, Corinna, 1997, *Neue Organisationsmodelle in der Kindertagesbetreuung - Eine Betrachtung aus ostdeutscher Perspektive,* in: Kreyenfeld/Wagner 1997a, S. 41-65

Timmermann, Dieter/Bock, Kathrin, 1996, *Was kostet ein Kindergartenplatz? Erste Ergebnisse einer empirischen Studie in Nordrhein-Westfalen,* Pressedienst Forschung Nr. 13/1996, Universität Bielefeld

Vollmer, Marianne, 1997, *Familienkompetenz in der betrieblichen Praxis. Ein Überblick,* München: Bayerisches Staatsministerium für Arbeit und Sozialordnung, Familie, Frauen und Gesundheit

Wingen, Max, 1997, *Familienpolitik. Grundlagen und aktuelle Probleme,* Bonn: Bundeszentrale für politische Bildung

Wunsch, Regina, 1997, *Hausfrau sein - eine Alternative zur Erwerbstätigkeit?,* in: *Die Frau in unserer Zeit,* 2, S. 36-41

Zimmermann-Fütterer, Helga, 1994, *Kasse für Kinder. Warum wir ein Erziehungsgehalt brauchen,* in: *Evangelische Kommentare,* 8, S. 460-461

Die Autoren

Christian Leipert, Dr. rer. pol., Dipl. Volkswirt

Jahrgang 1944; Studium an der Universität Hamburg und der Freien Universität Berlin.
Von 1971 bis 1982 wissenschaftlicher Mitarbeiter und wissenschaftlicher Assistent am Institut für Volkswirtschaftslehre der Universität Augsburg. von 1983-1989 als Projektleiter am Wissenschaftszentrum Berlin tätig; dort Durchführung eines Projekts zu den "sozialen und ökologischen Folgekosten des Wirtschaftens und der Wachstumsillusion der Bruttosozialproduktberechnung". Anfang der 90er Jahre Projektarbeit für die Kapp-Stiftung (Basel) im Bereich "Institutionelle Veränderungen für eine Ökologisierung der Industriegesellschaft". Seit Ende 1993 neuer Arbeitsschwerpunkt im Bereich "Strukturschwäche der Familien und Modelle zur Aufwertung der Erziehungsarbeit". Nach zwei Studien: "Aufwertung der Erziehungsarbeit" (1994) und "Erziehungsgehalt. Wirtschaftliche und soziale Wirkungen bezahlter Erziehungsarbeit der Eltern" (mit Dr. Otfried Hatzold 1996), seit April 1997 Zusammenarbeit mit Dr. Michael Opielka (ISÖ) an der Studie "Erziehungsgehalt 2000".
Veröffentlichungen u.a.: "Gesellschaftliche Berichterstattung" (1978), "Die heimlichen Kosten des Fortschritts" (1989), "Aufwertung der Erziehungsarbeit" (1994), "Erziehungsgehalt" (1996, mit Otfried Hatzold).

Michael Opielka, Dr. rer. soc., Dipl. Päd.

Jahrgang 1956; Geschäftsführer des Institut für Sozialökologie (ISÖ) in Bonn und der Alanus Hochschule Alfter (bei Bonn); Lehrbeauftragter an den Universitäten Bonn (Seminar für Soziologie) und Bielefeld (Fakultät für Pädagogik).
Zuletzt u.a. Abteilungsleiter am Staatsinstitut für Familienforschung an der Universität Bamberg; Leitungsmitglied der Karl-Kübel-Stiftung für Kind und Familie (Bensheim); Visiting Scholar an der University of California, Berkeley (Dept. of Sociology); wissenschaftlicher Mitarbeiter am Institut für Erziehungswissenschaften der Universität Tübingen, am Sozialwissenschaftlichen Institut der Universität Düsseldorf sowie am Institut für sozialwissenschaftliche Analysen und Beratung (ISAB) Köln; wissenschaftlicher Referent der Bundestagsfraktion der Grünen (1983-1987).
Forschungsschwerpunkte: Sozialpolitik, Familienpolitik und Familienforschung, Gemeinschaftssoziologie, Soziologische Theorie, Freiwilliges Engagement (Selbsthilfeforschung, Ehrenamt), Sozialökologie, Ökologischer Umbau der Industriegesellschaft, Zukunft der Arbeit, Sozialpädagogische Theorie, Sozialgerontologie.
Veröffentlichungen u.a.: "Die ökosoziale Frage" (1985), "Das garantierte Grundeinkommen" (1986, mit Georg Vobruba), "Freiheit von Armut" (1987, mit Margherita Zander), "Umbau des Sozialstaats" (1987, mit Ilona Ostner), "Selbsthilfeförderung durch Selbsthilfekontaktstellen" (1992, mit Joachim Braun), "Gemeinschaft in Gesellschaft" (1996), "Engagement durch Bildung - Bildung durch Engagement" (1996, mit Gisela Jakob, Thomas Olk), "Grundrente in Deutschland" (1998), "Die solidarische Gesellschaft" (1998), "Neubewertung der Familienarbeit in der Sozialpolitik" (1998, mit Andreas Netzler).

Anschrift der Autoren

Dr. Christian Leipert
Dr. Michael Opielka

ISÖ
Institut für Sozialökologie

Burbankstr. 45
53229 Bonn

Telefon: 0228-9485046
Telefax: 0228-9485047

e-mail: isoe@bonn.iz-soz.de
Internet: http://www.bonn.iz-soz.de/isoe/erziehungsgehalt2000

Dr. Christian Leipert
Institut für Sozialökologie (ISÖ) und
Institut für ökologische Wirtschaftsforschung (IÖW)
Taunusstraße 21/22
12161 Berlin
Tel./Fax: 030-8225099

Anschrift des Auftraggebers

Deutscher Arbeitskreis für Familienhilfe e.V.

Sitz: Freiburg im Breisgau

Eschbachstr. 6
79199 Kirchzarten

Telefon: 07661-62062
Telefax: 07661-62338